U0678068

复旦大学韩国研究丛书

中文社会科学引文索引（CSSCI）来源集刊
中国学术期刊综合评价数据库（CNKI）来源集刊
万方数据（WANFANG DATA）来源集刊

复旦大学韩国研究中心 编

韩国研究论丛

总第三十九辑

CHINESE JOURNAL OF KOREAN STUDIES

（2020年第一辑）

SSAP 社会科学文献出版社
SOCIAL SCIENCES ACADEMIC PRESS (CHINA)

复旦大学《韩国研究论丛》编委会

目录

CONTENTS

政治与外交

历史与文化

经济与社会

CONTENTS

Politics and Diplomacy

History and Culture

Economy and Society

政治与外交

韩国公共外交的变化与《公共外交法》制定的意义*

邢丽菊　朴康希

【内容提要】21 世纪以来，随着世界各国对软实力和公共外交的关注度不断提高，公共外交在韩国外交战略中的地位也进入上升阶段，成为韩国外交的三大支柱之一。2016 年制定的《公共外交法》为韩国公共外交的制度及运营系统带来了很大的变化。在此背景下，本文以 1948 年韩国政府成立至当下为时间范围，梳理韩国公共外交的重要举措，并分析《公共外交法》的主要内容及其带来的公共外交制度变迁，尝试深入阐释韩国公共外交的演变过程以及《公共外交法》制定的意义。

【关键词】韩国　公共外交　《公共外交法》　国家形象

【作者简介】邢丽菊，复旦大学国际问题研究院教授、博士生导师，复旦大学中外人文交流研究中心研究员；朴康希，复旦大学国际关系与公共事务学院硕士研究生。

21 世纪不再是仅仅依靠硬实力就能决定国际关系发展走向的时代，软实力的重要性日益凸显。在全世界对软实力的认识不断加深及对公共外交的关注不断增强的背景下，韩国政府也逐渐认识到公共外交的重要性，将其视为获得其他国家民众支持的有效手段。韩国外交通商部将 2010 年定为“公

* 本文系教育部国别和区域研究 2019 年度课题“公共外交视域下的中朝、中韩关系”（项目编号：19GBQY045）的研究成果。

共外交元年”，创立“公共外交论坛”，任命公共外交大使，实行部内有关机构改革。同时，“韩流”热潮成为韩国强大的软实力资源，并给韩国大力推进公共外交增添了自信。在此基础上，2016 年韩国政府又制定了《公共外交法》，给韩国公共外交运营系统带来了整体性的变化。本文尝试对 1948 年以来韩国的公共外交举措进行总体梳理，并在此背景下分析韩国公共外交近年取得的重要进展和《公共外交法》制定的意义。

一　韩国公共外交研究综述

与欧美国家相比，韩国学界对公共外交的关注与研究起步较晚，自 2010 年韩国外交部宣布确立“公共外交元年”以来，有关公共外交的理论研究、政策研究以及细节性领域研究才得以蓬勃发展。

韩国学界非常强调公共外交对韩国国家战略的重要性及必要性。有学者对公共外交和中等强国间的关系进行研究，认为公共外交是提升韩国在国际社会的影响力和地位的重要机会。金又相指出，韩国作为中等强国，便于利用自身在国际体系中的地位优势，发挥强国和弱国间的仲裁者作用，积极应对强国较难处理的国际和平等相关议题。基于此，为成功实践公共外交，韩国需要发挥“中等强国领导力”。[①]

在韩国公共外交推进方向及实施战略方面，金泰焕将韩国公共外交的特性分为中等强国型、耕作模式（plowing model）型、知识共享型、竞争优势型和参与型等。他强调“知识”资源公共外交的重要性，从知识外交的波及效果、交流形式 、网络构建等角度，强调智库开展公共外交的重要性。[②]还有一些公共外交研究聚焦于半岛统一问题，指出为了获得周边国家对半岛统一合法性及正当性的认可，韩国政府和民间应推进“统一公共外交”，并通过对韩国周边国家的实况研究，提出对今后“统一公共外交”推进方向的建议。[③] 白宇烈把政府主导的公共外交称为“长期文化外交”和“短期政策公

① 김우상,「대한민국의 중견국 공공외교」,『한국정치정보학회보』16（1），2013，pp. 331 – 350.

② 김태환,「한국형 공공외교와 한중 공공외교」, 이희옥·류더빈 편『한중 공공외교 다이제스트』, 서울 : 다산출판사，2017，pp. 33 – 46.

③ 강동완 외,『한반도 통일공공외교 추진전략 (II): 한국의 주변 4 국 통일공공외교의 실태연구』, 서울 : 통일연구원，2013.

共外交”，他通过对这两类公共外交的案例分析，对韩国公共外交的现状进行了评估，并提出了今后韩国公共外交推进方向的建议。①

近几年，韩国国内也涌现出不少有关国家形象及国家品牌的研究成果。杨哲提出，公共外交战略需要以国家认同为基础塑造国家品牌，并与由此产生的国家形象有机结合起来。② 周美荣指出，韩国必须要在国际社会明确树立自己的国家声望及国家形象，而后按各国、各地区排定优先顺序并推进公共外交事业。她还强调，韩国塑造国家品牌时，需要将“可信任国家”的形象定为长期目标。③

此外，金基正、崔重建的政策研究为改善韩国公共外交运营系统提供了有效方案。他们通过分析发达国家的公共外交运营系统现状来评估韩国公共外交，指出韩国公共外交在施行方面存在的问题，同时提出建立一种“公共外交控制塔”等具体的改革方案。④ 2016 年制定的韩国《公共外交法》中提到的“公共外交运营系统改革”，实际上反映了其研究成果中的诸多方案。

如上所述，韩国国内对其公共外交已有不少理论性、实证性、政策性研究，但缺乏从时间序列出发分析韩国公共外交整体变化的研究，也缺乏分析 2016 年《公共外交法》特点的相关研究。本文着眼于韩国公共外交体系的变革，尝试对既有研究进行补充与完善。

二 韩国政府成立以来公共外交的演变

从 2010 年起，韩国在其外交政策内正式使用“公共外交”一词。⑤ 此前，韩国外交部已经开始实行相当于公共外交的政策及措施，只是当时它们

① 백우열，「한국 공공외교의 전략 유형」，이희옥·류더빈 편『한중 공공외교 다이제스트』，서울：다산출판사，2017，pp. 59 – 76.

② 양철，「한국의 공공외교사업과 국가이미지 형성」，이희옥·류더빈 편『한중 공공외교 다이제스트』，서울：다산출판사，2017，pp. 91 – 100.

③ 주미영，「글로벌 신뢰국가 이미지 형성을 위한 한국의 공공외교 연구」，『한국정치정보학회』18（2），2015，pp. 31 – 58；주미영，「국제적 신뢰를 위한 문화외교와 정부지원에 대한 비교 연구」，『국제지역연구』20（3），2016，pp. 55 – 87；주미영，「신뢰한국을 위한 공공외교에서의 국가평판 제고 전략」，『한국정치정보학회』19（1），2016，pp. 109 – 134.

④ 김기정·최종건，『한국 공공외교 수행체계 연구』，외교통상부 연구용역과제 보고서，2012.

⑤ 本章主要参考《韩国外交 60 年：1948 ~ 2008》（韩国外交通商部，2009）以及韩国《外交白皮书》（韩国外交通商部，2009）相关资料。

未被作为公共外交，而是被称为“宣传外交”“文化外交”“文化交流”等。并且，早期韩国公共外交活动基本局限于宣传本国文化以及开展国家间的文化交流，严格来讲，这些活动并不完全等同于公共外交，但可看作是当代韩国公共外交的起源。因此，本文也将它们纳入韩国公共外交的领域进行分析。

（一）1948 年至 20 世纪 70 年代：对外宣传时期

1948 年韩国政府成立以后，一方面把外交力量集中于“国家再建”，另一方面为了对外宣传民族文化及国家形象，开展了以政府为主导的文化外交。如韩国政府出版了 *Korean Arts* 和 *Korean Survey* 等与韩国文化有关的期刊及各种出版物。从 1955 年起，韩国开始参加各种海外文化展览会，在 1955 ~ 1959 年共参展 14 次。人员交流方面，1948 年 8 月，韩国首次将 6 名国家公派留学生派遣到美国。1958 年 2 月，韩国政府为了提高其他国家对韩国的认识，增进友谊，向东南亚地区派遣了规模达 136 人的亲善艺术代表团。1965 年，韩国政府签署《韩日文化遗产及文化合作协定》。至 20 世纪 70 年代，韩国已经和亚洲 7 个国家、欧洲 5 个国家、美洲 15 个国家以及非洲 8 个国家等签署了文化协定，并按这些协定开展国家间学术、文化交流活动。这一时期，韩国政府内负责公共外交的部门为“公报处”（1961）—“公报部”（1961）—“文化公报部”（1968）—文化公报部所属“海外公报官”（1971）。

（二）20 世纪 80 年代：以体育外交为特征的“旧公共外交”时期

20 世纪 80 年代韩国的主要公共外交是“体育外交”。当时韩国政府通过举办国际体育赛事，为国际社会增加对韩国的认识提供了帮助。1986 年 9 月，韩国汉城（今首尔）、京畿道、釜山、大邱、光州、大田 6 个城市共同举办了有 27 个国家代表团参加的第十届亚运会，同时也举行了文化艺术表演、国际会议等各种活动。此后，1988 年 9 ~ 10 月第二十四届奥运会在韩国举行，共有 160 个国家的 13303 名选手及体育官员参加，是当时历史上参加人数最多的一届奥运会。不仅如此，韩国在奥运会前后开展了包括国际青少年营以及国际学术大会等各类文化活动，这给韩国提供了向其他国家介绍韩国、提高韩国对外形象的好机会。奥运会闭幕之后举行的第八届残奥会也备受世界瞩目。

（三）20世纪90年代：以文化—宣传外交为特征的“旧公共外交”时期

到了20世纪90年代，随着对推进公共外交——当时被称为“文化外交”或“宣传外交”——必要性的认识的提升，韩国政府开始更积极地推进相关工作。1994～1996年的韩国《外交白皮书》分别用以“文化及宣传外交”（1994）、“文化—宣传外交”（1995）及“文化交流及宣传活动”（1996）为标题的各章，呈现了有关公共外交活动的业务报告。1998年韩国总统金大中在就职演说中提出“文化立国”，并强调文化外交的重要性。根据《关于外交文件保存及公开的规则》，韩国外交部从1994年起开始公开外交文献，并于1997年设立外务部专门网站，这使韩国民众和外国民众都能够接触韩国外交资料，体现了以加强政府信息开放性为特征的韩国公共外交的发展。① 该时期，以民主化、经济发展为特征的韩国社会变化也成为韩国对外形象的重要一面，为韩国开展公共外交增加了自信。

这一时期，除了“亚洲四小龙”“汉江奇迹”等展现出韩国经济的发展外，1997年亚洲金融危机时期由韩国民间发起的“捐献黄金运动”也提升了韩国的对外形象，体现了国家危机时期韩国民众的牺牲精神。

至1998年末，韩国和亚洲14个国家、美洲23个国家、欧洲20个国家、中东及非洲25个国家等共82个国家签署了文化协定。同时，韩国与中国、日本、俄罗斯、英国和以色列等21个国家建立了文化共同委员会。另外，韩国与孟加拉国、科威特和埃及等8个国家通过非外交途径，每2～3年制定相应的“文化交流施行计划书”。为了振兴旅游产业，1993年韩国政府还举办了大田世界博览会，并将1994年定为“韩国访问年”。

根据1991年12月制定的《韩国国际交流财团法》（Korea Foundation; KF），1992年1月建立的“韩国国际交流财团”是颇值得关注的一个公共外交机构。韩国政府通过建立韩国国际交流财团，对海外韩国学进行系统性支

---

① 按照韩国外务部令第170号《关于外交文件保存及公开的规则》（1993年7月28日）第4条，产生或被受理后经过30年的外交文件通过委员会的审议后，除非有威胁国家安全、侵犯国家重大利益的可能性，否则应向民间公开。

持。该机构旨在对国外韩国研究机构及教育机构进行支援，对国外高校、学术研究团体、图书馆及博物馆开设的韩国学课程进行支援，为国外韩国研究学者提供访韩研究奖学金，举办韩国学研讨会等。韩国国际交流财团建立以后，至1998年已经在50个国家、305个高校及研究机构开设了韩国语课程，在7个国家、33个高校设置专职韩国学教授职务，在8个国家建立26所韩国学中心。不仅如此，自2017年被确定为公共外交推进机关后，韩国国际交流财团在韩国公共外交中的地位被进一步提升了。

20世纪90年代负责韩国公共外交业务的机构变化如下：由文化公报部分离出来的“公报处”（1990）—“公报室”（1998）—“国政宣传处”及“海外宣传院”（1999）。

（四）21世纪初：“韩流”文化和“新公共外交”时期

进入21世纪，与前几阶段相比，韩国政府更加积极地开展公共外交，虽然当时的公共外交仍然以文化外交为名。2002年韩国和日本共同举办世界杯，这是进入21世纪后韩国首次开展的大规模体育外交，也是推动世界进一步认识韩国的好机会。不仅如此，在韩日世界杯期间，韩国民众的热情助威也受到全世界的瞩目，后来以充满活力的民众为形象基础的“动感韩国”（Dynamic Korea）成为韩国的国家品牌。

进入21世纪，韩国外交通商部为纪念与各国的建交，通过新设立驻外使馆和举办韩国文化周等契机，开展了各式各样的文化活动。[①] 韩国政府在2002年中韩建交10周年、韩国—中南美洲建交40周年，2003年韩国—欧盟建交40周年、韩国—加拿大建交40周年、韩国—秘鲁建交40周年，以及2005年“韩日友谊年”等相关纪念活动中派遣文化团体，借此向各地区介绍韩国文化。2005年为“韩日友谊年”纪念活动和德国“韩国之年”文化活动组成的、民间与官方共同参与的推进委员会，受到韩国国内外一致好评，该委员会也十分重视听取韩国国内舆论和民间专家的意见。这代表了韩国以“民间参与”为主要因素的现代公共外交活动开始兴起。

从公共外交资源来看，21世纪初的一大亮点是在亚洲地区出现了“韩

---

① 1998年因通商功能移交外务部管辖，外务部改称为外交通商部。

流”热潮。《大长今》《蓝色生死恋》《冬季恋歌》等韩国电视剧在亚洲地区广受欢迎。韩国政府借此机会，支援人气高涨的影视作品在海外传播。世界人民对韩国电视剧、电影及 K – POP 的关注成为韩国公共外交发展的新动力。

为了避免单方面文化宣传的印象，韩国外交通商部从 2006 年起开始推进“双向文化交流事业”。针对和韩国文化交流相对缺乏的国家，韩国政府主动邀请它们的文化艺术团体访韩，并向韩国民众介绍其文化。具体的活动包括 2007 年的“非洲文化庆典”和 2008 年的“阿拉伯文化庆典”“丝绸之路文化庆典”等，且每年韩国政府都会举行与之相似的一系列丰富多彩的活动。同时，依据 2007 年首届中日韩外交部长会议中三方统一达成的“中日韩文化轮流事业”（Northeast Asia Cultural Shuttle Project），三国共同举办了“中日韩电影展”“中日韩青年庆典”等文化交流活动。不仅如此，2007 年韩国外交通商部还在其网站内建立了“Cyber Art Gallery”，2008 年建立了“文化外交互联网 cafe”，并向大众提供在互联网上欣赏艺术作品的机会。

21 世纪初的韩国公共外交机制主要有如下变化：2008 年，韩国政府废除“国政宣传处”，将相关业务合并到“文化体育观光部”，同时将“海外宣传院”合并到“海外文化宣传院”。该时期韩国国际交流财团也继续负责有关韩国学振兴的业务。在韩国公共外交组织方面，2009 年 1 月“国家品牌委员会”的成立颇值得关注。2008 年 8 月，韩国总统李明博在光复节贺词中提出“若我们愿意当发达国家，我们应当提升我们的形象、提升我们的名声”，并宣布成立总统直属机构“国家品牌委员会”。国家品牌委员会有以下三个主要功能：有关国家品牌的全政府性控制塔功能、为有效推行国家品牌政策提供支援的功能、加强民间合作及民间参与的功能。李明博总统卸任以后，2013 年 3 月该委员会也停止了活动。事实上，在韩国国内对国家品牌委员会也存在不少批评性意见：首先，当时国家品牌委员会的组成没有充分考虑到公共外交的普遍性及综合性属性；其次，该委员会实际并没有充分发挥有关公共外交业务的控制塔作用，即缺乏对相关部门的调控能力。[①] 虽然韩国国家品牌委员会存在局限，但是该机构在开发及测定国家品

① 김기정·최종건，『한국 공공외교 수행체계 연구』，외교통상부 연구용역과제 보고서, 2012, pp. 77 – 78.

牌指数（SERI－PCNB NBDO）[①]、调查韩国国家品牌的现状并制定改进战略等领域仍取得了一定的成绩。可见，该时期韩国政府试图通过构建新的机制来加强公共外交，同时，韩国政府对国家品牌、国家形象及公共外交的重要性的认识得到了进一步提升。

（五）2010年至今："新公共外交"系统化及制度化时期

2010年是韩国公共外交发生变革的重要时期。韩国外交通商部将2010年定为"公共外交元年"，并于同年5月和韩国国际交流财团共同成立"公共外交论坛"，此后每年都会有学术、媒体、经济、文化、社会等各界专家参与论坛，并进行有关公共外交战略的热烈讨论。2011年9月外交通商部首次任命"公共外交大使"，2012年1月外交通商部内"文化外交政策科"改称为"公共外交政策科"，这些内部组织变化均表明韩国公共外交运营系统及机制已基本形成。不仅韩国政府，韩国国会对公共外交的关注度也在不断上升。2012年国会"外交通商统一委员会"首次成立内部"文化外交小委员会"，2012～2013年韩国国会议员提出"关于搞活公共外交的法案"等三个有关公共外交的法案，这一系列动作表明韩国国会内有关公共外交的讨论有所增加。[②] 2016年2月制定、8月生效的《公共外交法》是有效推进系统性公共外交的法律基础与制度基础。根据这项法案，韩国公共外交在制度上施行了以下几项新举措：韩国政府设立了以公共外交运营系统的控制塔为角色的隶属于外交部长官的"公共外交委员会"；外交部同中央行政机构、地方政府进行协商，每五年制订一次"公共外交五年计划"，每年制订"年度综合实施计划"；通过对公共外交现状的调查进行业绩评估；设立并支援公共外交推进机关；等等。

这一时期，"韩流"热潮并没有衰退，反而不断高涨。韩国电影、电视剧和娱乐节目等不仅受到亚洲地区的追捧，还受到欧美地区的欢迎。2012年韩

① 国家品牌指数（SERI－PCNB NBDO）是国家品牌委员会（PCNB）和三星经济研究所（SERI）共同开发的NBDO（National Brand Dual Octagon）模式，也是以50个国家为比较对象，分析国家品牌的性质以及国家形象间的差异并提出缩小品牌差距方案的模式。国家品牌委员会在活动期间，共发表了4次对2009～2012年韩国国家品牌指数的研究报告。

② 2013年韩国国会内的外交通商统一委员会改称为"外交统一委员会"，该委员会内的文化外交小委员会也改称为"公共外交强化小委员会"。

国歌手 PSY 的一首《江南 Style》在全球引发热潮，近几年韩国偶像组合防弹少年团（BTS）的火爆也表明，K－POP 的影响力已不只限于亚洲地区，而是扩张到欧美乃至全世界。除了文化产业以外，韩国各类社会事件也影响了其对外形象。2016 年的“蜡烛革命”向全世界展示了韩国民主主义的发展，2018 年平昌冬奥会开幕式朝韩代表团的共同入场也向世界传递了“和平和谐”的国家形象。

随着韩国国家形象的提升，政府为主导的公共外交事业也变得更加丰富、更有活力。从 21 世纪初韩国外交部有关公共外交的具体项目来看，外交部一方面持续推进“双向文化交流事业”“中日韩文化轮流事业”等，一方面积极开展“驻外公馆本土化公共外交事业”。[①] 后者是针对在韩居住的外国人举办的韩国知识竞赛、文化艺术竞赛等的“Korea Contest”（韩国竞赛），它包括“Quiz on Korea”（韩国猜谜）、“K－Food World Festival”（世界韩食节）、“K－POP World Festival”（韩国流行音乐世界庆典）、“Video Contest”（视频比赛）等项目。

自 2013 年韩国政府新增公共外交 60 亿韩元的预算以来，外交部接连获得了 2014 年 90 亿韩元、2015 年 134 亿韩元、2016 年 142 亿韩元的公共外交预算，这表明韩国政府对公共外交的投入持续增加。从 2013 年开始举办的“魅力韩国事业”以韩国历史、文化、经济发展经验等不同领域为主题，举办研讨会、展览会及文艺汇演等，它的主要特点是通过不同方式在国外施行本土化的项目，例如在神户举办的“向日本大学生介绍韩国事业”、“邀请中国网红博主访韩事业”和“韩国经济发展以及对厄瓜多尔的启示”演讲会、在洪都拉斯举办“韩国经济演讲会”等活动。此外，为了给外国人提供有关韩国的各种信息，韩国政府推进在驻在国的高校、图书馆、文化中心等场所建立与信息技术相结合的复合型宣传馆“韩国中心”（Korea Corner）。

韩国外交部不仅重视外国人对韩国的兴趣，也重视韩国人对本国公共外交的了解，并为他们提供了很多参与公共外交的机会。从 2013 年起，外交部多次举行以“国民外交官”为主题的大奖赛，这是一项由参与者自己策划并施行公共外交项目的比赛。此外，自 2013 年以来，外交部每年组织“青年公共外交团”，为韩国国内大学生提供了解及体验公共外交的机会。韩国外

① 2013 年因外交通商部的通商功能移交到产业通商资源部，外交通商部改称为“外交部”。

交部还设置了多种“国民参与型”公共外交项目，如“成人公共外交团”、“发展中国家文化希望之星事业”以及“驻外公馆公共外交现场实习”等。[①]

三　韩国《公共外交法》制定的意义：以公共外交施行系统和机制变化为重点

2016年制定并生效的《公共外交法》给整个韩国公共外交运营系统带来了很大的变化，可以说是对以前韩国公共外交运营系统存在问题的改善方案。2010年以来，韩国政府在各领域迅速推进公共外交事业，同时，外交部、文化体育观光部、女性家族部等相关政府部门及民间团体均积极开展公共外交活动。然而，各个部门及团体开展公共外交事业时也出现了不少问题，例如在国外举行的个别公共外交项目不符合当地的实际情况，或某一部门施行的公共外交项目与其他部门施行的项目类似，从而导致公共外交总体事业的效率不高。

从《公共外交法》带来的系统变化的角度来看，可以说韩国《公共外交法》构成了公共外交运营系统的法律基础和制度基础。依据《公共外交法》，韩国成立了公共外交运营系统内的控制塔机构，制定了总体性、长期性的公共外交事业计划以及对外交成果的评估机制，建立起民间团体和公共外交推进机关间的联系网络（参见图1）。

根据《公共外交法》，韩国公共外交运营系统主要出现三大变化。第一个变化是制订“公共外交基本计划”。根据《公共外交法》第6条，外交部长官与有关中央行政机关负责人及地方自治团体首脑进行协商，每五年制订一次公共外交基本计划。此后，中央行政机关和地方政府以基本计划为基础，各自制订年度计划并向外交部提交，外交部在结合各部门及地方政府的年度计划后，制订以年为单位的“综合施行计划”。2016年《公共外交法》生效后，2017年8月外交部制定了《首届大韩民国公共外交基本计划（2017～2021）》，2017年12月发表了《2018年公共外交综合施行计划》，2018年11月第二届公共外交委员会会议确定了《2019年公共外交综合施行计划》。

① 为了扩大对象国范围，2016年外交部将“发展中国家文化希望之星事业”改名为“全球文化希望之星事业”。

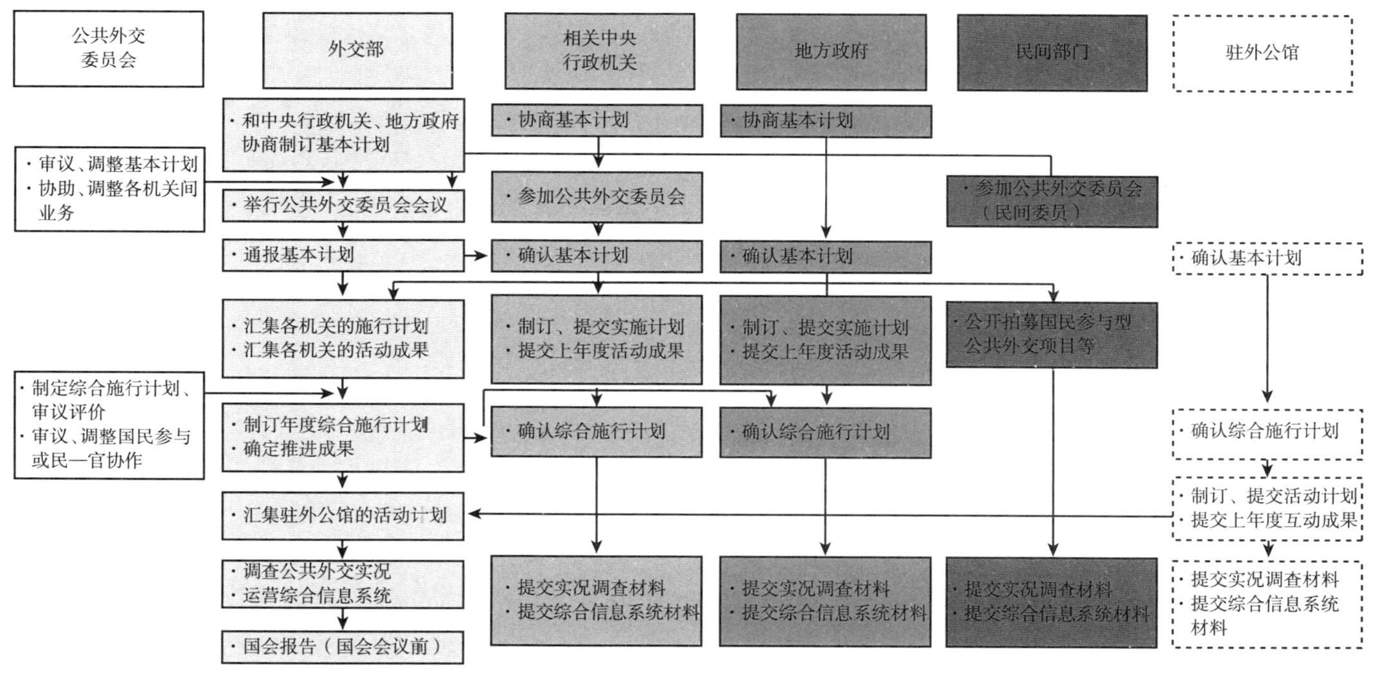

图 1　韩国公共外交业务流程

资料来源：《首届大韩民国公共外交基本计划（2017～2021）》，韩国外交部，2017。

第二个变化是设立“公共外交委员会”。该委员会在整个公共外交运营系统中扮演控制塔的角色，即主要负责审议及调整总体公共外交政策、促进各部门间的合作并调整各部门间的重叠业务、调查公共外交各项目的实施情况、分享模范案例等。根据《公共外交法》第 8 条，隶属于外交部长官的“公共外交委员会”设立，委员会由包括委员长在内的二十名以内的委员构成，外交部长官担任委员长，其他委员分为政府委员和民间委员。政府委员由中央行政机关次官（相当于副部长）或次官级别的公务员担任，民间委员一般为具备丰富的公共外交专门知识及经验的人员。2018 年 11 月，10 名政府委员、4 名民间委员和 1 名观察员（韩国国际交流财团理事长）参加了第二届公共外交委员会会议。从具体成员来看，政府委员来自教务部、外交部、统一部、法务部、行政安全部、文化体育观光部、农林畜产食品部、女性家族部、国家报勋处及国务调整室；民间委员来自文化日报社、Kakao 对外合作室、韩国广播公司（KBS）及全州文化财团。

第三个变化是组织“公共外交推进机关”。根据《公共外交法》第 12 条，外交部长官可组织公共外交推进机关，该机关主要有以下几种功能：制订综合施行计划，并为施行计划提供支援；与韩国国内外公共外交相关机关和团体建立合作体系；为公共外交活动提供培训、咨询、宣传等支援；培养公共外交专业人才；等等。2017 年 8 月在首届公共外交委员会会议上，韩国国际交流财团被确定为公共外交推进机关。

上文所述的韩国公共外交运营系统在法律及制度上的变化，使人们期待韩国新的公共外交系统可解决过去存在的效率低下及功能分散的问题。设立隶属于外交部长官的公共外交委员会，意味着在整个公共外交运营系统中外交部处于主导地位，这样可以解决过去韩国外交部和文化体育观光部间存在的角色重叠及业务重叠等问题。然而，也有人对这一总体性公共外交系统提出批评性意见，就像韩仁泽所说，虽然政府主导的有条不紊的公共外交能够提高效率，但这是与多元化、民主化、分权化的韩国社会认同不相符的。[①] 考虑到这一点，韩国政府一方面应以《公共外交法》为基础推行系统性的公共外交事业，另一方面还必须确保给各部门及民间团体以充分的自主性。

---

① 한인택，「공공외교법 제정의 배경과 의의」，『한중 공공외교 다이제스트』，서울：다산출판사，2017，pp. 301 - 306.

四　结论

随着21世纪国际社会对公共外交关注的增强，韩国政府和民间也越来越多地关注、支援及参与公共外交。与过去政府对政府的传统外交不同，21世纪新公共外交是用软实力资源来和其他国家民众进行沟通、交流，并得到其信赖的一种新的外交形态。对韩国而言，这样的新公共外交是提升国际舞台上本国地位的有效手段之一。

从2010年开始，韩国外交政策内正式使用“公共外交”一词，此前多以“宣传外交”、“文化外交”及“文化交流”等代称。并且，早期韩国的公共外交活动多局限于宣传本国文化以及与施行国家进行文化交流活动。从1948年韩国政府成立以来，韩国公共外交共经历过五个不同时期：1948年至20世纪70年代，韩国公共外交主要是宣传韩国对外形象的一种手段，这一时期可以说是公共外交未成熟的时期；20世纪80年代，通过举办亚运会及奥运会等国际体育大赛，韩国公共外交以体育外交为主，提高了国际社会对韩国的认识；20世纪90年代，韩国政府建立韩国国际交流财团，并推进海外韩国学振兴事业等比以前更广泛的公共外交事业；21世纪初，韩国外交部借“韩流”热潮的机遇，大力推行各种文化交流事业；从2010年至今，韩国政府以公共外交元年为起点，进一步加强公共外交有关事业的推进力度，制定公共外交的法律、制度，增强了公共外交运营系统的总体性及效率性。

2016年制定的《公共外交法》给韩国公共外交运营系统带来了整体性的变化。根据此项法案，外交部与中央行政机关及地方自治团体进行协商，每五年制订一次公共外交基本计划，每年制订以基本计划为基础的施行计划，并对其实践成果进行调查及评估。此外，依据《公共外交法》设立的公共外交委员会起到过去韩国公共外交运营系统中缺失的控制塔的作用，此举可缓解过去不同部门间经常发生的公共外交业务重叠等问题。不仅如此，设立公共外交推进机关使得韩国国际交流财团的力量有所提升，这不仅有利于加强有关海外韩国学振兴事业的公共外交事业，也有利于构建民间团体间以及民间团体和政府间的合作网络。

韩国《公共外交法》生效至今仅有数年，目前对韩国公共外交新的系统及机制进行总体评估尚显为时过早，但韩国公共外交的变化以及近年来制度性、系统性的改革尝试，还是值得各国关注与借鉴的。

An Analysis of the Transformative Public Diplomacy Approach and the Implications of *Public Diplomacy Law* in ROK

Xing Liju, *Park Kanghee*

Abstract Since the dawn of the 21st century, concepts of soft power and public diplomacy have gained a substantial amount of attention from nations worldwide. In the meantime, public diplomacy has achieved a significant prominence in ROK's diplomatic strategy and established itself as one of the three main pillars of ROK's diplomacy. Moreover, the *Public Diplomacy Law* of ROK enacted in 2016 has brought a considerable amount of transformation to its institutional and implementation system. Against this historical backdrop, this study aims to offer findings on ROK's diplomatic development by first exploring the chronological progression of diplomacy since the country's establishment of government in 1948; and second analyzing the major content of the 2016 diplomatic law as well as its impact on the institutional and implementation system. The study attempts to examine the evolution of the public diplomatic approach and the implications of *Public Diplomacy Law*.

Keywords ROK; Public Diplomacy; *Public Diplomacy Law*; National Image

韩国水外交的战略目标、实践路径与模式分析

——以2011～2019年湄公河地区为例*

张　励

【内容提要】自21世纪联合国倡议水外交以来，韩国与中国、美国、日本、欧盟等同步开展了水外交实践。湄公河流域作为全球水冲突最严重的四大地区之一，已成为韩国积极实施水外交的重点区域，更是其在东南亚地区发挥影响力、实现“新南方政策”等战略目标的重要舞台。2011～2019年，韩国在湄公河流域的水外交主要通过水资源平台建设、水资源项目与资金投入、水资源危机公关与管控、国际水外交话语权打造等多种独具特色的模式展开，并不断加强自身在全球水外交上的领导作用。

【关键词】韩国　水外交　湄公河　实践路径　模式分析

【作者简介】张励，复旦大学一带一路及全球治理研究院助理研究员，上海高校智库复旦大学宗教与中国国家安全研究中心研究员。

* 本文系国家社科基金青年项目“澜湄国家命运共同体构建视阈下的水冲突新态势与中国方略研究”（项目编号：18CGJ016）、云南省哲学社会科学研究基地项目“澜湄合作机制下联合护航的升级发展路径与云南作用研究”（项目编号：JD2017YB08）、中国博士后科学基金第12批特别资助项目“中国水外交的历史演进、理论构建与当代实践研究”（项目编号：2019T120289）、中国博士后科学基金第65批面上资助项目“国际社会对澜湄合作机制的意图认知与中国经略之策研究”（项目号：2019M651392）的阶段性成果。本文受第一届上海市“超级博士后”激励计划资助。感谢郑继永教授、詹德斌教授提出的宝贵意见，文中纰漏由笔者负责。

世界银行前副行长伊斯梅尔・萨拉杰丁（Ismail Serageldin）曾指出："如果说本世纪（20 世纪）的许多战争由石油引发，那么下个世纪（21 世纪）水将成为引起战争的根源。"[①] 2011 年，韩国与全球同步开始实施水外交，并在全球四大水冲突地区[②]之一——湄公河流域进行了积极的实践。与此同时，韩国在水资源平台建设、水资源项目与资金投入、水危机公关与管控、国际水外交话语权打造等方面形成了独特的水外交实践模式，深化了全球水外交理论，并成为其他国家水外交借鉴的重要内容。在第七届世界水论坛（World Water Forum）上，韩国就曾表示自己"作为负责任的中等国家正在加强其在水外交上的领导作用"。[③] 目前，国内外水外交研究领域包括韩国学界对韩国水外交的发展，尤其是韩国在湄公河地区的水外交实践内容、模式、特点等进行细致研究的成果仍相对较少。[④] 对全球水外交中典型的"韩国案例"进行研究，将对未来中国水外交理论研究的发展、中韩在湄公河地区的水外交互动，以及澜湄国家命运共同体的构建起到至关重要的作用。

一　全球水外交的兴起与韩国的战略目标选择

近几十年来，由水资源引发的政治、安全、经济、文化、生态等方面的冲突正深刻影响着全球格局的转变、地区秩序的构建以及国家战略利益

① Mary H. Cooper, "Global Water Shortages: Will the Earth Run out of Freshwater," *Congressional Quarterly Researcher*, Vol. 5, No. 47 (1995), p. 1115.

② 全球四大水冲突地区分别是湄公河流域、阿姆河流域、底格里斯河流域和尼罗河流域。参见 Benjamin Pohl et al., "The Rise of Hydro - Diplomacy: Strengthening Foreign Policy for Transboundary Waters," *Adelphi Report*, 2014, p. 8。

③ Ministry of Foreign Affairs of Republic of Korea, "ROK Hosts the Ministerial Conference of the 7th World Water Forum," April 13, 2015, http://www.mofa.go.kr/eng/brd/m_5676/view.do?seq=315130&srchFr=&.

④ 参见 Kim Taeyoon et al., "Korea's Development Cooperation with the Mekong Region," *World Economy*, Vol. 3, No. 40 (2013), pp. 1-4；李永春《试析韩国的湄公河开发战略》，《东南亚研究》2013 年第 6 期，第 55~61 页；张励、卢光盛《"水外交"视角下的中国和下湄公河国家跨界水资源合作》，《东南亚研究》2015 年第 1 期，第 42~50 页；韦丽华、于臻《湄公河多边合作机制下越南与韩国、印度的合作》，《南洋问题研究》2017 年第 4 期，第 82~96 页；等等。上述研究成果均有涉及韩国湄公河水外交和跨界水资源合作这两个议题的内容。

的发展。在此背景下，2011 年联合国正式呼吁推进水外交，中国、美国、日本、欧盟等国政府或政府间国际组织纷纷展开研究与实践。韩国作为具有影响力的中等国家代表也进行了水外交实践，并做出了对应的战略目标选择。

（一）全球水外交的兴起

1. 水外交研究的历史源流

全球水外交研究的发展共经历了三个阶段。第一，1980 年前的“铺垫期”。该阶段从历史学、地理学、人类学等多学科角度探讨了河流水合作、水冲突和水管理的议题，但在研究过程中并没有明确提出水外交相关概念、案例，也未出现“水外交”一词。该阶段有关水外交的研究为之后的理论开创与案例研究开辟了道路，积累了经验。[①]

第二，1980～2010 年的“萌芽期”。该阶段在研究跨界水资源问题中，首次出现了“水外交”一词。同时，水外交研究涵盖地区较广，包括了东南亚、南亚、中亚、西亚、非洲等，还出现了专门探讨中国水外交的文章。但该阶段的水外交研究尚处在对具体实际问题的对策提出与问题解决阶段，

① 该阶段的代表作有 Eugene Rober Black, “International Rivers,” *The American Journal of International Law*, Vol. 48, No. 2 (1954), pp. 287 - 289; Remi Nadeau, *The Water War*, Rockville: American Heritage Publishing Company, 1961; Daniel M. Ogden, “Political and Administrative Strategy of Future River Basin Development: The National View,” *Political Research Quarterly*, Vol. 15, No. 3 (1962), pp. 39 - 40; Albert Lepawsky, “International Development of River Resources,” *International Affairs*, Vol. 39, No. 4 (1963), pp. 533 - 550; Jasper Ingersoll, “Mekong River Basin Development: Anthropology in a New Setting,” *Anthropological Quarterly*, Vol. 41, No. 3 (1968), pp. 147 - 167; Eugene Rober Black, *The Mekong River: A Challenge in Peaceful Development for Southeast Asia*, National Strategy Information Center, 1970; Virginia Morsey Wheeler, “Co-Operation for Development in the Lower Mekong Basin,” *The American Journal of International Law*, Vol. 64, No. 3 (1970), pp. 594 - 609; John M. Orbell and L. A. Wilson, “The Governance of Rivers,” *The Western Political Quarterly*, Vol. 32, No. 3 (1979), pp. 256 - 264; úrsula Oswald Spring, “Hydro - Diplomacy: Opportunities for Learning from an Interregional Process,” in Clive Lipchin et al eds., *Integrated Water Resources Management and Security in the Middle East*, Dordrecht: Springer, 2007, pp. 163 - 200; 王庆《湄公河及其三角洲》,《世界知识》1963 年第 12 期；明远《摩泽尔河的运河化》,《世界知识》1964 年第 12 期；竹珊《尼日尔河三角洲》,《世界知识》1964 年第 19 期；等等。

少有涉及水外交理论的探讨。[①]

第三，2011 年至今的“发展期”。在这一阶段，水外交研究已经逐步发展到理论与案例并举、学术与实践共进的层面。从研究内容上来看，国内外对于水外交理论的研究开始兴起，案例研究也进一步增多。[②] 从研究平台上来看，研究活动的开展不仅通过论著、报告等纸质平面形式，还通过专门的学术交流与培训等立体形式。[③] 从研究实际运用上来看，政府间国际组织（如联合国）与部分国家（如韩国、中国、印度等）已经开始逐渐将水外交

---

① 该阶段的代表作有：Nurul Islam Nazem and Mohammad Humayun Kabir, *Indo - Bangladeshi Common Rivers and Water Diplomacy*, Bangladesh Institute of International and Strategic Studies, 1986; Surya Subedi, “Hydro - Diplomacy in South Asia: The Conclusion of the Mahakali and Ganges River Treaties,” *The American Journal of International Law*, Vol. 93, No. 4 (1999), pp. 953 - 962; Bertram Spector, “Motivating Water Diplomacy: Finding the Situational Incentives to Negotiate,” *International Negotiation*, Vol. 5, No. 2 (2000), pp. 223 - 236; Marwa Daoudy, “Syria and Turkey in Water Diplomacy (1962 - 2003),” in Fathi Zereini, et al. eds., *Water in the Middle East and in North Africa: Resources, Protection and Management*, Berlin: Springer, 2004, pp. 319 - 332; Apichai Sunchindah, “Water Diplomacy in the Lancang-Mekong River Basin: Prospects and Challenges,” Paper presented at the Workshop on the Growing Integration of Greater Mekong Sub-regional ASEAN States in Asian Region, September 2005, Yangon, Myanmar, pp. 20 - 21; Zainiddin Karaev, “Water Diplomacy in Central Asia,” *Middle East Review of International Affairs*, Vol. 9, No. 1 (2005), pp. 63 - 69; Indianna D. Minto-Coy, “Water Diplomacy: Effecting Bilateral Partnerships for the Exploration and Mobilization of Water for Development,” *SSRN Working Paper Series*, 2010; 弗兰克·加朗《全球水资源危机和中国的“水资源外交”》，《和平与发展》2010 年第 3 期；等等。

② 该阶段的代表作有：Shafiqul Islam et al., *Water Diplomacy: A Negotiated Approach to Managing Complex Water Networks*, New York: RFF Press, 2013; Benjamin Pohl et al., “The Rise of Hydro - Diplomacy: Strengthening Foreign Policy for Transboundary Waters,” *Adelphi Report*, 2014; Shafiqul Islam and Amanda C. Repella, “Water Diplomacy: A Negotiated Approach to Manage Complex Water Problems,” *Journal of Contemporary Water Research & Education*, Vol. 155, No. 1 (2015), pp. 1 - 10; Shafiqul Islam et al. eds., *Water Diplomacy in Action: Contingent Approaches to Managing Complex Water Problems*, New York: Anthem Press, 2017; Anoulak Kittikhoun and Denise Michèle Staubli, “Water Diplomacy and Conflict Management in the Mekong: From Rivalries to Cooperation,” *Journal of Hydrology*, Vol. 567, 2018, pp. 654 - 667; 张励《水外交：中国与湄公河国家跨界水合作及战略布局》，《国际关系研究》2014 年第 4 期；郭延军《“一带一路”建设中的中国周边水外交》，《亚太安全与海洋研究》2015 年第 2 期；廖四辉、郝钊、金海、吴浓娣、王建平《水外交的概念、内涵与作用》，《边界与海洋研究》2017 年第 6 期；李志斐《美国的全球水外交战略探析》，《国际政治研究》2018 年第 3 期；等等。

③ 张励：《水外交：中国与湄公河国家跨界水合作及战略布局》，第 27 页。

运用到具体的跨界水资源处理与外交实践中。①

综上所述，水外交的学术研究与实践运用总体上于1980年起开始逐渐发展，并呈现出实践行动多于学理探索、学理概括晚于实践行动的特征。需要注意的是，尽管在第二个阶段一些国家尚未使用“水外交”一词来指代其在跨界水资源议题上的外交行动，但事实上这些行动已经具备水外交之实，并与其在第三个阶段正式开展水外交的行动相匹配。

2. 水外交概念与实施主体分类

当前，国内外学界从不同学科和视角对水外交概念进行了多种定义和阐述。本文采用国际关系视角下的水外交概念，即水外交是指一国政府或政府间国际组织为确保跨界水资源开发需求或水地缘战略利益，通过传统方式与技术方式与另一（多）国政府或政府间国际组织展开的一种灵活多变的活动。②

水外交的实施主体一般是某一国的政府或某一政府间国际组织。基于地理位置、目标指向等因素，水外交实施主体可以细分为以下三类（如表1所示）。

第一，全球（或区域）水资源冲突管理类行为体。该类行为体中有些并非直接坐落于河流沿岸地区，如联合国；有些则直接坐落于河流沿岸地区，如湄公河委员会（Mekong River Commission）。其目标指向主要基于全球利益或地区整体利益，致力于保障全球或区域内跨界河流沿岸国家的水权，推动合理的水经贸关系发展，保证流域内生态可持续发展，同时积极倡导避免因水资源冲突而导致地缘秩序动荡。

第二，跨界水资源直接冲突行为体。该类行为体坐落于跨界河流沿岸地区并深受此影响。其目标指向在于维护自身水资源开发权利，促进水经贸关

① 例如 United Nations Institute for Training and Research，“Introduction to Water Diplomacy,” http：//www. unitar. org/event/introduction - water - diplomacy；《联合国呼吁推进“水外交”政策》，福布斯中文网，http：//www. forbeschina. com/review/201103/0008356. shtml；《印度提议对华开展“次区域水外交”》，新华网，http：//news. xinhuanet. com/world/2012 - 12/27/c_ 124156187. htm；《安理会推动“水外交”强调水在维持和平与安全中的特殊作用》，联合国新闻，2016 年 11 月 26 日，http：//www. un. org/chinese/News/story. asp？ NewsID = 27148；等等。

② 张励：《水外交：中国与湄公河国家跨界水资源的合作与冲突》，云南大学博士学位论文，2017，第 32 页。

系发展，辅助实现对外战略目标，促进地缘秩序建设，保障流域生态健康，以及应对域内外水竞争。该类行为体是水外交最重要的实施主体，其代表有中国、湄公河国家（缅甸、泰国、老挝、柬埔寨、越南）、印度、土耳其等。

第三，跨界水资源间接冲突行为体。该类行为体不坐落于跨界河流沿岸，其所受到的水资源开发利益冲击相较跨界水资源直接冲突行为体要小。该类行为体的目标指向更多在于辅助实现本国对外战略目标，促进地缘秩序建设，保障流域生态健康，促进水经贸关系发展，以及应对域内外水竞争。该类行为体的代表有韩国、美国、日本、澳大利亚等。

表 1　水外交实施主体分类①

实施主体	地理位置	目标指向	代表行为体
全球（或区域）水资源冲突管理类行为体	对应河流沿岸或非对应河流沿岸	水权维护、经贸发展、生态保护、地缘秩序维护	联合国、湄公河委员会等
跨界水资源直接冲突行为体	对应河流沿岸	水权维护、经贸发展、生态保护、对外战略辅助、地缘秩序建设、水竞争应对	中国、湄公河国家（缅甸、泰国、老挝、柬埔寨、越南）、印度、土耳其等
跨界水资源间接冲突行为体	非对应河流沿岸	经贸发展、生态保护、对外战略辅助、地缘秩序建设、水竞争应对	韩国、美国、日本、澳大利亚等

资料来源：作者整理。

值得注意的是，第二类跨界水资源直接冲突行为体和第三类跨界水资源间接冲突行为体会根据水外交实施流域的不同而发生转换。例如，如果以湄公河（Mekong River）流域为实施地区，那么韩国应属于第三类跨界水资源间接冲突行为体，其目标指向主要在于通过水外交来增加自身在湄公河地区的地缘政治经济影响力；但如果是以韩国与朝鲜之间的临津江（韩语：임진강；朝鲜语：림진강）② 流域为实施地区，那么韩国则转换为第二类跨

① “实施主体”“地理位置”“目标指向”三个指标与内容相对固定，“代表行为体”分类则呈现动态变化。这里的分类以湄公河为实施流域进行划分。

② 临津江位于朝鲜半岛中部，发源于朝鲜境内马息岭山脉的头流山，向西南穿过“三八线”流入韩国，于黄海沿岸注入汉江河口，全长 254 千米，流域面积 8118 平方千米。

界水资源直接冲突行为体。同样，对于美国而言，在湄公河流域，美国应作为第三类跨界水资源间接冲突行为体，其目标指向更多在于参与湄公河地区秩序的构建与辅助自身对外战略目标的实现；但如果涉及美国与加拿大之间的哥伦比亚河（Columbia River）[①] 的跨界水资源冲突，美国便转换为第二类跨界水资源直接冲突行为体，其首要目标在于保证自身的水资源开发利用权。

（二）韩国水外交的战略目标选择

湄公河流域是全球四大水冲突最严重的地区之一，且韩国在该流域的水外交实践具有长期性和典型性。基于上述条件与水外交实施主体分类可以得出，韩国作为跨界水资源间接冲突行为体在湄公河流域实施水外交，其主要战略目标在于"对外战略""经贸发展""地缘秩序""国际水外交话语权"等方面。

第一，辅助韩国"新亚洲构想"（New Asia Initiative）、"新南方政策"（New Southern Policy）等对外战略。2009 年韩国在经济与外交的双重驱动下提出"新亚洲构想"，并指出要将过去偏重同中国、日本的外交关系扩大至全亚洲，向东南亚、中亚、南亚等地区扩展，[②] 并在经济、绿色发展、安保、文化、能源等方面施行建立合作关系的新型外交战略。2017 年韩国又提出"新南方政策"，重点构建韩国与东盟未来共同体，并准备扩大韩国—湄公河基金、韩国—东盟基金等。[③] 不难看出，无论是"新亚洲构想"还是"新南方政策"，韩国始终将湄公河地区与绿色发展议题视为其对外战略的重要组成部分。因此，韩国在湄公河地区积极的水外交实践，极大程度地辅助了其整体对外战略目标的实现。

第二，改变韩国对外经贸关系发展格局，并提高其与东南亚国家的经济合作水平。韩国一直希望改变经贸关系过多依赖中国、美国、日本等国市场

---

① 哥伦比亚河位于北美太平洋西北地区，发源于洛矶山脉在加拿大不列颠哥伦比亚内的部分，向南流入美国华盛顿州，最后注入太平洋，全长 2044 千米，流域面积 415211 平方千米。

② 汪伟民：《韩国欧亚战略的演进：过程、特征与展望》，《韩国研究论丛》2017 年第 1 辑，社会科学文献出版社，2017，第 5 页。

③ 薛力：《韩国"新北方政策""新南方政策"与"一带一路"对接分析》，《东北亚论坛》2018 年第 5 期，第 64 页。

的经济格局（如表 2 和表 3 所示），[①] 欲加大在东南亚地区尤其是湄公河地区的出口份额，且韩国一直有意参与泰国[②]、柬埔寨[③]、老挝等湄公河国家的水利基础设施建设项目。因此，韩国水外交在湄公河地区积极拓展，为韩国扩大在湄公河地区的水利投资创造了良好的环境和条件。与此同时，韩国水外交及时有效的水危机公关与管控也为韩国与湄公河国家水经济关系的可持续发展提供了有利保障。

表 2　2018 年韩国对主要贸易伙伴出口额

单位：百万美元

国家和地区	金额	同比%	占比%
总值	605169	5.5	100.0
中国	162158	14.1	26.8
美国	72736	6.0	12.0
越南	48629	1.8	8.0
中国香港	45999	17.6	7.6
日本	30574	14.0	5.1
中国台湾	20794	39.6	3.4
印度	15611	3.7	2.6
菲律宾	12061	13.9	2.0
新加坡	11850	1.7	2.0
墨西哥	11459	4.8	1.9
澳大利亚	9626	-51.5	1.6
德国	9372	10.5	1.6
马来西亚	8983	11.7	1.5
印度尼西亚	8868	5.5	1.5
泰国	8507	13.9	1.4

资料来源：《国别贸易报告——2018 年韩国货物贸易及中韩双边贸易概况》，中华人民共和国商务部，https：//countryreport. mofcom. gov. cn/record/view110209. asp？ news_ id = 63097。

① 《文在寅力推“新南方政策”》，新华网，http：//www. xinhuanet. com//globe/2018 - 08/06/c_ 137349619. htm。

② 宋效峰：《中等强国视角下的韩国东南亚外交》，《东南亚南亚研究》2013 年第 2 期，第 11 页。

③ 《韩国斥资 2 亿美元收购柬埔寨腰果，开发水利灌溉项目》，搜狐网，2017 年 2 月 22 日，http：//www. sohu. com/a/126924437_ 612979。

表 3　2019 年 1～9 月韩国对主要贸易伙伴出口额

单位：百万美元

国家和地区	金额	同比%	占比%
总值	406104	-9.8	100.0
中国	99852	-18.1	24.6
美国	54335	3.6	13.4
越南	36016	0.7	8.9
中国香港	24371	-32.6	6.0
日本	21362	-5.6	5.3
印度	11823	0.5	2.9
中国台湾	11504	-21.0	2.8
新加坡	9951	20.1	2.5
墨西哥	8439	-1.5	2.1
马来西亚	6756	0.2	1.7
德国	6464	-9.1	1.6
菲律宾	6453	-28.5	1.6
俄罗斯	5975	9.8	1.5
澳大利亚	5904	-19.9	1.5
泰国	5898	-2.7	1.5

资料来源：《国别贸易报告——2019 年 1～9 月韩国货物贸易及中韩双边贸易概况》，中华人民共和国商务部，https：//countryreport.mofcom.gov.cn/record/view110209.asp？news_ id =66454。

第三，提升韩国在湄公河地区的影响力，并为其构建地区秩序赢得空间。水资源议题不仅关乎上层决策者，也直接涉及普通大众，是受众面较广的领域。因此，韩国水外交在湄公河地区的实施能为其持续提高自身影响力、国际声誉与国家形象提供助力。同时，鉴于部分湄公河国家对与中国在水资源合作上有一定的担忧与疑虑，韩国水外交将为湄公河国家在水议题合作上提供更多选择和筹码，从而加强湄公河国家与韩国之间的利益关联，为韩国在该地区的地区秩序构建赢得空间。

第四，增强韩国的国际水外交话语权。水外交相较于经济外交、公共外交等是新兴外交，因此，在全球范围内暂未形成某国或某几国在政界或学界主导水外交话语权的局面。但从 2011～2019 年的水外交理论与实践发展过程中不难看出，各国政界与学界已经逐步认识到水外交对自身的重大战略意义，并纷纷加大投入。韩国除主办第七届世界水论坛并表示要加强其在水外交上的领导力，[①] 更需要通过在理想地域的实践案例来增强该意愿的说服力。韩国水外交在湄公河地区的实践，无疑将进一步加强其在国际水外交话语权上的影响力，从而增强其在国际水外交领域中的威信。

二 2011～2019年韩国在湄公河地区的水外交实践

湄公河流域是诸多国家水外交竞争激烈的区域。韩国作为湄公河跨界水资源间接冲突行为体，其水外交实施的主要目标并非维护水权，而是在于辅助自身实现对外战略目标、构建地区秩序、改变对外经贸发展格局以及增强国际水外交话语权。因此，韩国在湄公河流域的水外交主要从水资源平台建设、水资源项目与资金投入、水资源危机公关与管控、国际水外交话语权打造四个方面展开。

（一）水资源平台建设

韩国通过举办和参与“韩国—湄公河国家外长会议”（ROK - Mekong Foreign Ministers' Meeting）等加强其在湄公河水资源议题上的影响力。2011年韩国与柬埔寨、老挝、泰国、越南、缅甸启动韩国—湄公河国家外长会议机制，通过了《关于建立韩国—湄公河全面合作伙伴关系，共同繁荣文明的汉江宣言》，提出要创造“湄公奇迹”，并就水资源保护等内容进行合作。[②] 2014年在韩国首尔举行的第四届韩国—湄公河国家外长会议上，与会各国重点讨论了湄公河地区的开发合作等，并通过了包含未来三年具体合作目标和方向的“行动计划”。这是自韩国—湄公河国家外长会议召开以来第一次通过“行动计划”。通过联合主席声明，与会各国宣称将努力实现三大合作目标——与东盟的联系、可持续发展、以人为本发展，并扩大在基础设施、信息通信技术、绿色增长、水资源开发、农业和农村开发、人才培养六

① Ministry of Foreign Affairs of Republic of Korea, “ROK Hosts the Ministerial Conference of the 7th World Water Forum,” April 13, 2015, http://www.mofa.go.kr/eng/brd/m_5676/view.do?seq=315130&srchFr=&.

② 《首届韩国—湄公河国家外长会议在首尔举行》，凤凰网，http://finance.ifeng.com/roll/20111108/5010661.shtml。

个领域内的合作项目。[①] 2016 年在老挝万象举行的第六届韩国—湄公河国家外长会议上，各国外长就近年来湄公河五国与韩国落实《2014 ~ 2017 年韩国—湄公河国家行动计划》（*ROK – Mekong Action Plan 2014 – 2017*）所取得的进展，尤其是落实湄公河水陆交通研究项目等典范项目表示认可，同时表示要与包括湄公河委员会在内的湄公河地区各伙伴及国际组织加强双边和多边合作。[②] 2017 年在韩国釜山召开的第七届韩国—湄公河国家外长会议上，各国外长对《2014 ~ 2017 年韩国—湄公河国家行动计划》的执行情况进行总结并高度评价韩国为与湄公河国家合作所做出的贡献，同时对有关水资源开发、基础设施建设、信息技术、农业与农村发展、人力资源开发等合作项目所取得的积极成效表示肯定。各国外长在探讨至 2020 年的下一阶段合作计划时还强调了要加强在湄公河水资源以及其他资源可持续利用和管理上的合作力度等内容。[③] 2018 年在新加坡举行的第八届韩国—湄公河国家外长会议上，韩国强调了实施“新南方政策”以及加强与湄公河国家的合作，并向韩国—湄公河国家合作基金会提供资金，同时湄公河国家各外长就对韩国—湄公河国家合作机制进行升级表示认可与支持。未来合作中韩国与湄公河国家将继续重视环保合作，预防并及时有效地处理湄公河区域所发生的灾害，对湄公河水源进行可持续管理，扩大与湄公河委员会合作的范围等。[④] 2019 年在泰国举行的第九届韩国—湄公河国家外长会议上，成员国高度评价韩国通过官方开发援助和韩国—湄公河国家合作基金会为湄公河地区提供

---

① 参见《韩国与湄公河五国举行外长会议　拟加强民间交流》，新华网，http：//news. xinhuanet. com/world/2014 – 07/28/c_ 126806456. htm；《韩国—湄公河外长会议首次通过“行动计划”》，国际在线，http：//gb. cri. cn/42071/2014/07/30/5931s4634204. htm。

② 《第六届湄公河五国—韩国外长会议在老挝万象召开》，越南通讯社，2016 年 7 月 25 日，https：//zh. vietnamplus. vn/第六届湄公河五国韩国外长会议在老挝万象召开/53464. vnp。

③ 《第七届湄公河五国—韩国外长会议在韩国召开》，越南通讯社，2017 年 9 月 5 日，https：//zh. vietnamplus. vn/% E7% AC% AC% E4% B8% 83% E5% B1% 8A% E6% B9% 84% E5% 85% AC% E6% B2% B3% E4% BA% 94% E5% 9B% BD% E9% 9F% A9% E5% 9B% BD% E5% A4% 96% E9% 95% BF% E4% BC% 9A% E8% AE% AE% E5% 9C% A8% E9% 9F% A9% E5% 9B% BD% E5% 8F% AC% E5% BC% 80/69862. vnp。

④ 参见《韩国湄公河外长会今在新举行》，韩联社，https：//cn. yna. co. kr/view/ACK20180803005800881；《第八届韩国—湄公河外长会在新加坡召开》，越南人民军队网，2018 年 8 月 4 日，https：//cn. qdnd. vn/cid – 6123/7183/% E7% AC% AC% E5% 85% AB% E5% B1% 8A% E9% 9F% A9% E5% 9B% BD – % E6% B9% 84% E5% 85% AC% E6% B2% B3% E5% A4% 96% E9% 95% BF% E4% BC% 9A% E5% 9C% A8% E6% 96% B0% E5% 8A% A0% E5% 9D% A1% E5% 8F% AC% E5% BC% 80 – 552064。

的支持，并欢迎韩国“以人为中心的和平与繁荣共同体”的“新南方政策”。会议还就重点实施有助于可持续发展的项目，包括可持续水管理和使用项目，与湄公河委员会保持密切配合达成一致。此外，六国就水资源安全（包括跨国水资源安全）等问题进行了探讨。① 韩国通过启动韩国—湄公河国家外长会议机制打造了进行水资源议题探讨的平台，并十分重视在每年举办的会议上与湄公河国家进行水资源合作内容的建设与完善。

（二）水资源项目与资金投入

韩国依靠其资金与技术优势加强在湄公河地区水资源项目建设、贷款、援助等方面的投入。其一，与湄公河国家展开河流治理方面的合作，帮助老挝和柬埔寨改造河流河道。韩国从经济发展合作基金中为老挝提供了4000万美元的贷款，主要用于两个项目，其中之一就是老挝万象湄公河沿岸发展建设项目。韩国在河道管理方面有着成熟的经验，这些经验为老挝万象湄公河沿岸发展项目提供了帮助。此外，韩国还帮助柬埔寨改建原来的克朗本力河（Krang Ponley River），改建工程在2013年4月全面完成。改建后的克朗本力河两岸形成了可以耕种的土地，河上筑起了堤坝，修起了蓄水池，有助于干旱季节的农田灌溉。其二，韩国向湄公河国家提供的大量援助资金占其1987年至2017年向东盟提供官方发展援助资金总额的74%。2013～2017年，韩国为韩国—湄公河国家合作基金会提供430万美元的资金援助。这些资金主要用于韩国与湄公河国家开展水资源管理、森林种植等领域的合作项目以及合作活动。②

（三）水资源危机的公关与管控

韩国在湄公河水资源项目上进行了积极有效的危机公关与危机管控。

---

① 《第九届湄公河—韩国外长会议在泰国举行》，越南通讯社，2019年8月3日，https：//cn. nhandan. com. vn/international/international_ news/item/7176601 -% E7% AC% AC% E4% B9% 9D% E5% B1% 8A% E6% B9% 84% E5% 85% AC% E6% B2% B3 -% E9% 9F% A9% E5% 9B% BD% E5% A4% 96% E9% 95% BF% E4% BC% 9A% E8% AE% AE% E5% 9。

② 参见《韩国湄公河外长会今在新举行》，韩联社，https：//cn. yna. co. kr/view/ACK20180803005800881；《第八届韩国—湄公河外长会在新加坡召开》，越南人民军队网，2018年8月4日，https：//cn. qdnd. vn/cid -6123/7183/% E7% AC% AC% E5% 85% AB% E5% B1% 8A% E9% 9F% A9% E5% 9B% BD -% E6% B9% 84% E5% 85% AC% E6% B2% B3% E5% A4% 96% E9% 95% BF% E4% BC% 9A% E5% 9C% A8% E6% 96% B0% E5% 8A% A0% E5% 9D% A1% E5% 8F% AC% E5% BC% 80 -552064。

2018 年 7 月 23 日，在老挝南部，由韩国的 SK 工程与建设公司（SK Engineering & Construction）建造的桑片—桑南内水电站大坝发生严重溃坝事故，超过 50 亿立方米洪水快速下泄，造成近 30 人死亡，130 余人失踪，6000 余人无家可归。该事件成为老挝数十年来最严重的一次水灾。与此同时，位于老挝下游的柬埔寨也受到影响。[①] 韩国政府获悉后积极行动，多次向老挝政府表示慰问并派出应急救援队。韩国高层领导人在多种场合数次向老挝政府表示慰问，表现出对湄公河水资源议题的重视。韩国外交部部长助理尹淳九 2018 年 8 月在老挝出席第 16 届东亚论坛期间会见老挝外长沙伦赛，就老挝南部发生大坝坍塌事故导致当地居民受灾表示深切慰问，并表示韩国政府将为灾民提供人道主义援助，积极支持重建工作。[②] 2018 年 11 月，韩国总统文在寅在新加坡同老挝总理通伦·西苏里举行会谈，再次对溃坝事故表示慰问，并承诺继续关注援助灾民和重建灾区工作。[③] 2019 年 3 月，韩国国务总理李洛渊在中国海南博鳌同老挝总理通伦·西苏里举行会谈，继续就老挝溃坝事故承诺努力支持灾后重建工作，并希望开展各方都能接受的公正调查。[④] 此外，韩国多次向老挝派出救援队进行营救。溃坝事件当月，韩国就向溃坝灾区派遣了第一批海外应急救援队，在萨南赛县医院和阿速坡省医院救治了 200 多名灾民。次月韩国又派出第二批海外应急救援队，应老挝之请将水传染病防疫专家和流行病学调查员编入二队。同时，韩国政府援助价值 50 万美元的救灾物资，包括 2200 多条毛毯、4500 多条毛巾、5000 多个水桶和大韩红十字会的 5000 多个急救包。[⑤] 韩国高层领导人长期以来多次的诚恳表态以及及时有效的援助，使其在水资源危机的公关与管控上获得了对象国的谅解，有助于其后续水资源合作的展开。

① 《奇迹！老挝大坝废墟中发现一名婴儿，独自存活近两周》，环球网，http：//world.huanqiu.com/exclusive/2018-08/12688306.html。

② 《韩外长助理会老挝外长称积极支持溃坝重建》，韩联社，https：//cn.yna.co.kr/view/ACK20180829003200881?section=search。

③ 《文在寅同老挝总理西苏里举行会谈》，韩联社，https：//cn.yna.co.kr/view/ACK20181114003100881?section=search。

④ 《韩老总理在博鳌举行会谈》，韩联社，https：//cn.yna.co.kr/view/ACK20190328005000881?section=search。

⑤ 《韩政府明再派老挝溃坝救援队》，韩联社，https：//cn.yna.co.kr/view/ACK20180806004600881?section=search。

（四）国际水外交话语权的打造

韩国在湄公河地区积极实践水外交的同时，又通过主办世界水论坛来增强其在全球尤其是湄公河地区的水外交话语权，为其进一步推进在该地的水外交创造条件。世界水论坛有“水奥林匹克”之称，是世界最大的水务国际会议，由世界水理事会每三年举办一次（如表4所示）。2015年4月，韩国主办了主题为“水——人类的未来”（Water for Our Future）的第七届世界水论坛，来自全球170多个国家和地区的资源主管部门负责人、国际机构负责人，以及科研机构、学术团体和企业代表等约4.1万人共同探讨“水安全”“水与发展和繁荣”“可靠的实施机制”等关于未来水资源可持续利用的重要议题。韩国最高领导人朴槿惠总统对此十分重视，出席会议并在开幕式上致辞。与此同时，韩国充分借助此次主办契机，面对来自全球的多元化群体代表，表达了作为负责任的中等国家要加强其在水外交上的领导力的意愿。[①] 韩国主办世界性水议题论坛的举动无疑向湄公河国家展示出其对水资源议题的重视、决心和持续性投入，提升对方的信任，从而进一步掌握了水外交的主动权和话语权，保证其在湄公河地区的水外交实施绩效。

表4　1997～2018年世界水论坛

届数	时间	地点	主题	内容
第一届	1997	摩洛哥马拉喀什	水、生命和环境愿景	第一届世界水论坛要求水理事会为水、生命和环境设立21世纪的长期愿景
第二届	2000	荷兰海牙	从愿景到行动	通过了关于21世纪确保水安全的《海牙宣言》
第三届	2003	日本京都、大阪和滋贺	别具一格的一届论坛	《世界水行动报告》列出了3000多项地方性的水行动
第四届	2006	墨西哥墨西哥城	采取地方行动应对全球挑战	第四届世界水论坛为将全球愿景化作具体行动建立了合作和协调机制
第五届	2009	土耳其伊斯坦布尔	架起沟通水资源问题的桥梁	地方和地区当局达成了《伊斯坦布尔共识》

① Ministry of Foreign Affairs of Republic of Korea, “ROK Hosts the Ministerial Conference of the 7th World Water Forum,” April 13, 2015, http://www.mofa.go.kr/eng/brd/m_5676/view.do?seq=315130&srchFr=&.

续表

届数	时间	地点	主题	内容
第六届	2012	法国马赛	治水兴水，时不我待	“方案村”展示了全球各地解决水问题的具体行动措施
第七届	2015	韩国大邱—庆尚北道	水——人类的未来	为指导和跟踪与水议题相关的集体互动，第七届世界水论坛形成了 16 项“实施路线图”
第八届	2018	巴西巴西利亚	共享水	在保证环境可持续性的基础上，促进水资源得到全面有效地节约、保护、开发、规划、管理和利用，让全球生命都从中受益

资料来源：World Water Forum, *World Water Council*, http://www.worldwatercouncil.org/en/world-water-forum; "8th World Water Forum, Brasilia 2018", *World Water Council*, http://www.worldwatercouncil.org/en/brasilia-2018。

三　韩国水外交模式分析及对中国的启示

长期以来，韩国水外交在平台、资金、项目、危机公关、话语权掌控上形成了独特的实践模式。根据水外交绩效评估体系，[①] 韩国在项目资金投入面、危机管控、话语权掌控三方面表现为“强”，在平台建设方面表现为“中”（如表 5 所示）。因此，对韩国水外交优势之处的分析，将为中国进一步完善水外交以及与韩国在湄公河地区进行良性互动提供有益的启示。

表 5　韩国水外交实施领域效果分析

实践领域 / 实施效果	平台建设	项目资金投入面	危机管控	话语权掌控
弱				
中	•			
强		•	•	•

资料来源：作者整理。

① 张励：《水外交：中国与湄公河国家跨界水资源的合作与冲突》，第 34～40 页。

（一）韩国水外交的模式分析

韩国作为中等国家，虽然无法像大国一样在水外交中依靠强大的政治资源、国际影响力、资金支持、技术支持等来进行实践，但其精细化的平台布局，以及关注多元受益群体、注重以“主导者”身份来增强国际水外交话语权、高度重视危机公关与管控等举措，也使其在水外交实施过程中取得了积极成效。

第一，韩国水外交在平台功能建设上有长期的精细布局与规划，并主要体现在对自身平台的长期建设和与他者平台的积极合作。首先，2011～2019年，韩国水外交通过架构含水议题探讨功能的平台——韩国—湄公河国家外长会议，以及提出包含水资源保护与绿色发展议题的“汉江宣言”与“行动计划”，不断延伸和拓展韩国水外交平台功能的覆盖面，建立起湄公河水资源发展、灾害防治等规则。其次，韩国水外交平台具有一定的开放性与包容性，注重与地区内重要的水资源合作组织——湄公河委员会进行合作。韩国水外交历经多年的发展，在平台功能建设上已经较为完善，并且建立起了与其他平台的良好关系。

第二，韩国保持了与自身实力匹配的项目资金投入，且关注群体分布相对全面。韩国在湄公河地区的水外交实施过程中十分注重受益群体的多元化与全面性，其参与项目既包含大坝等大型水利设施建设，也涵盖促进沿岸发展的河道改建工程，同时涉及河流灾害防治合作，并不断强调可持续管理湄公河水资源以及绿色发展的理念。这使得韩国水外交不仅给当地的政府、企业群体带来了利好，更为居住在河流沿岸的普通民众带来了实惠。因此，虽然韩国水外交在湄公河地区的整体项目资金投入总数和规模上不及大国，但其注重多元化、全面性受益群体的水外交实践模式，保证了其水外交的实施绩效，并最大化其知名度，同时也使其不易受到指责或者误解。

第三，韩国水外交在危机公关与管控的重视度与持续度上较强。由于水资源问题直接牵涉人类生存发展、国家政治经济利益等重大问题，因此考核水外交是否完善的重要标准之一便是在水危机中公关与管控效果的好坏。2018 年韩国承建的大坝给老挝及其下游国家造成重大损失，在该流域内的历史上亦属罕见。韩国通过高层领导人在重要国际场合多次致歉、发布相关信息以及多次派遣救援人员，最大化缓解了国际舆论的指责，未使湄公河国家对其在水资源合作上进行“妖魔化”。因此，韩国在水外交危机公关中表现出的政府高度重视与诚恳致歉的态度，使得其更易获得对象国的原谅和信任，也便利于今后工作的展开。

第四，韩国注重以“主导者”而非“参与者”的身份来增强国际水外交话语权。韩国在国际水外交话语权掌握与议题设置上表现出强烈的领导意愿，并以“主导者”身份借助主办具有世界影响力的水议题国际会议来扩大其在国际水外交上的话语权，同时通过在湄公河地区进行积极的水外交实践来印证其在国际会议上表达的愿意在国际水外交中起到积极作用的观点，而这又反过来进一步加强了湄公河国家乃至其他国家和地区对韩国在国际水外交作用发挥上的信赖。

（二）对中国的启示

自 20 世纪 90 年代至今，中国在湄公河地区的水外交实践取得了迅速发展，在实施主体、实施方式、实施内容等方面变得更为全面、有效、合理。[①] 同时，韩国是中国在湄公河地区水外交互动的重要对象，基于中韩关系主流向上、向好，且中韩关系为中国周边外交新范式的基础，[②] 中韩在湄公河地区的水外交呈现趋于合作与良性竞争的趋势。未来中国作为跨界水资源直接冲突行为体，在湄公河地区的水外交目标指向保障自身水权，维护水经贸关系，促进对外战略实现与地缘秩序建设，以及合理应对与域内外行为体的竞争与合作。因此，中国水外交应围绕“分歧管控、合作共赢”[③] 的基本原则，不断进行自我完善。

第一，推动与完善水资源合作平台与管理机制建设。中国与湄公河国家直到 2015 年才建立了涵盖流域六国的水资源平台，因此未来中国要进一步提升对水资源合作重要性的认识，加强对澜湄水资源中心的管理建设，持续召开“澜湄水资源合作论坛”并邀请来自六国的政界、商界、学界、非政

---

① 张励：《水资源与澜湄国家命运共同体》，《国际展望》2019 年第 4 期，第 62 ~ 68 页；张励：《水外交：中国与湄公河国家跨界水资源的合作与冲突》，第 88 ~ 104 页。

② 郑继永：《中韩合作：新范式、新挑战、新方向》，《当代世界》2014 年第 8 期，第 34 ~ 36 页。

③ 石源华：《“分歧管控、合作共赢”是今后研究的重要方面》，《世界知识》2017 年第 12 期，第 25 页。

府组织、社区民众代表参与。同时，中国还需要在进一步保证《澜沧江—湄公河合作五年行动计划（2018～2022）》“水资源合作”板块内容[①]实现的基础上，尽快落实《澜湄水资源合作五年行动计划（2018～2022）》，并注重湄公河国家各自的诉求，设计细致和可具体执行的管理规则。

第二，提升和掌握国际水外交话语权。中国在湄公河水议题上长期面临部分国际舆论的无端指责，因此在未来应从以下三个方面同时着手。一是关注舆论反响，对不实信息及时做出反馈。中国要及时获悉不实言论，并迅速做出正面积极回应，通过多语言进行传播，避免误解。在重大事件上，还可以由高层领导人就相关事件进行发声。二是与流域内相关利益行为体共同发声。中国可以通过与湄公河国家以及湄公河委员会联合，以发布联合研究报告的形式对不实炒作予以回击，把握湄公河议题的国际话语权。三是积极主动承办或者主办水议题国际会议。中国要充分利用自身的国际影响力与综合实力，邀请全球各方行为体代表参与并了解中国水外交，避免误解，同时扩大自身在国际水外交中的影响力。

第三，扩大水资源项目受益群体并建设水资源合作人脉工程。一是中国在继续推进水利基础设施、航道安全与经济投入的同时，要进一步加强在技术提供、人才培养、信息分享方面的力度，同时还要增加惠及民生的河道改善、河岸社区建设等“投入小、效果好”的项目，以不断提升湄公河国家不同阶层对中国的好感度。二是中国要培养水资源合作的人脉。中国政府应与湄公河国家相关执政党、在野党领导人以及一些重要的非政府组织负责人建立起密切、广泛的联系，同时要继续强化青年群体、知识群体有关“澜湄治理”的交流基础，充分发挥“澜沧江—湄公河流域治理与发展青年创新设计大赛”（YICMG）的平台作用，增强六国青年互动，加深相互间友谊，为澜湄绿色发展献计献策，提供有效治理方案，并为未来澜湄水资源治理相关负责人的共同协商夯实基础。

第四，合理应对同域内外行为体的竞争与合作。一是巩固澜湄水资源合作机制并与域内外行为体进行良性合作。中国水外交首先要立足自身，不断推动和完善澜湄水资源合作机制建设，并以此为基础加强与域

① 《澜沧江—湄公河合作五年行动计划（2018～2022）》，新华网，http：//www.xinhuanet.com/world/2018－01/11/c_ 1122240868.htm。

内外行为体的联系，寻求相互间水资源合作的利益结合点，推进部分水议题的联合研究，提高水治理成效。二是中国水外交须提前布局以应对域内外水竞争投入力度的加强。湄公河水资源议题越来越成为域内外行为体的关注焦点，湄公河委员会的“本地化”趋势与域外国家投入的“持续化”都表明它们将在湄公河水资源议题上加大介入力度，以此影响流域内的地缘政治走向及经济发展。对此，中国水外交应加以重视，主动出击并提前布局。

Strategic Objectives, Practical Paths and Pattern Analysis of Republic of Korea's Water Diplomacy: A Case Study of the Mekong Region from 2011 to 2019

Zhang Li

Abstract Since the United Nations proposed water diplomacy in the 21st century, Republic of Korea has conducted water diplomacy with China, the United States, Japan, and the European Union at the same time. As one of the four most serious water conflict regions in the world, the Mekong River Basin has become a key area for Republic of Korea to implement water diplomacy actively. It is also an important stage for Republic of Korea's influence in Southeast Asia and the realization of strategic goals such as the "New Southern Policy". From 2011 to 2019, Republic of Korea's water diplomacy in the Mekong River Basin was practiced through a variety of unique modes, such as water resource platform construction, water resources projects and capital investment, water crisis public relations and control, and the right to international water diplomacy. Meanwhile, Republic of Korea continues to strengthen its leadership role in global water diplomacy.

Keywords Republic of Korea; Water Diplomacy; Mekong River; Practical Paths; Pattern Analysis

朝鲜半岛局势转圜下提升中韩伙伴关系的路径与对策*

张　弛　李帅武

【内容提要】2018年以来，一度高度紧张的朝鲜半岛局势开始逐渐走向缓和，预示新一轮东北亚区域合作可能开启积极的前景。在此背景下，中韩两国需要推动双边伙伴关系的转型升级，走出内外双重结构性困境。根据对内调整伙伴关系政经发展不平衡矛盾，对外构建美韩同盟与中韩伙伴关系、中朝同盟与中韩伙伴关系两对“同盟”与“伙伴”关系“建设性并立”的基本思路，中国应通过打造双边战略经济对话机制、完善经济合作机制和提升中韩安全合作的水平，增强伙伴关系的“战略性”，扩充合作领域的“全面性”，打造中韩“全面战略合作伙伴关系”，努力促使中韩关系既能成为区域经济增长动力源，又能充当半岛及东北亚和平的稳定器。

【关键词】中韩伙伴关系　政经平衡　建设性并立

【作者简介】张弛，法学博士，上海政法学院政府管理学院国际政治教研室主任、副教授，上海全球安全治理研究院政治与社会安全研究中心执行副主任；李帅武，华东师范大学国际关系与地区发展研究院硕士研究生。

从20世纪90年代开始，积极与世界各国构建形式多样、丰富有效的伙

* 本文系国家社科基金青年项目“韩国对中国的认知轨迹变化与中韩关系发展策略研究”（项目编号：20CGJ033）的阶段性成果，并得到上海政法学院高原学科的资助。

伴关系成为中国外交的一大亮点。韩国与中国互为重要邻国，地理上一衣带水，文化上相近相通。自 1998 年两国建立“面向 21 世纪的合作伙伴关系”以来，中韩伙伴关系的发展虽几经波折，但其内涵始终在逐渐充实与深化。不过，受 2016 年朝鲜半岛局势高度紧张与“萨德”入韩事件的影响，中韩关系在短短不到一年时间从“蜜月”跌至“谷底”，两国伙伴关系的发展面临着自建交以来最严峻的挑战。尽管 2017 年底韩国总统文在寅访华，中韩双方就通过两军渠道沟通解决“萨德”问题达成了共识，但如何提升双方间的伙伴关系、如何规避双边关系的大起大落，成为摆在中韩两国面前亟待解决的重要课题。而 2018 年以来朝鲜半岛局势的由乱趋稳以及美朝、韩朝、中朝等相关国家间关系的缓和恰为解决这一课题提供了极为有利的外部环境。本文拟从回顾中韩伙伴关系发展的历史轨迹出发，剖析其转型升级面临的结构性困境，并结合学界的争论和半岛局势的新变化，阐释提升中韩伙伴关系的路径与对策。

一　中韩伙伴关系发展的历史轨迹与存在的结构性困境

自 1992 年中韩建交以来，由于两国在地理、历史和文化上相亲相近，在产业结构上高度互补，双边关系发展迅速。在建交的联合公报中，中韩两国就承诺在和平共处五项原则的基础上发展持久的睦邻合作关系。① 此后，在频繁的经济、文化和人员往来的助推下，1998 年 11 月，韩国总统金大中访华，与江泽民主席举行会谈并宣布建立“面向 21 世纪的合作伙伴关系”，成为中韩伙伴关系的发端。卢武铉继任韩国总统后，中韩双方继续推动伙伴关系向纵深发展。2003 年 7 月卢武铉访华，与胡锦涛主席举行会谈，两国领导人一致同意将合作伙伴关系提升至“全面合作伙伴关系”——不只在双边事务上继续扩大交流合作，而且在共同关心的国际和地区事务上加强沟通与协调。特别是在 2003 ~ 2007 年，中韩精诚合作，与其他有关国家创造性地组织并实现了六轮六方会谈，对缓和朝鲜半岛局势和为解决朝核问题提

① 《中华人民共和国和大韩民国关于建立外交关系的联合公报》，外交部网站，1992 年 8 月 24 日，https://www.fmprc.gov.cn/web/gjhdq_676201/gj_676203/yz_676205/1206_676524/1207_676536/t5614.shtml。

供制度化方案做出了重大贡献。2008 年 5 月，时任韩国总统的李明博访华，中韩两国领导人宣布将“全面合作伙伴关系”提升至“战略合作伙伴关系”。这不仅是称谓上的变化，更意味着中韩伙伴关系要向综合性合作关系发展，两国要在区域性议题、世界性议题上加强合作。[①] 2013 年朴槿惠继李明博担任韩国总统后，在两年间与习近平主席实现了中韩两国元首的互访，双方进一步明确了充实发展中韩战略合作伙伴关系的共同愿景。至此，中韩伙伴关系历经十多年的发展，双方政治互信逐渐增加，互利共赢不断深化，安全协作进展良好，民间了解日益加深，已经在政治、经济、安全、文化等多领域体现出战略性、协同性。[②]

在短短不到二十年的时间里，中韩伙伴关系发展过程中取得的成绩有目共睹，但制约伙伴关系发展的瓶颈问题仍十分突出。尤其是“萨德”入韩事件发生后，中韩关系骤然转入“寒冬”：不仅政治上的高层往来近乎断绝，而且经贸关系出现停滞甚至倒退。据韩国现代经济研究院测算，受部署“萨德”及中国对韩经济抵制的影响，韩国的经济损失达 8.5 万亿韩元，而中国的损失也有 1.1 万亿韩元。[③] 对于中韩关系发展制约因素的讨论，国内外学界已有诸多阐述，美韩同盟、朝鲜因素、民族主义、历史分歧、经贸摩擦、海域纠纷等都名列其中。不过，对中韩伙伴关系发展存在的问题进行结构性剖析、提炼出主要矛盾的研究却为数甚少。将中韩伙伴关系作为一个体系来审视，其发展面临体系内外双层的压力：体系内压力主要是双边层面的掣肘因素，包括国内政治干扰、经济贸易摩擦和历史人文纠葛等，其中最为突出的是政治、经济关系发展不平衡的问题；而体系外压力则是区域和全球性因素的制约，包括美国态度、朝核问题、地区和全球治理分歧等问题，核心是美国和朝鲜两个外部变量。所以，中韩伙伴关系的发展面临的主要结构性矛盾是双重的：对内要解决双边政治交往远远滞后于经贸交流的问题，即伙伴关系“只经不政”或“重经轻政”的畸

---

① 〔韩〕朴宰雨：《韩中战略合作伙伴关系的内涵与发展方向——韩中专家联合研究委员会韩方主席徐镇英先生访谈录》，《当代韩国》2009 年第 4 期，第 1 ~ 2 页。

② 门洪华、刘笑阳：《中韩战略合作伙伴关系：历史进程、现状评估与未来展望》，《吉林大学社会科学学报》2013 年第 6 期，第 71 页。

③ 《报告：反萨措施致使韩中经贸损失严重，应探讨中长期合作方案》，韩联社，https://cn.yna.co.kr/view/ACK20170503000600881? section = search。

形发展；对外要解决美国、朝鲜两大外部因素对中韩关系的制约，即美韩同盟与中韩伙伴关系、中朝同盟与中韩伙伴关系两对“同盟”与“伙伴”关系间呈现的零和困境。

二 学界围绕中韩伙伴关系发展路径的争论

要促进中韩伙伴关系的转型升级，根本性的出路在于解决阻碍双边关系发展的内外双重结构性矛盾。而国内外学界在如何发展中韩关系的议题上，却恰恰存在着“内驱型”和“外驱型”两种路径之争。

“内驱型”路径主张通过调整中韩关系的内部结构来推动伙伴关系的转型升级。具体而言，可以分为两种方式。一种方式可称为“安美经中”，即主张把美韩同盟作为韩国安全不可动摇的基础，把中韩关系视为韩国经济发展的主要依靠，发展一种“去安全化”的中韩关系。持该观点的学者多系韩国国内的主流国际问题专家，如亚洲大学的金兴圭认为，韩国最需规避的外交境地就是在美中之间两者择一，韩国决不能使安全基础——美韩同盟发生动摇，同时又要重视中国给韩国经济增长繁荣带来的影响。[①] 世宗研究所的李泰桓也指出中韩应以战略合作伙伴关系为基础，深化经济合作，但美韩同盟仍是安全上不可动摇的“圣域”。[②] 不过，近年来受“萨德”入韩事件的冲击和执政党更迭的影响，“安美经中”论在韩国国内的声势有所衰微，主张对该观点进行检讨和审视的声音逐渐升高。另一种方式可称为“战略合作伙伴关系的充实化”，即主张中韩战略合作伙伴关系需要深化“战略”一词的内涵，在维持紧密的经济合作之外，加强两国在政治、社会、人文等其他领域的合作与交流。持该观点的学者主要包括中国主流的国际问题专家及部分韩国进步派学者。如同济大学的门洪华等认为中韩两国应巩固双边关系中的确定因素，管控不确定因素，通过政治、经济和人文相结合的多元合作，促进战略沟通协调。[③] 成均馆大学的

① 김흥규,「시진핑 시기 미중 새로운 강대국 관계 형성 전망과 대한반도 정책」,『국방연구』56（3），2013，pp. 26－53.

② 이태환, 『시진핑 시대 미중관계와 한국의 대중 전략』, 서울：세종연구소, 2013，pp. 35－41.

③ 门洪华、刘笑阳：《中韩关系的不确定性因素及其战略应对》，《东北亚论坛》2017 年第 4 期，第 66 页。

李熙玉也指出，中韩两国应在认清战略利益差异的同时，寻求达成战略共识，努力实现一种“动态平衡”的关系。① 不过，持“充实化”论的学者在言及对策之时，多缺乏具体的可行措施，致使“充实化”的理念迟迟难以在政策层面上付诸实施。

“外驱型”路径则认为应通过建设地区多边机制或共同体的方式，构筑适合的外部环境来倒逼中韩伙伴关系的发展与转型。首先，在构建地区多边机制的问题上，学者们最重视东北亚多边安全机制的建设，认为新地区安全机制的确立是提升中韩关系的重要前提。不过，关于安全机制的构建方式，各国学者却存有不同见解。中国学者大多提倡完善并制度化六方会谈的模式，如吴心伯认为应将六方会谈机制转型为东北亚安全机制，开展关于地区安全问题的对话与磋商，建立和增进相关国家间的互信，对地区国家间的关系进行改善和重塑。② 美国学者虽不反对构建多边机制，但多主张建立排除朝鲜的五方机制，如福山提出应建立除朝鲜外的“常设性五国机构”和“五国行动计划”来协调解决诸如朝核、亚洲军备竞赛等地区国际关系问题。③ 韩国学者则游走于双边同盟和多边机制之间，主张两者并行发展甚至是在双边同盟的基础上开展多边合作。④ 中、美、韩学界对构建和平机制见解的差异，从一个侧面反映出三国对于发展区域国家间关系的不同愿景。其次，区域共同体思路是通过建设各种共同体的方式来深化中韩关系。陆建人指出中国应看到韩国在建设东北亚经济共同体中的桥梁作用，以中韩关系的发展来推动中日关系的改善和中日韩 FTA 的构建。⑤ 戚文海认为科技共同体是东北亚合作的最好切入点，中韩应着力加强科技合作。⑥ 方浩范认为中韩在构建东北亚

---

① 〔韩〕李熙玉：《韩中关系的新转折：课题与前景》，《成均中国观察》2016 年第 16 卷，第 10～11 页。

② 吴心伯：《将六方会谈机制转型为东北亚安全机制》，人民网，http：//world. people. com. cn/n/2014/0424/c1002 - 24939264. html。

③ Francis Fukuyama，“Re - Envisioning Asia，” *Foreign Affairs*，Vol. 84，No. 1（2005），pp. 83 - 86.

④ 毕颖达：《韩国实践多边安全战略的“得”与“失”——以六方会谈为例》，《世界经济与政治论坛》2016 年第 5 期，第 69 页。

⑤ 陆建人：《论东北亚经济共同体》，《当代亚太》2005 年第 6 期，第 50 页。

⑥ 戚文海：《东北亚科技共同体构想框架——新世纪东北亚加强区域合作的最佳切入点》，《东北亚论坛》2007 年第 3 期，第 38～39 页。

文化共同体上具有相近的立场，能够在建设的过程中努力克服排斥性并扩大相互理解。[①] 而李宗勋则主张东北亚国家应秉持“以和为本”“休戚与共”的理念来构建命运共同体，并在这一过程中全面落实中韩间达成的重要共识。[②]

总的来说，尽管“内驱型”和“外驱型”两种路径都为促进中韩关系转型升级提供了有益的思路，但都存在一定的缺陷。“内驱型”路径对左右中韩关系发展的外生性因素的影响力估计不足。受朝鲜半岛特殊的地缘环境与冷战时期历史遗存的双重作用，中韩关系发展的独立性受到很大的影响，朝鲜、美国两大外生性因素对中韩关系的发展具有举足轻重的影响，而“内驱型”路径恰恰对两大外部因素的作用缺乏足够的重视。“外驱型”路径既对制度化的过程过度乐观，又在塑造中韩关系的过程中添入了过多的变量。它不仅在研究消除阻碍多边机制和共同体建设的限制因素时重学理而轻实践，而且将日本、俄罗斯等次要因素过多地植入中韩关系塑造过程中，反使这一过程更加复杂化。如上文所述，中韩伙伴关系的转型升级面临着内外双层结构性矛盾，“内驱型”和“外驱型”两种路径恰恰分别着眼于解决单一矛盾。因而，有机融合两种路径，推动内外结构性矛盾的并行解决，应是下一阶段提升中韩伙伴关系的新思路。

三　重塑中韩伙伴关系的新路径

自 2018 年以来，朝鲜半岛的形势发生了重大转折，平昌冬奥会期间朝鲜高级别代表团访韩和中朝、韩朝、美朝首脑峰会的次第实现等一系列重大事件助推了半岛形势从几近战争的边缘转向相对缓和与交流重启的状态。从历史上看，中韩关系的起伏变化与朝鲜半岛局势往往呈现紧密的相关性：半岛局势紧张时，中韩关系的发展通常波折较多；半岛局势缓和时，中韩关系的发展就相对顺利。而此次半岛形势的大转圜，为中韩关系的提升提供了重要的历史机遇。其一，半岛局势的缓和进一步平息了“萨德”入韩引发的

---

① 方浩范：《东北亚文化共同体动因及其政治阻碍——中日韩对待“文化共同体”的态度》，《东疆学刊》2009 年第 2 期，第 5～6 页。

② 李宗勋：《东北亚命运共同体与中国外交》，《东北亚论坛》2016 年第 4 期，第 32 页。

波澜。文在寅总统的统一外交安保特别助理文正仁教授公开表示，韩国不会追加部署“萨德”，也不会参加美国主导的导弹防御体系，“萨德”问题不会成为中韩关系的绊脚石。[①] 尽管短期内从韩国境内撤出已部署的“萨德”系统并非易事，但“萨德”风波的暂时搁置有利于中韩两国站在新的起点上，重新思考双边关系发展的方向与模式问题。其二，半岛局势缓和引发的区域合作重启给中韩合作回暖创造了有利条件。尤其是在联合国的豁免下，朝韩铁路、公路对接工程的启动，标志着东北亚合作的进程重现曙光。在这一背景下，中韩两国必须建立和谐、稳定的双边伙伴关系，以适应新一轮区域合作展开的需要。其三，随着美朝谈判进入实质性阶段，中韩之间的精诚合作对于促进美朝相向而行、推动无核化进程意义重大。二次“特金会”的无果而终，很大程度上反映了美朝两国在实现无核化和解除对朝制裁等议题上仍存在重大分歧，半岛形势发展的前景仍不明朗。所以，构建新型、稳定、合作的中韩关系，对于聚拢美朝谈判、防止半岛局势“脱轨”，显得尤为关键。

诚如上文分析，中韩伙伴关系的转型升级面临着内外双重的结构性困境：对内，要解决伙伴关系的政经发展不平衡问题；对外，要妥善处理好美国、朝鲜两个重要的外生性变量。无论是“内驱”还是“外驱”，单一动力无法带动中韩伙伴关系向更深水平、更高层次和更广范围发展。所以，笔者认为，以“内外双重驱动”代替单一驱动的模式应是提升中韩伙伴关系的新思路。在这一思路的指导下，中韩关系要实现转型升级，核心要义是“内调双边关系结构，外理同盟—伙伴关系”，即中韩伙伴关系的提升路径将促成内外结构性矛盾的并行解决：对内，使“只经不政”或“重经轻政”的双边关系转向“政经平衡”；对外，推动美韩同盟与中韩伙伴关系、中朝同盟与中韩伙伴关系两对“同盟”与“伙伴”关系形成“建设性并立”。

促进中韩伙伴关系从“只经不政”转向“政经平衡”在不少研究者看来无疑是老生常谈。不过，笔者认为，中韩关系转向“政经平衡”不应只从传统的“政治—经济”的单一维度来思考，还应考虑中韩经济关系内部的平衡问题。

---

① 《搁置“萨德”：中国专家要求撤出而韩国“防御”》，韩联社，https：//www. yna. co. kr/view/AKR20181108164500083？input＝1195m。

首先，中韩关系“重经轻政”的畸形发展是两国关系长期存在的痼疾。自建交以来，中韩经贸往来取得的成果有目共睹，但政治和安全层面的合作却乏善可陈。对于中国的崛起，韩国认为中国虽在经济上已是世界第二大经济体，但在军事及软实力上仍处于地区强国水平。[①] 另外，受制于美韩同盟优先，韩国在发展对华政治和安全关系时存在颇多顾忌。尽管近年来中韩两国在推动非传统安全合作、建立军事热线、促进安全对话等领域有所建树，但“热线不热”“对话不畅”等情况的发生反映出双边政治、安全关系的发展仍处于较低的水平，战略合作伙伴关系中的“战略”一词的内涵始终难以凸显。因此，增强双边战略互信和政策协调，推动军事安全合作向纵深发展，依然是促进“政经平衡”不可或缺的重要方面。

其次，也是更值得注意的是中韩经济的内部平衡问题，主要指中韩经贸往来虽然在数量上占据明显优势，但中国在制度、规范等软实力层面对韩国经济的影响力依然有限。虽然当前中国是韩国第一大贸易伙伴、最大出口目的地和最大进口来源国，中韩贸易规模甚至超过美韩、日韩贸易之和，[②] 但相较于美国，中国对韩国经济的制度性影响和形塑依然不足。对于韩国来说，美国的经济重要性远不只是数据显示的内容，其对韩国经济的影响主要体现在对金融体系、货币制度、信用标准等规则的塑造。[③] 例如，美国对韩国的股票、期货、债券等市场影响重大，韩国的证券市场对美国市场波动十分敏感。[④] 更重要的是，韩国在经济合作上持有一种“重美轻中”的心态，2017 年的一份民调显示，韩国人对于韩美经济合作重要度的评分约为韩中经济合作重要度评分的 1.1 倍。[⑤] 所以，虽然韩国常常被认为是“安美经中”的代表国家，但韩国对美国实际上存在安全和经济上的双重依赖。未来，中国如何在维持经贸数量优势的基础上提升自身对韩国经济制度的影响

---

① 이장규, 『중국의 부상에 따른 한국의 국가전략 연구』, 서울 : 대외경제정책연구원, 2009, p. 35.

② Jeffery J. Schott, Euijin Jung and Cathleen Cimino, “An Assessment of the Korea – China Free Trade Agreement,” https://piie.com/sites/default/files/publications/papers/schott20151211ppt.pdf.

③ 조윤재, 「한미 경제 관계의 변화와 발전」, 『지식의 지평』10, 2011, pp. 53 – 57.

④ 하정복·최완수, 「한국 경제의 대미 의존도 연구 : 대미 달러 원화 환율과 한국주식시장 간의 연계성을 중심으로」, 『현상과 인식』41 (1), 2017, pp. 108 – 113.

⑤ 王晓玲：《韩国民众“亲美疏中”的现状、原因及应对》，《现代国际关系》2018 年第 10 期，第 48 ~ 49 页。

和规范力度，是需要加强思考的重要课题。

而在处理中韩战略合作伙伴关系与美韩同盟、中朝同盟关系的问题上，笔者认为构建“建设性并立”是调和这两对“同盟”与“伙伴”关系的新思路。众所周知，美韩同盟是韩国外交和安全的基础，基于对抵御朝核威胁、实践中等强国战略、主导半岛统一、应对中国崛起和提升韩国在美韩同盟体系中地位等因素的综合考量，韩国甚至愿意牺牲中韩关系来换取美韩同盟的巩固与深化。[①] 而朝韩两国虽原是一体、同文同种，但长期的分裂和朝鲜核导技术的进步正不断影响着韩国人对朝鲜的认知。尤其在韩国青年中，民调显示近一半（49.3%）20～30 岁的年轻人认为朝鲜是“敌人”或“陌生人”。[②]《中朝友好合作互助条约》的存在也加剧了韩国对中朝关系的疑虑。美韩同盟、中朝同盟成为制约中韩战略合作伙伴关系升级的主要外因。提出“建设性并立”，正是为了解决“同盟”与“伙伴”关系间的矛盾。

“建设性并立”提倡超越“安美经中”的二元分立结构，在“同盟”和“伙伴”地位大致对等的基础上，鼓励“同盟”和“伙伴”各自向对方主导的领域做一定的功能性延伸，提升“伙伴”在安全上的作用，拓展“同盟”的经济功能，使“同盟”和“伙伴”能够形成互补共赢，而不是相互对抗或分立。[③] 在“建设性并立”的思路下，韩国需要平等看待美韩同盟和中韩关系，即便美韩同盟的优先性不能被取代，韩国也应努力在中美间建立一种“大国平衡”的关系——对两大国同样亲近或疏远，[④] 不令“同盟”和“伙伴”关系有明显的上下先后之分——在此基础上提升与中国的安全合作，强化与美国的经济联系。同理，中国在处理中朝同盟与中韩关系的问题时，也需要逐渐调整长期以来与朝鲜重政治安全协商、与韩国重经济文化往来的“政北经南”模式，寻找促进中韩安全合作的新突破口，在“一带一路”倡议和朝鲜国策路线调整的背景下进一步深化中朝经济交流，

① 毕颖达：《调整中的美韩同盟：发展历程、强化动因及其挑战》，《美国研究》2018 年第 1 期，第 95～96 页。

② The Asan Institute for Policy Studies, “South Koreans and Their Neighbors 2018,” May 2, 2018, http://www.asaninst.org/contents/south-koreans-and-their-neighbors-2018/.

③ 张弛：《建设性并立：构建美韩同盟与中韩战略合作伙伴关系互动的新模式》，《当代亚太》2017 年第 6 期，第 124 页。

④ 孙西辉、金灿荣：《小国的“大国平衡外交”机理与马来西亚的中美“平衡外交”》，《当代亚太》2017 年第 2 期，第 21 页。

并在这一过程中努力消除朝鲜对中韩安全合作、韩国对中朝经济合作的疑虑，努力形成中、朝、韩三方关系的良性互动。

四　提升中韩伙伴关系的对策

2018 年以来，朝鲜半岛局势的重大转折给半岛无核化和东北亚长治久安的实现创造了重要的历史机遇，但这种来自各国最高层级的积极态势能否持续，还存在较大的不确定性，① 尤其是在美朝两国对无核化方式、安全保证等核心议题依旧分歧较大的情况下，只要美朝难以谈拢，半岛重回紧张和对立局势的可能性就仍然存在。历史证明，中韩关系是半岛局势的枢纽所在，要解决半岛问题，中韩必须携手。② 所以，在新的形势下，中韩两国需要推动战略合作伙伴关系的转型升级，在“内外双重驱动”的路径下，一面促进伙伴关系的政经平衡，另一面构建美韩同盟和中韩伙伴关系、中朝同盟和中韩伙伴关系两对“同盟”与“伙伴”关系的“建设性并立”，着力打造中韩“全面战略合作伙伴关系”。

首先，建立中韩战略经济对话机制，增强两国间的政策协调和战略互信。相较于美韩同盟，中韩伙伴关系的突出短板是安全沟通欠缺、战略互信不足。以美韩同盟为例，两国间设有年度安全协商会议（SCM）、军事委员会会议（MCM）、外长防长“2 +2”会议、综合防卫对话（KIDD）等多个对话机制，高度重视军事安全的沟通与协调。相较而言，中韩间的定期对话机制较少，更少涉及安全议题。朴槿惠时期曾一度希望开通包括青瓦台国家安保室长和中国负责外交事务的国务委员间的高层战略对话、外交部和国防部官员（2 +2）共同出席的外交安全对话、国家政策研究机构战略对话和政党间政策对话在内的四大战略对话，但落实的结果不甚理想。美韩安全“畅通”与中韩安全“不通”的鲜明对比，进一步加剧了中韩关系“只经不政”、“同盟”与“伙伴”关系失衡的困境。因此，建立中韩战略经济对话机制，加强两国高层间定期的安全沟通和经济交流，是突破伙伴关系发展困境的首义。然而，不同于中美战略

---

① 杨希雨：《朝鲜半岛的危机周期与长治久安》，《东疆学刊》2019 年第 1 期，第 1 页。

② 笑蜀：《中韩必须合作，朝核问题才有出路》，FT 中文网，https：//www. ftchinese. com/story/001071825？archive。

经济对话既涉及双边关系、又兼顾全球治理的特点，打造中韩战略经济对话，一要强调议题的聚焦，将关注和讨论的重点集中于半岛事务；二要注意议题的平衡，在兼顾安全和经济议题的同时，考虑中韩关系的短板，优先安全对话的制度化建设；三要强调成果的落实，鉴于中美对话的成果多为不具约束力的共识性表述，[①] 中韩对话需要辅以必要的落实机制，确保成果的落地生根；四要重视建设的方式，应以比较稳妥、渐进的方式推进中韩对话建设，减轻周边国家特别是美国的抵触。

其次，加快推进并完善中韩双边甚至东北亚多边经济合作机制的建设，提升中国对韩国经济的“柔性”影响。建立相对独立的区域贸易、货币、信用体系是东北亚国家减轻对美经济依赖并提升中国话语权的重要途径，中韩两国应在双边自贸协定、货币互换、银行合作等既有机制的基础上，进一步推动在中日韩 FTA、区域金融危机防范与救援机制、区域清算支付和信用体系等方面的建设。以上机制的建设不仅能够促进地区经济的增长，更重要的是通过这些合作，中国能够提升自身在区域的资金动员、本国标准和评价体系的国际化运用能力，即所谓的“互联互通能力”,[②] 减轻地区对美元结算、西方评级机构等的依附，增强中国标准、规范、制度对包括韩国在内的东北亚国家的“柔性”影响。未来，中国的区域影响力不应只停留在贸易、投资规模等硬实力优势，更需要追求制度、规范的软实力塑造。当然，在建设这些双边或多边机制时，要妥善处理美国的因素。这就需要中国在这一过程中阐明这些机制的建设并不意味着对西方规则和秩序的否定与挑战，而只是作为一种补充，尽可能减少美国对中国这一努力的牵制与干预。

最后，促进中韩安全合作从表象向实质、从非传统安全向传统安全领域升级。尽管中韩军事交流合作在建交二十余年来取得了一定的成果，但需要承认的是两国军事合作仍是象征意义大于实质意义。不过，2017 年底中韩就通过两军渠道解决“萨德”问题达成共识可能成为两国增强实质性安全合作的重要机遇，如能在该对话的基础上发展两军定期的对话机制，将有力地推动中韩安全协调向实质化的方向提升。另外，就中韩安全合作的现状来看，两国合作多系非传统安全领域，下一步的方向应是以非传统安全合作带

---

① 严双伍、徐晶：《试析中美战略与经济对话》，《国际论坛》2016 年第 1 期，第 11 页。

② 吴泽林：《解析中国的全球互联互通能力》，《世界经济与政治》2017 年第 11 期，第 63 页。

动传统安全合作。比如，中韩可以互相邀请对方观摩甚至有限地参与军事演习，或是发展层级有限的中韩联合军演，抑或联合第三方国家举行多国联合军演。在中韩安全合作过程中，突出的难点是要克服美国和朝鲜两大外部因素。所以，中韩安全合作可以考虑一种“嵌入”思路，即在个别双边安全合作议题上邀请美国或朝鲜参与，构建中美韩、中朝韩、中美朝韩等三边或四边合作，如建立中朝韩三方海上安全维护机制、筹设中美韩三边安全对话机制或中美朝韩四方共同草拟并发表终战宣言等。以上举措，都是为了减轻美、朝对中韩安全合作的疑虑和阻力，促进安全合作得以顺利进行。

五 结语

在未来的一段时期内，朝鲜半岛各方仍将会继续推动地区局势向缓和的方向发展；不过，受制于美、朝主要分歧的影响，变数依然存在。从历史经验看，积极向上的中韩关系和富有成效的双边合作是确保半岛局势稳定的重要力量。在经历“萨德”风波的冲击后，中韩两国都应清楚地认识到双边伙伴关系发展的内外双重结构性困境，并需要在“内调双边关系结构，外理同盟—伙伴关系”的路径下，通过建立两国间战略对话机制、完善区域双边或多边经贸机制建设、提升中韩安全合作水平等多种方式，使中韩战略合作伙伴关系升级为全面战略合作伙伴关系。这既能从真正意义上凸显出“战略”二字的意涵，又能扩大“全面”合作的领域，使提升后的中韩伙伴关系成为中国进一步完善与其他国家伙伴关系的典范，并为半岛无核化和永久和平体制的实现贡献积极能量。

The New Path and Strategy of Improving the China－ROK Relationship under the Changing Situation of the Korean Peninsula

Zhang Chi，*Li Shuaiwu*

Abstract Since 2018，the situation of the Korean Peninsula，which the tension on the verge of warfare suddenly became into a relative moderation, has predicted a positive prospect of Northeast Asia regional cooperation. Under this background, China and ROK should promote the upgrading of the bilateral partnership and get out of the structural dilemma inside and outside. On one hand, the two countries have to adjust the political and economic imbalance within the partnership. On the other hand, they can try to make constructive coexistence between U. S. -ROK alliance and China-ROK partnership, China-DPRK alliance and China-ROK partnership. By building strategic and economic dialogue, improving economic cooperation mechanism and promoting bilateral security cooperation, China should make a kind of comprehensive strategic partnership with ROK, which will promote the strategic cooperation of the partnership and comprehensively extend the cooperation area. The reshaped China-ROK partnership will not only become the source of economic growth, but also keep the peace of Korean Peninsula and the Northeast Asia.

Keywords China-ROK Partnership; Political and Economic Balance; Constructive Coexistence

历史与文化

统一新罗前朝鲜半岛海上航路的历史变迁*

李雪威　单天雷

【内容提要】古代朝鲜半岛海上航路是东方海上丝绸之路的重要组成部分。统一新罗前，朝鲜半岛海上航路已初具规模，顺应海流、潮汐、季风、海岸等自然条件变化，在半岛西南形成西南沿岸航路。随着黄海北岸势力更迭以及高句丽、百济、新罗在朝鲜半岛争霸态势日趋激烈，西南沿岸航路时常受阻，极大地推动了跨海航路的探索与开辟。朝鲜半岛东部航海条件虽不如西南地区优越，在海洋实践中也形成了东部沿岸航路、东部横渡航路、东南部航路等多条海上航路。

【关键词】朝鲜半岛　沿岸航路　跨海航路　航路变迁

【作者简介】李雪威，山东大学东北亚学院、山东大学国际问题研究院海洋战略与发展研究中心教授、博士生导师；单天雷，吉林大学东北亚研究院硕士研究生。

东方海上丝绸之路古已有之。早在春秋战国时期，齐国即从胶东半岛“循海岸水行”，开辟了途经辽东半岛、东至朝鲜半岛与日本列岛的环黄海沿岸航路。在古代漫长的海洋实践过程中，朝鲜半岛沿岸居民勇敢探索海洋，在半岛周边开拓出多条海上航路。随着对外交流的不断增进，这些航路作为东方海上丝绸之路的组成部分，又与中国南方海上丝绸之路相连，成为朝鲜半岛与外界文明对接的重要通道。目前，学界对朝鲜半岛海上航路的关

* 本文系2018年度国家社科基金重大项目“东北亚命运共同体构建：中国的思想引领与行动”（项目编号：18ZDA129）的阶段性成果。

注多集中于东方海上丝绸之路的兴盛时期，即中国的唐宋时期、朝鲜半岛的统一新罗和高丽时期，[①] 关于统一新罗前朝鲜半岛海上航路的变迁尚存在进一步研究的空间。有鉴于此，本文将以活跃在朝鲜半岛的各种势力之间的较量与博弈为背景，尝试探讨统一新罗前朝鲜半岛诸多海上航路的萌芽、形成与利用状况。不妥之处，敬请批评指正。

一　朝鲜半岛西南沿岸航路的形成与变化

据考古发掘证实，公元前 1000 年以后，特别是距今 2500 年以来，东亚海上交往的重心由日本海沿岸区域的“北部交流圈”向环黄海、东海区域的“南部交流圈”转移，且后者与前者相比无论就深度还是广度而言都具有压倒性优势。[②] 笔者认为，实现这一转移的一个不可忽视的基础性因素便是黄海、东海海上航路的形成与日常化利用。朝鲜半岛西南沿岸航路是史上最早的连接东亚三国的海上通道。它的形成深受东亚航海模式、西南海岸自然条件、朝鲜半岛海洋文化、东亚地缘环境等因素的影响，半岛西南海岸所具备的特殊条件使其海上活动比东海岸更早、更活跃。

东亚航海模式的变化有助于包括朝鲜半岛西南沿岸航路在内的东亚沿岸航路的形成。在未具备造船能力之前，沿岸居民往往乘独木舟或桴筏顺应海流、潮汐、季风、海岸等自然条件的变化出海，方向性和安全性都无法保

---

① 李雪威：《韩国海洋观的历史变迁》，《韩国研究论丛》2018 年第 1 辑，社会科学文献出版社，2018，第 26 页。古代朝鲜半岛海上航路问题一直受到国内外学者的关注。中国学者多从东方丝绸之路入手，或对特定时期中韩海上丝绸之路开展深入探讨。统一新罗和高丽王朝是古代朝鲜半岛海上贸易繁荣时期，在韩国政府的倡导之下，韩国学者对这一时期的海上航路研究较为关注，形成了丰富的研究成果。代表性论著有：权德永《新罗遣唐使的罗唐间往来航路考察》，《历史学报》第 149 卷，1996；姜凤龙《8 ~ 9 世纪东北亚海上航路的拓展与贸易体制的变动》，《历史教育》第 77 辑，2001；郑镇述《张保皋时代的航海技术与韩中航路研究》，《STRATEGY 21》第 16 号，2005；郑镇述《古代韩日航路研究》，《STRATEGY 21》第 16 号，2005；等等。日本学者也对古代朝鲜半岛海上航路进行了研究，代表性的研究成果有：今西龙《新罗史研究》，东京：近泽书店，1933；中田熏《古代日韩交涉史》，东京：创文社，1956；日野开三郎《罗末三国鼎立与大陆海上交通贸易》，《朝鲜学报》第 16 辑，1960；等等。

② 由中国东北地区、俄罗斯的日本海沿岸、朝鲜半岛以及日本列岛的东北部和北海道构成“北部交流圈”；由中国东南部沿海，山东、特别是长江入海口的江浙一带与朝鲜半岛的西海岸、日本的九州地区构成“南部交流圈”。金健人：《古代东北亚海上交流史分期》，《社会科学战线》2007 年第 1 期，第 135 页。

障。在掌握造船技术后，人们的航海能力有所提升，航海者在海上可依据陆地形状、高山等地貌特点判断方向，保持视认距离的沿岸航路成为最为安全的海上通道。东亚航海模式从随波逐流的“桴筏漂流式”转变为有方向、有组织、更为安全的舟船沿岸航行（在狂风、大雾等偶发条件下也存在偏离目标航路的舟船漂流方式），这为朝鲜半岛以及整个东亚地区沿岸航路的形成创造了条件。

朝鲜半岛西南海流、潮汐、季风、海岸等自然条件具备了实现沿岸航路日常化的可能性。发源于菲律宾北部地区的黑潮到达朝鲜半岛西南海岸时会出现两条分支，一条沿朝鲜半岛西海岸北上，一条沿南海岸东流；半岛东西两岸也存在由北向南的寒流，这些洋流都影响着海上航行的方向。潮汐的运动对沿岸航行也十分重要。在朝鲜半岛西海岸，涨潮时海水流向北方，落潮时海水流向南方，相比之下东海岸受潮流涨落的影响则不大。在朝鲜半岛南海岸，涨潮时海水由东北方流向西南方，落潮时海水从西南方流向东北方。① 南海岸因海流与潮汐的相互作用而成为水流多变的地区。南海岸的海流始终固定地向着东北方向流动，但在涨潮时会与向西南流动的潮流相撞，此处海水会停止流动甚至出现逆行，反之，落潮时潮流在同向海流的带动下成倍加速，会对沿岸航行产生极大影响。风向同样会使海水流向发生改变，人类很早就懂得利用季风开展航海活动。东亚属于季风性气候，夏季吹南风，冬季吹北风，中国、朝鲜半岛、日本列岛之间可以利用季风的规律实现海上往来。此外，从海岸条件来看，朝鲜半岛西南海域是浅海，西南海岸属于地形复杂的里亚式海岸，海岸线曲折，水浅且港湾、岛屿众多。人们乘船出海，先抵达较近的岛屿，然后由近及远，驶向下一个岛屿，这些岛屿均可作为航路沿线的休息站，有助于人们通过逐岛航行和沿岸航行安全地实现远距离航海。

朝鲜半岛西南地区海洋文化的形成与发展也是西南沿岸航路形成的重要驱动力。朝鲜半岛北部与大陆相连，深受农耕文化、草原游牧文化、山林狩猎文化的影响，南部则多受海洋文化的影响。海洋、岛屿、江河是海洋文化形成与发展的三大要素，② 朝鲜半岛西临黄海，西南海岸岛屿众多，荣山江

---

① 〔韩〕郑镇述：《古代韩日航路研究》，第125页。

② 〔韩〕姜凤龙：《刻在海洋上的韩国史》，首尔：宇宙媒体出版社，2005，第26页。

等河流将沿海地区与内陆地区连成一体，共同构成这一地区海洋文化形成与传播的网络。西南地区是半岛西部沿岸航路和南部沿岸航路的交汇处，自然条件和地理位置最为优越，具备首先形成海洋文化的天然条件。海洋文化的开放性使其既可以沿贯通西南地区的荣山江等河流向内陆地区传播，又可以沿西海岸向北、沿南海岸向东开展海上交流。海洋文化的发展与沿岸航路的形成相辅相成，而东海岸则因上述条件的限制，海洋文化形成较晚。

东亚地缘环境的变化推动着西南沿岸航路的开拓与利用。古代东亚各国社会生产力处在不同的发展阶段，民族众多，文化各异，这种经济发展水平的差异性和民族、文化的多样性，促使东亚各国相互往来、互通有无。古代东亚文明的核心在中国中原地区，从夏、商和西周时代开始，中原文化向外传播的一个主要途径是通过陆路经东北地区传播到朝鲜半岛，再向日本列岛次第传播。但从东汉末期至隋朝开国近四百年时间里，古代中国大陆除西晋有过短暂统一外，一直处在分裂割据状态；朝鲜半岛在新罗统一之前也长期陷于政治动荡、政权林立的局面，致使中国中原王朝与朝鲜半岛的陆路交通屡屡受阻，海洋遂成为彼此往来的重要通道。随着古代东亚地区核心文明与边缘文明生生不息的双向流动，朝鲜半岛西南沿岸航路逐步顺海岸延伸，向北与中国沿岸航路、向南与日本列岛沿岸航路相连，形成东亚沿岸航路。①

《三国志》较早记载了朝鲜半岛西南沿岸航路的大致路线："从郡至倭，循海岸水行，历韩国，乍南乍东，到其北岸狗邪韩国，七千余里，始度一海，千余里至对马国……又南渡一海千余里，名曰瀚海，至一大国……又渡一海，千余里至末卢国……"② 沿西南沿岸航路一直北行可到达山东半岛，这条航路韩国学者称为"老铁山水道航路"，③ 亦称"北部沿岸航路"，④ 又称"西海北部沿岸航路"；⑤ 中国学者称之为"北路航线""北路北线"，⑥

① 李雪威：《韩国海洋战略研究》，时事出版社，2016，第9～11页。

② （晋）陈寿撰、（南朝宋）裴松之注：《三国志》卷30《魏书·东夷·倭》，中华书局，1959，第3册，第854页。

③ 〔韩〕孙兑铉：《韩国海运史》，首尔：Withstory出版社，2011，第24页。

④ 〔韩〕权德永：《新罗遣唐使的罗唐间往来航路考察》，第13页。

⑤ 〔韩〕郑镇述：《对张保皋时代航海技术和韩中航路的研究》，《张保皋与未来对话》，昌原：海军士官学校海洋研究所，2002，第209页。

⑥ 孙泓：《东北亚海上交通道路的形成和发展》，《深圳大学学报》2010年第5期，第132页。

又称“北道”;[①] 日本学者称之为“沿岸航路”“沿海航路”“辽东沿海路”。[②] 总体来说，沿岸航路是航海者航海技能不足之时为规避跨海航行的危险，沿岸而行的迂回航路。

沿岸航路是活跃在朝鲜半岛的诸多势力开展经济、政治、军事等海上活动的重要通道。春秋战国时期，齐国曾经海路与古朝鲜进行“文皮”贸易。[③] 公元前2世纪初，准王率众南迁时利用的也是沿岸航路。公元前109年，汉武帝“从齐浮渤海”打败卫满朝鲜，恢复沿岸航路畅通，就地设郡主导沿岸航路贸易。在汉朝主导的乐浪、带方贸易体系中，朝鲜半岛西海岸中部的汉江流域、西南海岸的荣山江流域、南海岸的洛东江流域都是西南沿岸航路的重要交通枢纽。汉江流域梦村土城发现西晋年代灰釉钱文陶片,[④] 与乐浪郡存续时间大体一致的全罗南道海南郡谷里贝冢遗迹（公元前3世纪末至4世纪前叶）、庆尚南道泗川勒岛遗迹（公元前3世纪至3世纪）出土的大量中国货泉、五铢钱、汉镜和各种铁器、陶器等表明，这些地方曾是乐浪、带方贸易体系的重要海运中心。[⑤]

4世纪上半叶乐浪郡、带方郡没落后，一度繁荣的西南沿岸航路贸易大幅萎缩。4世纪下半叶，朝鲜半岛海上贸易主导权转移到汉江下游兴起的百济手中。近肖古王时期，百济在朝鲜半岛南部迅速扩张势力，消灭了残存的马韩部落，挺进加耶地区，继而与倭国开展直接贸易，形成百济—加耶—倭贸易通道。[⑥] 371年，百济北进平壤城，占据了朝鲜半岛中部和北部海上交通要道。为了拓展海上贸易，除汉江流域外，百济还在沿岸航路的辽西郡和

---

① 周裕兴:《从海上交通看中国与百济关系》,《东南文化》2010年第1期，第73页。

② 参见〔日〕今西龙《新罗史研究》，第345~366页；〔日〕内藤隽辅《朝鲜史研究》，东京：东洋史研究会，1961，第369~478页。

③ 在古朝鲜沿海沿江地区发现大量古代中国的明刀钱和五铢钱等货币，表明海路可能是当时贸易活动的重要通道。参见张政烺《五千年来的中朝友好关系》，开明书店，1951，第9页；〔韩〕金德洙《环黄海经济圈和东北亚的地域开发》，《产业开发研究》第17辑，1998，第138页；陈炎《海上丝绸之路对世界文明的贡献》,《今日中国》2001年第12期，第50页。

④ 〔韩〕林永珍:《梦村土城年代与性格：百济初期文化的考古学的再照明》，第11次韩国考古学全国大会主旨发言，1987，第32页。

⑤ 〔韩〕崔梦龙:《上古史的西海交涉史研究》,《国史馆论丛》第3卷，1989，第20~21页。

⑥ 〔韩〕李贤惠:《4世纪加耶社会的交易体系变化》,《韩国古代史研究》第1辑，1988，第173页。

晋平郡、[①] 庆南海岸地区（加耶的卓淳国）、西南海岸地区（海南古县里和白浦湾一带）[②] 以及日本列岛（九州岛）设立了海运中心，这些海运中心相互联结成海洋运输网络，形成百济主导的沿岸航路贸易体系。4～5世纪，百济、加耶、倭地区广泛分布着素环形刀，由此可知，当时朝鲜半岛南部沿岸航路贸易非常活跃。[③] 金海大城洞13号坟出土的巴形铜器、14号坟出土的箭筒、18号坟出土的纺锤车形石制品等倭产制品也被认为是4～5世纪加耶与倭进行海上贸易往来的证据。[④]

进入5世纪，高句丽势力大举南下，百济竭力拉倭加入反高句丽联盟，与倭往来频繁。海上航路也日益多样化，或者从锦江、荣山江罗州、海南和康津等地出发，到达九州西北部海岸；或者由济州岛向东到达五岛列岛，由此可分南北两路，向北东进到达九州北部唐津等地，向南东进通常在有明海附近的长崎、熊本、佐贺登陆，再沿周边各条江河逆流而上行至内陆。[⑤] 5世纪中叶，高句丽扼守朝鲜半岛中部以北地区，控制西部沿岸航路北段，阻扰百济、加耶、倭等南部势力与中国往来。6世纪新罗占领汉江流域后，高句丽与百济转而联手在西海岸封锁新罗，使得沿岸航行变得风险重重。即便新罗统一朝鲜半岛后，其赴唐的沿岸交通仍受到渤海国的阻碍。沿岸航路的反复受阻成为朝鲜半岛海洋势力开辟跨海航路的一大驱动力。

---

① 据《宋书》《梁书》记载，百济略有辽西、晋平二郡，参见（梁）沈约《宋书》卷97《夷蛮·百济国》，中华书局，1974，第8册，第2393页；（唐）姚思廉《梁书》卷54《诸夷·东夷·百济》，中华书局，1973，第3册，第804页。但学界对于辽西郡、晋平郡的具体位置存在争议，其地望有今辽河以西之说，有今临津江之说，也有今大同江之说，均在沿岸航路沿线地带，参见杨军《4～6世纪朝鲜半岛研究》，吉林大学出版社，2015，第47页。

② 乐浪、带方贸易体系时期，加耶地区的狗邪韩国是海运中心，百济贸易体系时期将海运中心改为加耶的卓淳国，参见〔韩〕李贤惠《4世纪加耶社会的交易体系变化》，第174页。乐浪、带方贸易体系时期，荣山江一带海运中心是在海南郡谷里，后因郡谷里势力反对百济，百济将海运基地改为郡谷里附近的古县里和白浦湾一带，参见〔韩〕姜凤龙《古代东亚沿岸航路和荣山江、洛东江流域的动向》，《东西文化》第36辑，2010，第30～31页。

③ 〔韩〕禹在柄：《从3～5世纪百济地区的素环头刀看百济、加耶、倭的贸易体系》，《韩国史学报》第33号，2008，第433页。

④ 〔韩〕禹在柄：《4～5世纪倭与百济、加耶间贸易通道与古代航路》，《湖西考古学》第6、7合辑，2002，第171～176页。

⑤ 〔韩〕尹明喆：《韩国海洋史》，首尔：学研文化社，2008，第129页。

二　朝鲜半岛与中国跨海航路的探索与开辟

随着航海和造船技术的进步，提高航行效率的需要不断增长，特别是各方势力竞相角逐，实力此消彼长，导致沿岸航路时而畅通，时而阻塞，推动了对朝鲜半岛与中国间跨海航路（横跨黄海的“南道”航线）的探索与开辟。[①] 目前，学者们对跨海航路正式开通与日常化利用的起始时间莫衷一是。有学者认为，跨海航路史前时代就已经存在；[②] 有学者认为，跨海航路在高丽时期成为主要航路；[③] 有学者认为，3 世纪初，公孙氏割据辽东地区设立带方郡的目的就是为了摆脱沿岸航路，利用跨海航路；[④] 有学者认为，3 世纪上半期魏明帝景初年间，跨海航路就已经开通利用；[⑤] 还有学者认为，高句丽南下后，百济被迫南迁，开辟了跨海航路。目前，史料中最早明确记载的跨黄海航路是在 660 年唐朝苏定方横渡黄海作战之时正式开通的。上述学者对跨海航路正式开通时间的见解都不乏推理和猜测的成分，尽管如此，我们仍可以从史料记载中看出南迁后的百济和势力到达汉江流域的新罗对开通跨海航路的渴求和不懈努力。它们当时已具备一定的远海航行能力，可在必要时冒险跨海航行。

4 世纪初，乐浪郡、带方郡先后没落，朝鲜半岛掀起长达 3 个多世纪的群雄角逐。4 世纪末，高句丽开始南下，427 年迁都平壤，475 年占领汉江流域。迫于高句丽势力在黄海北部的威胁，向南迁都的百济不断尝试开辟跨越黄海的遣使航路。据《三国史记》记载，延兴二年（472），其王余庆始遣使上表曰：“臣立（建）国东极，豺狼隔路，虽世承灵化，莫由奉藩，瞻

① 李雪威：《韩国海洋观的历史变迁》，第 27 页。

② 〔韩〕金亨根：《对海上王张保皋的海上航路推定的研究》，《韩国航海学会志》第 25 卷第 1 号，2011，第 83 页。

③ 〔韩〕金痒基：《丽宋贸易小考》，《东方文化交流史论考》，首尔：乙酉文化社，1984，第 79 页。

④ 参见〔韩〕尹明喆《高句丽海洋交涉史研究》，成均馆大学博士学位论文，1993，第 146 页；〔韩〕金在瑾《张保皋时代的贸易和航路》，《张保皋的新研究：以清海镇活动为中心》，莞岛：莞岛文化院，1985，第 125 页。

⑤ 参见〔日〕今西龙《新罗史研究》，第 361 页；〔日〕内藤隽辅《朝鲜史研究》，第 385 ~ 408 页；孙光圻《中国古代航海史》，海洋出版社，1989，第 186 页；〔韩〕金在瑾《张保皋的新研究》，莞岛：莞岛文化院，1992，第 125 页。

望云阙，驰情罔极。……谨遣私署冠军将军驸马都尉弗斯侯长史余礼、龙骧将军带方太守司马张茂等，投舫波阻，搜径玄津，托命自然之运，遣进万一之诚。冀神祇垂感，皇灵洪覆，克达天庭，宣畅臣志，虽旦闻夕没，永无余恨。”又云“安等至高句丽，琏称昔与余庆有仇，不令东过，安等于是皆还，仍下诏切责之。”延兴五年（475），“使安等从东莱浮海，赐余庆玺书，褒其诚节。安等至海滨，遇风飘荡。竟不达而还。”①

由上述记载可知，472 年，盖卤王向北魏遣使上表，痛陈高句丽切断沿岸航路、无法派遣朝贡使节，将阻挠百济与北魏往来的高句丽比作豺狼，意图开辟突破高句丽势力范围而到达北魏的海上航路。从百济希冀神灵护佑到达天庭可以看出，此次遣使北魏存在很大的航海风险。这次遣使很可能是因为 469 年北魏占据了山东半岛，百济使团能够利用从黄海南道至山东半岛横渡黄海的捷径。百济遣使北魏后，北魏显祖遣使邵安与百济使臣一同返回，并下诏书令高句丽长寿王护送，但邵安一行人达到高句丽后，长寿王却称与盖卤王有仇，不令东过，众人皆还。高句丽对北魏使臣尚且如此态度，更不可能让存在竞争关系的百济顺利利用沿岸航路。因此，百济此次遣使北魏很可能利用的是跨海航路。② 475 年，北魏再次遣使邵安携带赐予百济王的玺书从东莱（今山东东掖县）浮海，结果却遇风飘荡，不达而还。鉴于沿岸航路难以通行，邵安此次很可能意欲横渡黄海，结果遭遇海上大风失败而还。

汉城失守后，百济将都城迁至锦江流域的熊津（今公州），后再次向南迁都至泗沘（今扶余），这一时期，跨海航路很可能是百济向南朝遣使的主要航路。据《三国史记》记载，“二年（476）……三月，遣使朝宋，高句丽塞路，不达而还”，“六年（484）……秋七月，遣内法佐平沙若思如南齐朝贡，若思至西海中，遇高句丽兵，不进”。③ 从百济经水路遣使朝贡受到高句丽的阻挠可知，百济途经高句丽控制的海域。当时高句丽已占领汉江流

① 〔高丽〕金富轼：《三国史记》卷 25《百济本纪第三·盖卤王》，孙文范校勘，吉林文史出版社，2003，第 303～305 页。

② 〔韩〕郑守一：《海上丝绸之路与韩中海上交流：东北亚海路考——以罗唐海路和丽宋海路为中心》，《文明交流研究》第 2 卷，2011，第 31 页。

③ 〔高丽〕金富轼：《三国史记》卷 26《百济本纪第四·文周王、东城王》，孙文范校勘，第 309～310 页。

域，百济使臣很可能是要从距离中国最近的黄海南道附近跨海朝贡。但不可否认的是，横渡黄海对百济来说并非易事，这一点可以从《隋书》的一段记载中有所了解："平陈之岁，有一战船漂至海东耽牟罗国，其船得还，经于百济，昌资送之甚厚，并遣使奉表贺平陈。高祖善之，下诏曰：'百济王既闻平陈，远令奉表，往复至难，若逢风浪，使致伤损。百济王心迹淳至，朕已委知。相去虽远，事同言面，何必数遣使来相体悉。自今以后，不须年别入贡，朕亦不遣使往，王宜知之。'使者舞蹈而去。"[①] 从百济使者得知"不须年别入贡"而"舞蹈"表达喜悦之情可知，直到泗沘时代，对于百济来说，跨海航行仍面临巨大风险。秦汉至隋朝中国虽然能造大船，但大都是用于近海作战的战舰（如汉的楼船、隋的"五牙"战舰等），远洋海船制造和远洋航行还不发达。[②] 从"朕亦不遣使往"推测，跨海航行对隋朝也绝非易事。可见，当时的跨海航路虽然作为遣使航路而存在，但跨海航行对黄海东西两岸来说仍是相当困难的，隋唐初年攻打高句丽的大型军事活动主要依靠的仍是沿岸航路。有的学者认为百济已经可以斜渡黄海与南朝实现往来，[③] 但从当时百济的航海能力来看，横渡黄海已经颇为艰难，斜渡黄海则是更加冒险的海上活动。

及至6世纪中叶，新罗已从朝鲜半岛东、南、西三面向海洋大举扩张，占领郁陵岛，吞并加耶，控制汉江流域，逐步从远离黄海的边缘地带向黄海沿岸要塞地区挺进，获得了与中国往来的直接通道。然而，新罗赴唐之路并非畅通无阻。据《三国史记》记载："四十七年（625）……冬十一月，（新罗）遣使大唐朝贡。因讼高句丽塞路，使不得朝，且数侵入。"642年，新罗遣使上书："（百济）又与高句丽谋，欲取党项城，以绝（新罗）归唐之路。"[④] 从上文可知，新罗朝贡之路既有高句丽在北阻挠，又有百济在南夹击。从新罗王都庆州经横贯东西的陆路交通干线——唐恩浦路（又称党项津路、唐城津路）即可至党项城附近的渡口党项津（后又称唐城津、唐恩

① （唐）魏征、令狐德棻：《隋书》卷81《东夷·百济》，中华书局，1973，第6册，第1819页。

② 陈炎：《略论海上丝绸之路》，《历史研究》1982年第3期，第165页。

③ 〔韩〕李道学：《百济的交易网及其体系的变迁》，《韩国学报》第63辑，1991，第93页。

④ 〔高丽〕金富轼：《三国史记》卷4《新罗本纪第四·真平王》，孙文范校勘，第62、67页。

浦、唐城浦)。百济和高句丽意欲联合攻打党项城即为封锁新罗赴唐港口，而新罗若赴唐朝请援则必须摆脱高句丽和百济的南北围堵。

为了打破海上封锁，新罗善德女王派遣金春秋先后赴高句丽、倭游说，均告失败，遂向唐朝请援，这也促使新罗决心放弃沿岸航路，尝试开辟横渡黄海的新航路。据《三国史记》记载，648年，金春秋突破高句丽和百济的海上封锁到达唐朝，获得唐太宗提供军事援助的承诺。“春秋还至海上，遇高句丽逻兵”,[①] 家臣温君解假扮金春秋被杀害，金春秋乘坐小船回国。因高句丽与新罗的敌对关系，金春秋利用沿岸航路较为困难，很可能利用的是跨海航路，航路部分路段经过高句丽海上势力范围，故而遭到高句丽的袭扰。这一航路可能是从黄海道丰川（椒岛）横渡黄海,[②] 或从黄海道沿岸大青岛、白翎岛、长口镇等地横渡黄海。[③]

综上可知，统一新罗前跨海航路何时正式开通尚无统一定论，但人们利用季风、洋流等自然环境开辟跨海航路的尝试从未停止。尽管冒着巨大风险，跨海航路仍不失为沿岸航路受阻之时黄海东西两岸往来的重要方式。660年，苏定方“自城山济海至熊津口”,[④] 率军从海路讨伐百济。此番跨海作战正式开通了从山东半岛至朝鲜半岛西海岸的跨海航路，新罗亦赢得了泛舟黄海的新契机。

三 朝鲜半岛东部航路的利用与拓展

顺应海流、季风等自然条件的变化，朝鲜半岛东部海域形成了东部沿岸航路、东部横渡航路、东南部航路等多条航路。朝鲜半岛东部航路的形成和变化与新罗的发展壮大密切相关。新罗由辰韩发展而来，久居于朝鲜半岛东南部，地理位置偏远，对外关系较为孤立。新罗主要在东海岸、东南海岸地区拓展势力范围，其海洋活动多集中在朝鲜半岛东部、东南部海域，直至6世纪中叶，新罗的势力范围才扩张至汉江流域。

---

① 〔高丽〕金富轼:《三国史记》卷5《新罗本纪第五・真德女王》，孙文范校勘，第71页。

② 韩国史研究会:《古代韩中关系史研究》，首尔：三知院，1987，第282页。

③ 〔韩〕郑镇述:《韩国海洋史》（古代篇），首尔：京仁文化社，2009，第76~77页。

④ （宋）欧阳修、宋祁：《新唐书》卷111《苏定方》，中华书局，1975，第13册，第4138页。

4~5世纪，新罗势力范围已扩大至东海岸的比列忽、何瑟罗、悉直等地，具备了日常化利用东部沿岸航路的条件，并通过东部沿岸航路与东海岸势力、西北势力同中国大陆实现往来。

据《三国史记》和《三国志》记载：

> 朝鲜遗民分居山谷之间为六村……是为辰韩六部。[①]
>
> 十四年（37）高句丽王无恤，袭乐浪灭之。其国人五千来投，分居六部。[②]
>
> 初，右渠未破时，朝鲜相历谿卿以谏右渠不用，东之辰国，时民随出居者二千余户，亦与朝鲜贡蕃不相往来。……（辰）鑡因将户来（来）出诣含资县，县言郡，郡即以鑡为译，从芩中乘大船入辰韩，逆取户来。降伴辈尚得千人，其五百人已死。鑡时晓谓辰韩："汝还五百人。若不者，乐浪当遣万兵乘船来击汝。"辰韩曰："五百人已死，我当出赎直耳。"乃出辰韩万五千人，弁韩布万五千匹，鑡收取直还。[③]
>
> 辰韩在马韩之东，其耆老传世，自言古之亡人避秦役来适韩国，马韩割其东界地与之。……今有名之为秦韩者。[④]

由上可知，朝鲜遗民迁移至辰韩，形成辰韩六部；乐浪被高句丽覆灭后，有五千乐浪人迁移至辰韩，分居于辰韩六部；朝鲜相历谿卿因右渠不听其谏言而离开朝鲜奔赴辰国，当时有二千户居民随之迁移；辰韩人自称先辈是为躲避秦人劳役而到达韩国，故也被称为秦韩。史书中明确记载了上述人口迁移的事实，但并未对这些人口迁移至辰韩的路径做出详细说明。历史上，东海岸势力如沃沮、濊等随着朝鲜半岛西北地区政治势力的更迭，先后隶属于古朝鲜、临屯郡、玄菟郡、乐浪郡、高句丽，可见，西北势力与东海岸势力间的往来通道是十分畅通的。因此，古朝鲜、乐浪等移民是可以先到达东海岸，再沿东部沿岸航路南下至辰韩的；秦人也可以沿着这一通道到达辰

---

① 〔高丽〕金富轼：《三国史记》卷1《新罗本纪第一·始祖赫居世居西干》，孙文范校勘，第1页。

② 〔高丽〕金富轼：《三国史记》卷1《新罗本纪第一·儒理尼师今》，孙文范校勘，第7页。

③ （晋）陈寿撰、（南朝宋）裴松之注：《三国志》卷30《东夷·辰韩》，第3册，第851页。

④ （晋）陈寿撰、（南朝宋）裴松之注：《三国志》卷30《东夷·辰韩》，第3册，第852页。

韩。280 年，新罗代表辰韩通过带方郡和乐浪郡向西晋派遣使臣，377 年，新罗通过高句丽向前秦派遣使臣，都可以利用东部沿岸航路实现。引文还明确记载了鑡赴辰韩的方式是“乘大船入辰韩”，鑡威胁辰韩时也声称乐浪将派兵乘船攻击辰韩。①

《三国遗事》更明确地记载了东部沿岸航路的利用：“堤上帘前受命，径趋北海之路。变服入句丽，进于宝海所，共谋逸期。先以五月十五日归泊于高城水口而待。期日将至，宝海称病，数日不朝，乃夜中逃出，行到高城海滨。王知之，使数十人追之，至高城而及之。然宝海在句丽，常施恩于左右。故其军士悯伤之，皆拔剑镞而射之，遂免而归。”② 堤上奉新罗王之命入高句丽搭救质子宝海，从高句丽与新罗的地理位置看，堤上利用的“北海之路”即东部沿岸航路。宝海逃出高句丽后在高城海岸被追兵赶上，士兵感恩于宝海的日常恩惠，射出之箭都拔掉箭头，宝海得以返回新罗。从宝海回程路线可知其利用的亦是东部沿岸航路。

东部沿岸航路也是高句丽、新罗、倭之间的海上通道。乐浪、带方贸易体系瓦解后，西南沿岸航路贸易一度萧条，这一变化推动了倭与新罗的贸易往来。据考古发现，进入 4 世纪，在朝鲜半岛庆南一带和日本列岛的古坟随葬品中，从中国中原地区输入的物品急剧减少，甲胄等北方制造品随之增加。朝鲜半岛庆州月城路古坟群出土的 4 世纪日本石钏、福冈县宗像市久原龙个下遗址出土的 4 世纪上半叶朝鲜半岛铁铤、福冈县早良区西新町遗址出土的朝鲜半岛陶器，都表明在乐浪、带方贸易体系瓦解之后，形成了高句丽—新罗—倭贸易通道，③ 东部沿岸航路自然成为这一贸易体系的重要海上通道。4 世纪中叶以后，新罗主要与倭争夺洛东江流域，百济主要与高句丽争夺临津江与汉江流域，新罗向高句丽求援，百济与倭结盟，形成新罗—高句丽同盟对抗百济—倭同盟的新局面。④ 5 世纪，新罗与高句丽在东海岸地区的冲突加剧，转而联合百济、加耶共同抗敌。6 世纪初，新罗已基本实现了

① 上述迁移也有可能是利用西部沿岸航路、南部沿岸航路绕行实现的，但西北地区、东海岸地区、东部沿岸航路是更为便捷的通道。

② 〔高丽〕一然：《三国遗事》卷 1《纪异第二・奈勿王・金堤上》，孙文范校勘，吉林文史出版社，2003，第 47 页。

③ 〔韩〕李贤惠：《4 世纪加耶社会的交易体系变化》，第 168 ~ 169 页。

④ 杨军：《任那考论》，《史学辑刊》2015 年第 4 期，第 61 ~ 62 页。

对东海岸地区的控制。

东部横渡航路是从朝鲜半岛东南地区至日本本州北部沿岸地区的航路。从东海岸的庆州等港口出发，顺着里曼寒流到达北纬35度附近，在此与对马暖流汇合，向东横渡到本州海岸的山阴地区，即出云、隐岐、伯耆等岛根半岛附近地区，再至北陆地区，即越前、加贺、越中等能登半岛附近地区。有的学者认为，这一航路早在史前时代就已经广为利用。① 也有学者根据考古发现，认为山阴地区和北陆地区出土的铜铎产于公元前后至2~3世纪的朝鲜半岛，恰可证明当时这一航路的存在。② 还有学者认为，这一航路是1世纪新罗势力进入日本列岛时形成的，从蔚山湾或迎日湾出发，利用季风和海流到达出云地区；从出云至朝鲜半岛的航路则利用九州北岸对马暖流的反流，经壹岐岛、对马岛，到达朝鲜半岛东南海岸。③

东南部航路总体上是从朝鲜半岛东南地区出发，经对马岛至九州北部的航路。青铜器时代，朝鲜半岛的无纹陶器文化就已经从海路传播至日本列岛。《三国志》中也明确记载了古代朝鲜半岛与日本列岛间的海上直接贸易："（牟辰）国出铁，韩、濊、倭皆从取之。诸市买皆用铁，如中国用钱，又以供给二郡。"又云："（对马岛）乘船南北市籴。"④ 由此可见，3世纪时朝鲜半岛东南地区与日本列岛间已经开通海上航路进行铁和粮食贸易。考古发现也证明了弥生时代（公元前300~300）朝鲜半岛东南部与日本列岛之间的海上往来。在九州北部的唐津湾至博多湾地区出土细形铜剑、铜矛、铜戈等铜器，这些铜器都是从朝鲜半岛传播而来，经对马岛、壹岐岛或冲岛传入到九州北部，再沿海岸向东北传播。⑤ 在朝鲜半岛南部地区庆尚南道泗川勒岛、金海会岘里贝塚、金海池内洞瓮棺墓、釜山朝岛贝塚等遗址发现的日本弥生时代陶器，镇海熊川贝塚出土的土师器、金海良洞里古坟的筒形铜器

① 〔日〕中田熏：《古代日韩交涉史》，第119~154页。

② 据考古发现，公元前后至2~3世纪产于朝鲜半岛的铜铎在本州东部分布在加贺、越前、美浓、三河、远江等地，在本州西部分布在石见、安艺、赞岐、阿波、土佐等地。古式铜铎大都分布在山阴、北海道地区，新式铜铎分布在内陆的畿内、南海等地。参见〔日〕木宫泰彦《日支交通史》（上卷），东京：金刺芳流堂，1926，第1~30页。

③ 〔韩〕尹明喆：《从海洋条件看古代韩日关系史》，《日本学》第14辑，1995，第67~105页。

④ （晋）陈寿撰、（南朝宋）裴松之注：《三国志》卷30《东夷》，第3册，第853~854页。

⑤ 《世界考古学大系》（第2卷），东京：平凡社，1975，第80~83页。

等也都是弥生时代从日本传入朝鲜半岛的。[①]

东南部航路按出发地点和航线不同，又可以划分为西路、中路、东路。西路为前述带方使臣航路南海岸的东段，即从洛东江河口、多大浦至对马岛北岸，再经对马岛西海岸、壹岐岛到达九州北部。中路也是新罗与倭往来的重要通道。据《日本书纪》卷13《允恭天皇》记载："新罗王闻允恭天皇既崩，惊愁之，贡上调船八十艘及种种乐人八十。是泊对马而大哭。到筑紫，亦大哭。泊于难波津，则皆素服之，希捧御调，且张种种乐器。自难波至于京，或哭泣，或歌舞，遂参会于殡宫也。"从文中记载可知，新罗使臣所走航路应当是从庆州出发，经对马岛西海岸、壹岐岛到达九州北部的筑紫，即东松浦半岛，后驶入濑户内海，经大阪的难波津到达飞鸟、奈良等地。[②] 中路早期出发地为朝鲜半岛东南地区的庆州，后南移至阿珍浦、蔚山（栗浦、丝浦）等地，吞并加耶后，金海也成为出发地之一。东路从朝鲜半岛东南部的牟辰地区出发，经对马岛东海岸、远瀛（冲岛）、中瀛（大岛），到达筑前的宗像，也是朝鲜半岛东南部势力与倭往来的重要通道。据考古发现，公元前后至2～3世纪的铜矛在九州北部博多湾沿岸出土最多，其次是对马岛、筑后、丰后，而壹岐岛、松浦地区较少，证明经对马岛东海岸的航路已经开通。[③]

四　结语

统一新罗之前，朝鲜半岛对外往来的海上航路顺应自然条件而生，随地缘环境变化而动，航海模式从随波逐流的浮筏漂流航行过渡到舟船近海沿岸航行，继而探索出更为便捷的跨海航行，逐步实现海上航路多样化。作为东方海上丝绸之路的重要组成部分，朝鲜半岛海上航路发挥着连接古代中国与日本的桥梁作用，也为统一新罗后朝鲜半岛的快速发展提供了必要的客观条件。与中国中原地区实现人员相通、物流畅通的迫切需求是朝鲜半岛走向海

① 〔日〕柳田康雄：《朝鲜半岛的日本系遗物》，《九州的古坟文化与朝鲜半岛》，东京：学生社，1989，第7～27页。

② 参见〔韩〕孙兑铉《韩国海运史》，第23页；〔韩〕郑镇述《韩国海洋史》（古代篇），第112页。

③ 〔韩〕木宫泰彦：《日支交通史》（上卷），第1～30页。

洋的重要驱动力。西南沿岸航路、东部沿岸航路、东南部航路的形成增加了海上航行的安全性，跨海航路的探索则有助于提高黄海东西两岸海上航行的效率。与中国跨海航路的开辟促使朝鲜半岛海上贸易和对外往来取得飞跃式发展，其规模是沿岸航行时代无法比拟的，朝鲜半岛随之进入到统一新罗—高丽的全盛时期。

The Historic Change of Korean Peninsular Navigation Routes Before Unified Silla

Li Xuewei, *Shan Tianlei*

Abstract The ancient sea route of the Korean Peninsula was an important part of the Eastern Maritime Silk Road. Some of sea routes had begun to take shape before Unified Silla. Conforming to the change of the natural conditions such as ocean current, tide, monsoon, and seacoast, there was southwest coast route in southwest of the Korean Peninsula. With the change of forces on the northern shore of the Yellow Sea and the increasingly fierce hegemony of Goguryeo, Baekje and Silla on the Korean Peninsula, the southwest coast route often lost its former unobstructed, the exploration of the sea route had been greatly promoted. The conditions of navigation in the east of the Korean Peninsula were not as good as those in the southwest, but in the long term sea practice, several sea routes were also formed in the east of the peninsula, such as the east coast route, the trans - Japan Sea route and southeast routes.

Keywords Korean Peninsula; Coast Route; Sea Route; Route Change

新罗“事大外交”的思想与实践*

冯立君

【内容提要】新罗的“事大外交”，源自春秋战国以来的“以小事大”思想。新罗与唐五代外交史上，除个别时期外，始终践行事大外交的理念：新罗频密朝贡唐朝，并求取册封官爵，唐罗两国由此凝成君臣关系。新罗朝贡冠绝海东，奉正朔，去尊号，入蜀地，朝后唐，对唐极尽忠诚，无愧为事大楷模。“事大外交”为新罗带来丰厚的国家利益，对于中国与周边世界秩序的构建具有典范意义，已成为东亚共享的历史遗产。

【关键词】新罗　东亚　“事大外交”　儒家

【作者简介】冯立君，历史学博士，陕西师范大学东亚历史研究所研究员。

一　“事大主义”的外交思想

“事大”出自中国春秋战国时期经典，是“以小事大”的略称。《孟子·梁惠王》中将“以小事大”与“以大事小”作为“交邻之道”并举：

齐宣王问曰：“交邻国有道乎？”孟子对曰：“有。惟仁者为能以大

* 本文系国家社会科学基金项目“隋唐‘辽东之役’与东部欧亚联动关系研究”（项目编号：18CZS059）、陕西师范大学2020年度校级一流本科课程建设项目（项目编号：YLKC2020HH009）的阶段性成果。感谢复旦大学韩国研究中心和社会科学文献出版社审稿专家修改意见。

事小，是故汤事葛，文王事昆夷；惟智者为能以小事大，故大王事獯鬻，句践事吴。以大事小者，乐天者也；以小事大者，畏天者也。乐天者保天下，畏天者保其国。”①

在《左传》《穀梁传》等记述春秋时期历史的典籍中，都有提倡以小国事奉大国的言论。《韩非子》中的《八奸》《五蠹》等篇则对“事大”大加贬斥，以其为臣下惑主、削弱国力的罪魁祸首之一。但毕竟春秋战国时期事大主义盛行，郑国、鲁国等小国若不择强而事，则国家难保。儒家思想在中国汉代以后居于统治地位，每当处于分裂时期（如魏晋南北朝、五代十国），“事大”理念便会在外交场合得以运用。

新罗作为朝鲜半岛历史悠久的古国，早在与汉乐浪郡以及秦汉移民的接触过程中逐渐受到汉文化侵染。公元前 20 年新罗与马韩的通使中，就出现了关于“事大之礼”与“交聘之礼”的外交争讼，反映出新罗及三韩地区外交文化的成熟：

［新罗］遣瓠公聘于马韩。马韩王让瓠公曰：“辰、卞二韩，为我属国，比年不输职贡，事大之礼，其若是乎？”对曰：“我国自二圣肇兴，人事修，天时和，仓庾充实，人民敬让。自辰韩遗民，以至卞韩、乐浪、倭人，无不畏怀。而吾王谦虚，遣下臣修聘，可谓过于礼矣。而大王赫怒，劫之以兵，是何意耶？”②

大致同一时期的汉玄菟郡内部及周边，高句丽与扶余之间在互相遣使时，也在追求这种交邻之道，说明汉帝国东方诸政治体在汉文化的影响下将“事大”视作一种共通的外交礼仪和秩序：

秋八月，扶余王带素使来，让［高句丽］王曰：“我先王与先君东明王相好，而诱我臣逃至此，欲完聚以成国家。夫国有大小，人有长幼，以小事大者礼也，以幼事长者顺也。今王若能以礼顺事我，则天必

① 杨伯峻：《孟子译注》，中华书局，1960，第 30～31 页。

② 《三国史记》卷 1《新罗始祖赫居世居西干本纪》，吉林文史出版社，2003，第 3 页。

佑之，国祚永终，不然则欲保其社稷难矣。”于是，王自谓：“立国日浅，民孱兵弱，势合忍耻屈服，以图后效。”乃与群臣谋报曰：“寡人僻在海隅，未闻礼义，今承大王之教，敢不惟命之从。”[①]

到了 7 世纪中叶，新罗在走向统一的过程中，更是日渐受到事大主义的影响。其时新罗在与唐朝往来的外交文书中亦多次直接提及“事大”：

龙朔元年，高宗召谓［新罗使］曰：“朕既灭百济，除尔国患。今高句丽负固，与秽貊同恶，违事大之礼，弃善邻之义。朕欲遣兵致讨。尔归告国王，出师同伐，以歼垂亡之虏。”[②]

此外，新罗末年（927），后百济王甄萱给高丽太祖的书信中力劝两国和好，放弃“困而犹斗”“蚌鹬相持”的敌对政策，并向高丽表示“仆义笃尊王，情深事大”。[③] 这虽是外交辞令，但也透露出对后百济国小、高丽国大这一事实的承认，说明新罗末期仍流行事大主义的观念，可见其影响已深入新罗外交文化。高丽、李朝事大中国则更成为常态。

由此可知，新罗王朝始终存在着事大主义外交的思想。以下试列举若干外交实例，说明新罗在具体实践中如何以“事大”作为对唐朝外交的主要基调。

二　新罗“事大主义”的实践

（一）“事大”朝贡

新罗在三国中后来居上，6 世纪中叶自高句丽、百济手中夺取了原带方郡、乐浪郡故地广大区域。面对隋、唐统一帝国，新罗自始至终遵循事大外交原则，频繁朝贡。虽然新罗对中国的遣使要远远晚于高句丽、百济与中原王朝的交往，但在三国中新罗以唐朝为上国的立场无疑最为坚定忠诚，唐朝

① 《三国史记》卷 13《高句丽琉璃明王本纪》，第 180 页。
② 《三国史记》卷 44《金仁问传》，第 508～509 页。
③ 《三国史记》卷 50《甄萱传》，第 559 页。

因此也给予新罗莫大的回报——出兵消灭了新罗的两大劲敌高句丽和百济，扫清了新罗统一之路上最大的障碍。然而，新罗在扩张和统一过程中侵犯了唐朝的利益，实际上在短期之内（668～698）一度放弃了事大主义的外交政策。但是战争甫一结束，新罗王就遣使朝贡、请罪。对于新罗的及时补救，唐朝予以积极回应：

> 上元二年（675）二月，鸡林道行军大总管刘仁轨大破新罗之众于七重城而还。新罗于是遣使入朝伏罪，并献方物，前后相属。帝复金法敏官爵。①

这表明新罗虽急欲并吞熊津都督府辖地和安东都护府南部辖地及其人口，但对唐朝其实依然谨守事大臣节。不过，唐朝虽然恢复金法敏官爵，但两国变得疏远冷淡已是事实。在新罗与唐朝的战争（670～676）中，昔日的盟友兵戎相见，676年战争结束后，两国关系仍严重恶化，直到698年渤海国的崛起开始改变东亚的地缘格局。699年，新罗孝昭王开始向唐朝遣使，这是新罗676年以来第一次派遣唐使，可谓“破冰”之旅。新罗趁机开始向唐朝输诚，目的显然在于改善与唐外交状态、重建朝贡关系。然而，两国关系的修复尚需要时间和机遇。

在733年渤海国进攻唐朝的登州和幽州附近、对唐朝造成极大的边疆危机之前，实际上唐朝和新罗类似联军攻灭百济和高句丽那种紧密的政治互动并未再次出现。可贵的是，即使是在这种不利的形势下，新罗仍然连续向唐朝派出朝贡使节，进献方物，这实际上是圣德王在努力修复文武王时代与唐朝之间的裂痕。《唐会要》提供了这方面的详细记录：

> 开元十年（722），频遣使献方物。十二年（724），兴光遣使献果下马二匹、牛黄、人参、头发、朝霞䌷、鱼牙䌷、镂鹰铃、海豹皮、金银等，仍上表陈谢。至十二年，遣其臣金武勋来贺正。及武勋还，降书赐之。又使其弟金嗣宗来朝，并贡方物。②

① 《唐会要》卷95《新罗》，上海古籍出版社，2006，第2027页。
② 《唐会要》卷95《新罗》，第2028页。

其后的圣德王时代开始向唐朝连年朝贡，其中有多次是一年两次遣使，甚至还有一年三次遣使的情况（参见表 1）。新罗对唐朝朝贡之频繁，无疑说明其对与唐朝关系的重视和唐朝对新罗事大之礼的逐渐认可。新罗对唐外交再次进入了严格奉行事大主义的时期。

7 世纪中叶至 10 世纪初期，除了特殊的历史时期，新罗始终向唐朝频繁地遣使朝贡，谨遵事大之礼。有唐一代，新罗派遣使臣竟有近百次之多。为更清晰地理解统一之后新罗对唐朝的事大外交，兹将新罗向唐朝的历次遣使列出。

表 1　新罗遣使唐朝朝贡一览

公元纪年	新罗在位国王	唐朝在位皇帝和纪年
621	善德王(13 次)	唐高祖武德四年十月
623		六年十月
625		八年十一月
626		九年七月
627		唐太宗贞观元年六月 十一月
629		三年九月 十一月
642		十六年春正月
643		十七年正月朔 十一月
644		十八年正月朔
645		十九年正月
648	真德王(3 次)	二十二年正月朔
652		唐高宗永徽三年春正月朔 十一月
656	武烈王(1 次)	显庆元年十月
675	文武王(1 次)	上元二年九月
699	孝昭王(1 次)	圣历二年二月
703	圣德王(37 次)	长安三年正月
705		中宗神龙元年三月 九月
706		二年四月 八月 十月

续表

公元纪年	新罗在位国王	唐朝在位皇帝和纪年
707	圣德王(37 次)	景龙元年十二月
709		三年六月
710		四年正月
711		景云二年十二月
712		太极元年二月
712		唐玄宗先天元年十二月
713		二年二月 六月
714		开元二年二月
716		四年三月
717		五年三月 五月
718		六年二月
719		七年正月
722		十年十月乙巳
723		十一年四月
724		十二年二月 十二月
726		十四年四月 五月
727		十五年正月
728		十六年
730		十八年正月 九月
731		十九年二月
732		二十年正月
734		二十二年四月
735		二十三年正月 十二月
736		二十四年六月
737		二十五年二月
737	孝成王(2 次)	二十五年十二月
738		二十六年三月

续表

公元纪年	新罗在位国王	唐朝在位皇帝和纪年
742	景德王(10 次)	天宝元年五月
744		三年闰二月 四月 十二月
745		四年四月
746		五年二月
747		六年正月
755		十四年四月
762		唐肃宗宝应元年九月
766		唐代宗永泰二年三月
767	惠恭王(12 次)	大历二年
768		三年九月
772		七年五月
773		八年四月 六月
774		九年四月 十月
775		十年正月 六月
776		十一年七月 十月
777		十二年十二月
782	宣德王(1 次)	唐德宗建中三年闰正月
804	哀庄王(2 次)	贞元二十年十一月
808		元和元年八月
810	宪德王(6 次)	三年
812		五年十月
814		七年四月
817		十二年三月
820		十五年十一月 十二月
829	兴德王(5 次)	太和三年十二月
830		四年十二月

续表

公元纪年	新罗在位国王	唐朝在位皇帝和纪年
831	兴德王(5次)	五年二月 十一月
836		开成元年十二月
923	景明王(3次)	[后唐]同光元年十一月
924		二年正月 六月
927	敬顺王(3次)	[后唐]明宗天成二年二月 四月
932		[后唐]长兴三年四月

资料来源：（宋）王钦若等编撰《册府元龟》卷970至卷972《外臣部·朝贡》，周勋初等校订，凤凰出版社，2006，第11册，第11226～11259页。其中，“遣使朝贡”39次、“遣使献方物”11次、“贡方物”6次、“来朝”或“入朝”13次。

有些学者将“两唐书”等史籍中关于新罗的一般遣使也都计算在朝贡使中，似有不妥。《册府元龟》中这些被宋代史家从较为原始的唐朝官方档案中辑出的“朝贡”史料，体现着中原王朝对“朝贡”的界定。以此来认识新罗的遣使，当更接近唐宋王朝的历史认知和事实。

仔细分析新罗对唐朝的朝贡记录，其事大外交的性格十分明显。

第一，新罗的朝贡频率和次数创造出海东诸国空前的历史纪录，成为后世事大外交的楷模。与唐朝建立朝贡关系者众多，但是新罗在唐朝所有朝贡国中派遣使节最频繁，同时其汉文化素养也最高。换言之，新罗的事大外交是“形神兼备”，与内亚政治体相比，新罗使节无疑更符合唐朝人关于礼仪之邦的要求，因此唐朝似乎对新罗的朝贡也相当满意。

第二，新罗朝贡贯穿唐朝始终，甚至延续到五代时期的后唐。据表1，923～932年新罗共有六次向后唐遣使，其中还有两年是每年遣使两次。这说明新罗对唐朝的事大主义外交还具有强大的延续性。后唐君主具有一种恢复唐时制度以及继承唐朝的意识，[①] 新罗多次遣使后唐，也带有对后唐政治地位的认可，因此新罗对后唐的朝贡实际上是难能可贵地表现了其对唐朝的事大和忠诚。而且，唐朝的灭亡也影响到新罗内部政局，新罗末期再没有像

① 陆扬：《唐代的清流文化——一个现象的概述》，载《田余庆先生九十华诞颂寿论文集》，中华书局，2014，第545～567页。

7~9世纪得到唐朝的援助那样得到后唐的实际支持，高丽、后百济在与五代其他国家的外交中所占据的地位以及获得的支持显然更大。从这一点也可以推知新罗事大外交的动力所在。

第三，新罗对唐朝贡的忠诚，还表现在对安史之乱中逃到蜀地的唐玄宗进行朝贡。《三国史记·新罗本纪》“景德王十五年”条对此记载道：

> 王闻玄宗在蜀，遣使入唐，溯江至成都朝贡。玄宗御制御书五言十韵诗，赐王曰：“嘉新罗王岁修朝贡，克践礼乐名义，赐诗一首：‘四维分景纬，万象含中枢。玉帛遍天下，梯航归上都。缅怀阻青陆，岁月勤黄图。漫漫穷地际，苍苍连海隅。兴言名义国，岂谓山河殊。使去传风教，人来习典谟。衣冠知奉礼，忠信识尊儒。诚矣天其鉴，贤哉德不孤。拥旄同作牧，厚贶比生刍。益重青青志，风霜恒不渝。’”帝幸蜀时，新罗能不远千里，朝聘行在所，故嘉其至诚，赐之以诗。其云：“益重青青志，风霜恒不渝”者，岂古诗“疾风知劲草，板荡识贞臣”之意乎?①

由此可知：其一，新罗王是闻知玄宗在蜀后，径直遣使渡海到唐朝，再深入内地溯江而上到成都朝贡，这本身就是一种立场鲜明的支持唐朝、忠心耿耿的事大行为；其二，玄宗皇帝也被新罗使臣“岁修职贡”的忠贞所感动，因而赋诗一首，诗中提及新罗朝贡远道而来的艰辛、新罗对“名义”和“风教”的传承，对新罗“奉礼”“尊儒”的贤德、忠贞不渝都予以了褒奖；其三，《三国史记》编纂者金富轼也写下感怀，同时还记录了后来高丽时代将玄宗赐诗带回的情景，实际上表现出新罗、高丽对唐、宋事大的一以贯之。总之，景德王这次遣使成为新罗朝贡唐朝奉行事大主义的典型代表，在中韩关系史上留下了浓墨重彩的一笔。

（二）纳质宿卫

新罗对唐朝的事大主义还表现在“宿卫”上。所谓宿卫，又称纳质宿卫，实际上是将新罗的王子等高级贵族成员送往唐都长安，担任皇帝的名义

① 《三国史记》卷9《新罗景德王本纪》，第124~125页。

侍卫，是质子的变相和改良。新罗自7世纪中叶开始向唐朝派遣宿卫，其间曾因两国矛盾冲突而一度中断，后来得到恢复，到9世纪后期仍然持续不断（参见表2）。

表2 统一新罗入唐宿卫一览

	宿卫	官等	派遣年代	任期	最后官等	在唐官职	政治活动
统一前	金文王	［波珍飡］	真德王二年（648）	5年	伊飡	左武卫将军	侍中
	金仁问	波珍飡	真德王五年（651）	22年	伊伐飡		军主征伐济、丽
	金三光	［大阿飡］	文武王六年（666）	3年	［大阿飡］	左武卫翊府中郎将	征伐济、丽
中代	金德福	大奈麻	文武王十四年（674）	1年			传入历书
	金守忠	［阿飡］	圣德王十三年（714）	3年			传入文圣王图
	金嗣宗		圣德王二十七年（728）	2年		果毅	请求宿卫学生入学
	金志满		圣德王二十九年（730）	1年		太仆卿	文物交流
	金思兰		圣德王三十二年（733）	1年		太仆员外卿	讨伐渤海
	金忠信		圣德王三十二年（733）	1年		左领军卫员外将军	讨伐靺鞨
	金志廉		圣德王三十三年（734）	1年		鸿胪少卿	谢恩
下代	金献忠		哀庄王七年（806）	1年		秘书监	
	金士信		宪德王元年（809）	1年			册封副使
	金昕		宪德王十七年（825）	1年	伊飡	太常卿	国相、请求宿卫学生入学
	金义琮		兴德王十一年（836）	1年	伊飡		侍中、谢恩
	金忠信		僖康王二年（837）	11年			文物交流
	金因	沙飡	景文王十年（870）	1年			

资料来源：〔韩〕申滢植：《统一新罗史研究》，首尔：三知院，1994，第299页。

宿卫性质随宿卫学生比例的提高而发生一定变化，唐后期宿卫已成为新罗留学生代名词。新罗纳质宿卫自始至终围绕着发展本国外交利益展开，无疑是符合其国情的一种事大外交政策。

（三）协助军事行动

除了贯穿唐与新罗关系史的朝贡使臣，新罗的“事大”还体现在与唐朝其他的外交通使中，其中最明显的例子是唐朝在出现内乱或外患时，新罗谨守事大义务，发兵协助唐朝，实际上延续了7世纪中叶的同盟关系。最典型的实例是前述出兵协助唐朝攻打渤海。开元二十五年（737），唐玄宗遣使册立新罗孝成王金承庆为王之前，对即将出使新罗的唐朝大使说：“新罗号君子国，知《诗》《书》。以卿惇儒，故持节往，宜演经谊，使知大国之盛。”① 同时，玄宗还因为知道新罗国人善下棋，下诏请围棋高手杨季鹰为副大使出使新罗。这一方面说明唐玄宗对新罗文化的了解和重视，另一方面也反映出唐朝对新罗朝贡事大的满意。特别是册立金承庆，实际上是在前王圣德王甫一去世即进行，史载唐玄宗对新罗圣德王“尤悼之”。对大使、副使的精心挑选，以及称新罗为“君子国”，这种亲善的态度，无疑与唐朝在开元二十一年（733）抗击渤海联合突厥、契丹、靺鞨进犯的过程中，新罗积极响应唐朝号召、出动几万大军协同进攻渤海有关。由唐玄宗的态度，也可以反观733年渤海从陆海两路攻入唐朝境内，新罗为协助唐朝出兵渤海，恐怕确实是承受了较大的军事损失，② 至少唐朝相信新罗付出了较大的伤亡代价。

新罗宪德王十一年（唐宪宗元和十四年，819），唐朝淄青藩镇发生叛乱，新罗应宪宗皇帝之敕旨，派遣将军率甲兵三万帮助唐朝平叛。这无疑又是一次事大外交的重要事例，《三国史记》对此记载道：

> 秋七月，唐郓州节度使李师道叛。宪宗将欲讨平，诏遣杨州节度使赵恭，征发我兵马，王奉敕旨，命顺天军将军金雄元，率甲兵三万以助之。③

---

① 《新唐书》卷220《新罗传》，中华书局，1975，第6205页；《旧唐书》记其事同，文字略异，参见《旧唐书》卷199《新罗传》，中华书局，1975，第5337页。

② 黄约瑟认为《旧唐书》卷199《渤海靺鞨传》所载，“属山阻寒冻，雪深丈余，兵士死者过半，竟无功而还”这一史料或来自新罗王给唐朝皇帝的上表，可能是新罗的夸张邀功之辞，参见黄约瑟《读〈曲江集〉所收唐与渤海及新罗敕书》，刘建明编《黄约瑟隋唐史论集》，中华书局，1997，第81～114页。

③ 《三国史记》卷10《新罗宪德王本纪》，第141页。此事不见于中国史籍，据《旧唐书》卷15《宪宗本纪下》，唐平李师道叛乱的时间也略早于此条史料所记的“（元和十四年）秋七月”。然而，《三国史记》这条史料记载的新罗出兵之事实仍无实际证据可予否定。

在唐朝的历史中，从北族请兵协助平乱的例子不少，比如回纥兵在安史之乱中就发挥了巨大作用。然而新罗与之又有不同。一是新罗地在海外，需渡海而来，交通毕竟不便，而回纥与安史叛军地理接连，交通便捷；二是新罗纯属尽朝贡国义务，无利可图，而回纥则唯利是图，趁机掠取唐朝不少好处。[①] 对比来看，新罗的事大主义外交思想得到淋漓尽致的展现。

（四）汉字文化的受容

在以唐朝为朝贡对象的东部欧亚世界，无论是与新罗所在的海东诸国相比，还是与唐朝北边、西边或南边的朝贡国相比，新罗的朝贡都极为持久、虔诚、频繁，其从中国学习和吸收的文化也最多、最全面。这又是事大主义的另外一个面相，即文化上的事大主义。

这种文化上的事大主义，最重要的体现是在政治制度上。新罗吸收中国典章文化、律令制度，学习唐朝的三省六部制度，在中央完善旨在加强王权、削弱贵族势力的中央行政机构。新罗景德王时代，改组了“执事部”（相当于唐朝三省，掌国家机密）、“位和府”（管理官吏位阶）、“船府”（管理全国船舶）、“领客府”（主管外宾接待）、“议方府”（即理方府，掌管刑律）等机构。新罗在扩张之后的国土上设立九州、五小京，这是吸收唐朝郡县制、五京制的优点，破除旧的部落制、贵族制，进而巩固中央集权的一种举措。此外，在军事上，全国各地统一建立十支驻屯军——“十停”，中央设置以不同颜色区分的九支集团军——“九誓幢”（含新罗人部队三支，高句丽、百济、靺鞨人部队分别为三支、两支、一支）。这些既有唐朝政治制度优点、又融合了本国实际的制度设计，对后世影响深远。[②]

其次，在对佛教、儒学（教育）、先进科技[③]的吸收，甚至舶来品和生活风尚的追求方面[④]，新罗都以唐朝为文化上国，积极学习。同时期新罗、

---

① 参见李鸿宾《仆固怀恩充任朔方节度使及其反唐诸问题》，《民大史学》第一辑，中央民族大学出版社，1996；氏著《唐朝朔方军研究》第五章、第六章，吉林人民出版社，2000。

② 李宗勋：《唐·新罗·日本政治制度比较研究》，延边大学出版社，1998，第 84 ~ 95、113 ~ 123、143 ~ 152 页。

③ 韩昇：《东亚世界形成史论》，复旦大学出版社，2009，第 263 ~ 282 页。

④ 〔美〕薛爱华（Schafer, E. H.）：《撒马尔罕的金桃：唐代舶来品研究》，吴玉贵译，社会科学文献出版社，2016。

渤海、日本都有这种吸收汉字文化的特点，从而形成了“东亚士人共通教养”[①]，或可称为汉字文化圈[②]。但是相较而言，新罗显然要比渤海、日本更胜一筹，因为其事大主义的外交理念已经贯穿于对唐关系的方方面面。

（五）接受册封与内蕃化

新罗的事大外交既表现在对唐朝的朝贡和谨守藩臣礼仪上，也体现在每代国王（甚至王妃）都要经过唐朝册立、授予唐朝官爵，才能获得最大的合法性和权威。

自唐朝高祖武德年间首度对新罗国王真平王予以册封，一直到高宗时期灭亡百济之后对文武王金法敏的册封（624～661），新罗王的爵号中始终有“乐浪郡王”爵号（在特殊时期曾降级册封“乐浪郡公”）。此后唐朝未册封神文王，武则天时代则册封了孝昭王，但未予“乐浪郡王”爵号，仅册以大将军，并开始授予“鸡林州大都督”。“鸡林州大都督”这一官职源于龙朔三年（663）唐高宗以新罗国“为鸡林州都督府，授（文武王）法敏为鸡林州都督”。[③] 至开元年间，新罗王圣德王爵号降至“乐浪郡公”，封“鸡林州刺史”。开元二十一年（733），唐玄宗因东疆受到渤海侵犯，需调动新罗军队抗击，而封新罗王为“宁海军使”。此后“乐浪郡王（公）”爵号消失，而代之以“宁海军使”，或“鸡林州大都督”一类官职，或二者兼封。

通过册封，唐朝对新罗的地位予以礼仪上的规定。在外交史上，官爵号是具有政治意义的。通过官爵号的选择，唐朝实际上认可新罗的藩臣地位，并主要以前期的“乐浪郡王”爵和后期的“宁海军使”“鸡林州大都督”来表现新罗国在唐朝外交体系和秩序中的层级。实际上，从以古代的郡名地望作为爵称到以类似唐朝羁縻州的“鸡林州都督”官职授予新罗王，唐朝大体上逐步将新罗变成了一个特殊的具有若干内蕃化特征的外蕃。[④] 从新罗的朝贡外交理念来看，这已经可以说是事大主义外交的“最高层级”了，

---

① 高明士：《东亚士人的共通教养》，《东亚文化圈的形成与发展：政治法制篇》，华东师范大学出版社，2008，第1～14页。

② 〔日〕李成市：《东亚文化圈的形成》，东京：山川出版社，2000。

③ 《旧唐书》卷199《新罗传》，第5336页。

④ 高句丽、百济变成唐朝内蕃之后，其君长官爵号内蕃特征更加明显。关于鸡林州都督，参见拙文《何以鸡林？——唐·新罗·高丽政治文化联系的一个案例》（待刊）。

即获得唐朝视之如内地的待遇，几乎达至一种不分“华夷之辨”的状态。

此外，通过唐朝派往新罗的持节使的身份，也能发现唐朝对新罗的重视，这当然与新罗的事大不无关系。唐朝派往新罗的持节使（册封使）无一例外是御史中丞（正四品）级别的人物，特别是其中还有唐代的大文豪和硕学之士——归崇敬是留下二十卷文集的学者，而韦丹、元季方、源寂等都是《唐书》为之立传的巨儒。事实上，唐朝这种姿态至少是有将新罗看作“君子之国、仁义之乡”的认识。而且，唐朝特别对新罗的入唐使授予了相应的官职。唐朝还曾分别在朝廷和内殿宴请过圣德王十三年（714）二月和十月入唐的新罗使臣金守忠等，惠恭王九年（773）和康恭王十年（774）派遣的使节在唐朝廷的延英殿被接见，也体现出对新罗很高的礼遇。唐玄宗在731年给景德王的诏书中说：“所进牛黄及金银等物，省表具之。卿二明庆祚，三韩善邻，时称仁义之乡，世着勋闲之业。文章礼乐，阐君子之风。纳款输忠，效勤王之节，固藩维之镇卫，谅忠义之仪表。岂殊方憬俗可同年而语耶?”这表现了唐朝对新罗的立场。前文已述，因安禄山叛乱玄宗在成都蒙尘（新罗景德王十五年，756），新罗使臣不辞辛劳前去朝贡，玄宗赐诗奖善。因此，皇帝给前去册封孝成王的邢璹的敕书中也表达出新罗的学问、知识水平颇类似中国的认识，这自然使唐朝在选拔遣新罗使时也十分慎重。

表3　唐朝派往新罗的持节使

唐朝使节	官职	派遣年代	任务
刘仁轨	辽东道行军副大总管	文武王八年(668)	传达皇帝敕书
邢璹	左赞善大夫	孝成王二年(738)	册封孝成王
卢元敏		圣德王十一年(712)	要求改定王名
魏曜	赞善大夫	景德王二年(743)	册封景德王
归崇敬	仓部郎中	惠恭王四年(768)	册封惠恭王
盖埙	户部郎中	宣德王六年(785)	册封宣德王
韦丹	司封郎中	元圣王十四年(798)	册封昭圣王
元季方	兵部郎中	哀庄王六年(805)	册封哀庄王
崔廷	职方员外郎	宪德王元年(809)	册封宪德王
源寂	太子左谕德	兴德王二年(827)	册封兴德王
胡归厚	太子右谕德	景文王五年(865)	册封景文王

资料来源：〔韩〕申滢植：《统一新罗史研究》，首尔：三知院，1994，第303页。

（六）“自尊意识”的克制

新罗原本拥有极强的“自尊意识”[1]，但在面对唐朝时选择了事大主义外交，部分放弃了在唐朝看来具有不臣嫌疑的“自尊”做法，主要有如下表现。

第一，奉正朔。在新罗向唐朝行事大之礼以前，特别是在其逐步向百济、高句丽成功扩张以后的6世纪中叶，统治领域的空前扩大、王权的加强以及中原王朝政治文化的受容，使得新罗开始使用年号纪年以凸显其政治权力的强大。但在新罗与唐朝建立紧密“同盟关系”的过程中，新罗在采取唐朝礼仪、舆服的同时，也奉中国正朔，开始使用唐朝的年号。648年新罗使臣邯帙许来朝贡，太宗敕御史问：“新罗臣事大朝，何以别称年号？”帙许言：“曾是天朝未颁正朔，是故先祖法兴王以来，私有纪年，若大朝有命，小国又何敢焉？”[2] 翌年（649），新罗“始服中朝衣冠”，永徽元年（650），开始使用唐朝年号，此后直到新罗灭亡，一直不变。然而，10世纪初，新罗兴起的割据政权——后百济甄萱政权和泰封国，大肆僭越新罗王权，其时唐帝国业已威权不再，所以新罗境内的割据势力行用自创年号。与之相比，新罗始终奉中国正朔，体现出坚定的事大外交理念。

第二，废止僭越性的帝王称号、庙号。因为同属于汉字文化圈，新罗王姓名汉化特征十分明显，许多新罗人名取用的汉字很容易与中国皇帝重合。比如，《旧唐书·新罗传》记载：“理洪以长安二年卒，则天为之举哀，辍朝二日，遣立其弟兴光为新罗王，仍袭兄将军、都督之号。兴光本名与太宗同，先天中则天改焉。”[3] 《旧唐书》校勘者指出，先天年间中期武则天已卒，此处有误。[4] 实际上《旧唐书》这条史料说金兴光与“太宗”同名，亦误。查《三国史记·新罗圣德王本纪》载：“圣德王立。讳兴光，本名隆

---

① 李宗勋将古代华夷秩序与现代东亚各国的民族“自尊意识”结合起来，本文借用此概念指称古代东亚政权在中华王朝权威笼罩的秩序中的自我认同、自尊自立观念。新罗的例证表明，自尊意识与奉中华正朔并不违背。参见李宗勋《中国的传统华夷观念与东亚现代自尊历史意识》（「중국의 전통적 화이관념과 동아시아 현대 자존역사의식」）《韩国东北亚论坛》第13卷第4号，2008，第493～508页。

② 《三国史记》卷5《新罗真德王本纪》，第70页。

③ 《旧唐书》卷199《新罗传》，第5337页。

④ 《旧唐书》卷199《新罗传》，第5341页。

基，与玄宗讳同，先天中改焉。”① 新罗圣德王金兴光原名金隆基，犯的是唐朝玄宗皇帝李隆基的名讳，而不是唐太宗李世民的名讳，由此圣德王改名。王室名讳要谨守臣节，充分表现出新罗事大主义的特点。恰好与之形成鲜明对比的是，与隋唐亦有外交往来的日本，则不见这种事大礼仪。比如日本君主使用“天皇”称号，并始终颁行独立年号，这些即使在白江之战后也没有改变。两相对照，新罗朝贡事大之忠诚更可见一斑。

还有一个庙号的例子。在 676~698 年的冷淡期，面对唐朝皇帝责问武烈王庙号“太宗”与大唐太宗皇帝庙号冲突时，新罗君臣表现出莫大的惶恐。当时是神文王十二年（692），唐朝处于武周革命时期，《三国史记》对此事记载道：

> 唐中宗遣使口敕曰：“我太宗文皇帝，神功圣德，超出千古，故上仙之日，庙号太宗。汝国先王金春秋，与之同号，尤为僭越，须急改称。”王与群臣同议，对曰：“小国先王春秋谥号，偶与圣祖庙号相犯，敕令改之，臣敢不惟命是从。然念先王春秋颇有贤德，况生前得良臣金庾信，同心为政，一统三韩，其为功业，不为不多。捐馆之际，一国臣民不胜哀慕，追尊之号，不觉与圣祖相犯。今闻教敕，不胜恐惧，伏望：使臣复命阙庭，以此上闻。”后更无别敕。②

新罗君臣感情上倾向于对金春秋一统三韩、开创新罗王朝新王系的功业予以褒扬，但面对唐朝皇帝的责问以及太宗庙号与唐朝皇帝庙号冲犯的事实所表现出来的惶恐和谦卑恳求，其实就是事大主义外交的一种体现。虽然新罗并未更改金春秋的庙号，但神文王君臣的言辞已经充分表现出“以小事大”的良好态度，因此唐中宗此后未再追究。

三　小结

新罗的“事大外交”，特点是通过旨在与唐朝进行密切的经济与文化交

---

① 《三国史记》卷 8《新罗圣德王本纪》，第 110 页。
② 《三国史记》卷 8《新罗神文王本纪》，第 108 页。

流的大规模遣使活动，学习、引进唐朝制度和文化，建设本国，这其实赋予了事大主义理念之外更多的新的内涵：慕华思想、世界秩序理念、文化上国观念等。新罗的“事大外交”，思想渊源是春秋战国以来的“以小事大”理念。新罗在与唐及五代的外交关系史上，除个别时期外，始终践行事大外交的理念，频繁而密切地朝贡唐朝，并求取册封官爵，唐与新罗两国由此凝成君臣关系。这当然也是对汉以来朝贡册封故事的继承。但是，新罗朝贡冠绝海东——奉正朔、避尊讳、入蜀地、朝后唐，对唐极尽忠诚，可谓事大楷模。自然，事大外交也符合新罗的利益。

新罗事大唐朝构成两国关系的基调，进而影响了后世高丽、李朝政权的文化心理。新罗的“事大外交”虽然也受到一些学者的批评，认为新罗是“卖国”，但其实抛却以今论古的揣度不谈，新罗对当时东部欧亚的中心国家大唐的文化吸收、两国政治关系的加强以及经济交流的繁荣，给周边强邻环伺的新罗带来了很大的实利：文明发达、国际环境安全、物质文化繁盛。新罗通过事大主义外交建立了统一政治体，凝聚起中央集权的政治和经济、文化力量，又进一步为后来的高丽和朝鲜王朝奠定了基础。在朝鲜半岛特殊的外交环境中，新罗将事大主义推向一个新的高峰，为后世提供了思想遗产。新罗的事大外交对于“中华的世界”颇具典范意义，已然成为东亚历史遗产。①

The Thought and Practice of the “Flunkeyism Diplomacy” of Silla

Feng Lijun

Abstract Silla's Tribute Diplomacy, named “Flunkeyism Diplomacy”, originated from the thought of “flunkeyism” in the Spring and Autumn Period and

① 堀敏一『中国と古代東アジア世界：中華的世界と諸民族』岩波書店、1993。2020年6月28日，东部欧亚史工作坊围绕着“中华世界与欧亚交流”主题展开，笔者做了关于堀氏“中华的世界与诸民族”学术意涵的报告。关于这一实际超越了东亚范畴的学说，还有更多需要重新阐释的内容。

the Warring States Period. In the diplomatic history of Silla between Tang and Five Dynasties, except for a few periods, they always practiced the idea of "Flunkeyism Diplomacy": Silla paid tribute to Tang Dynasty and sought to confer the titles of officials and princes, thus forming a relationship between monarchs and ministers. Silla's tribute crown is the best in the east of the sea. They used the reign title of the Chinese emperor and abandoned their king's posthumous title. Envoys of Silla paid homage to Emperor Xuanzong when they entered Sichuan. They also paid tribute to the emperors of the later Tang Dynasty. Silla is extremely loyal to Tang Dynasty, and it is worthy of being a model of flunkeyism. The "Flunkeyism Diplomacy" is in line with the interests of Silla. Silla's "Flunkeyism Diplomacy" is a model for the Chinese world and has become a historical heritage of East Asia.

Keywords Silla; East Asia; Flunkeyism Diplomacy; Confucianism

辽圣宗第一次经略高丽探赜*

陶　莎

【内容提要】出于南征战略以及树立“中国”形象的需要，辽圣宗对高丽展开了旨在建立双方宗藩关系的第一次经略。战与和的经过，《高丽史》中有翔实的记载，分析之后可以看出辽朝以宗主国的姿态出兵高丽，最主要的目的就是要割断宋与高丽的联系并取而代之，为此甚至愿意做出一定的妥协。徐熙窥破并利用了辽朝的迫切心态，以奉正朔为筹码换取了鸭绿江东数百里土地，高丽臣服北族王朝的历史由是开启。

【关键词】辽圣宗　高丽　宗藩关系　徐熙

【作者简介】陶莎，历史学博士，吉林大学文学院讲师。

辽太宗去世后，周边部族及政权趁世宗、穆宗无暇东顾的机会发展扩张。至景宗时，因辽内外方针改变而暂停经营的渤海故地正面临被蚕食的局面。与此同时，北宋积极联络各方势力图辽，除东北诸政权外，尚有西域、漠北等势力对辽渐成包围之态。圣宗耶律隆绪即位时，面对的便是“母寡子弱，族属雄强，边防未靖”的艰难局面。[①] 如何打破这种外交困境，继续完成祖辈“广土众民”的政治理想成为辽圣宗和萧太后的当务之急。有鉴于此，辽朝选择对周边环绕的宋朝同盟及潜在同盟各个击破，西边授权西南

* 本文系教育部人文社会科学青年项目“突围与重构：辽代外交研究”（项目编号：19YJC770040）、广东省社会科学“十三五规划”2018 年度青年项目“辽帝国对高丽政策与东亚秩序研究”（项目编号：GD18YLS01）的阶段性成果。

① 《辽史》卷 71《后妃传》，中华书局，2016 年点校本，第 1322 页。

面招讨使韩德威镇压及诏抚西南诸部，东部则是大力整顿女真、定安国等势力。辽丽间断绝于辽太宗时期的交往也在此时重启。

一 “征高丽”与遣使“请和”

起初，辽朝并没有直接与高丽接触，而是选择先行扫荡女真及渤海残余势力。统和元年（983）辽朝以“征高丽”为旗号攻伐女真，基本征服了鸭绿江女真，其势力扩展到了鸭绿江下游，遮断了鸭绿江口这一女真对宋的通路。[①] 统和三年（985）又“以辽泽沮洳，罢征高丽。命枢密使耶律斜轸为都统，驸马都尉萧恳德为监军，以兵讨女直”。[②] 此次用兵不仅实现了对女真诸部的控制，同时也给定安国造成了沉重打击。

基本肃清东北部不驯服的势力后，高丽成为宋在辽东翼仅存的有力盟友，但辽并未一鼓作气继续征讨，而是遣使高丽“请和”。此举明显与《辽史》所记“亲征高丽”“东征高丽”等言相悖。实际上双方此前曾有过一次非正式接触。统和元年（983），辽军追击女真至高丽边境后对高丽守军言“女真每寇我边鄙，今已复仇，整兵而回”，[③] 高丽成宗“虽闻师退，犹忧不测，乃以女真避兵来奔二千余众，资给而归之”。[④] 从辽丽双方的表现来看，辽廷并无意过早与高丽正面冲突，丽方摄于辽军威势显然也不想直撄其锋。“东征高丽”在此时更像是麻痹女真等部、震慑高丽的幌子。

高丽成宗四年（985），宋遣使高丽，动以义利，谕以威德，高丽方许发兵协助攻辽。次年，“契丹遣厥烈来（高丽）请和”。[⑤] 不论辽廷是何种要求，高丽又如何回应，宋发动雍熙北伐时高丽终未发兵西会。辽遣使时应

---

① 〔韩〕李龙范：《丽辽关系》，《东洋学》第7辑，1977，第272页。

② 《辽史》卷10《圣宗本纪一》，第123页。

③ 《高丽史》卷3《成宗世家》，首尔：亚细亚文化社，1972年影印本，上册，第70页。

④ 《宋史》卷487《高丽传》，中华书局，1977年点校本，第14039页。

⑤ 有关统和四年（986）辽朝“遣使请和”，学界有不同看法。蒋非非、王小甫认为辽丽双方于此年或许达成了互不侵犯协定，其理由是统和十一年（993）女真通报辽朝谋举兵之事而高丽不以为意（参见蒋非非、王小甫《中韩关系史·古代卷》，社会科学文献出版社，1998，第161页）；金渭显认为当时高丽断然拒绝了辽朝的请和（参见金渭显《契丹的东北政策——契丹与高丽女真关系之研究》，华世出版社，1981，第82页）；大部分学者则认为从日后辽朝与高丽间的互动来看，高丽并未明确表态，而是在辽宋间采取了观望态度（参见卢启铉《高丽外交史》，延边大学出版社，2002，第39页；王民信《王民信高丽史研究论文集》，台大出版中心，2010，第94页）。

不知前年宋使如丽细节，只因阶段性目标已达成，有必要检视一下扫荡女真诸部对高丽的震慑效应。至于其“请和”的真正诉求，现结合雍熙北伐时辽军应对情况，试做一探。

统和四年（986）宋分三路大军攻辽，辽朝南面边防告急。为解南面危机，“诏宣徽使蒲领驰赴燕南，与休哥议军事；分遣使者征诸部兵益休哥以击之；复遣东京留守耶律抹只以大军继进，赐剑专杀”。① 可以看出虽然诸部皆受诏令出兵增援，但增援主力乃耶律抹只属下东征大军无疑。这大概是因为东征事业未竟，女真仍有残部且高丽兀自强硬，故东征大军随时处于集结状态以备出征。战争初时，辽军不利，辽圣宗“诏趣东征兵马以为应援。壬午，诏林牙勤德以兵守平州之海岸以备宋。仍报平州节度使迪里姑，若勤德未至，遣人趣行；马乏则括民马；铠甲阙，则取于显州之甲坊”。② 两次督促东征兵马的举动显示出东征军的实力不容忽视，亦证明辽对于东北地区的设想绝非仅令东北女真诸部臣服那么简单。那么，我们是否可以大胆推测，985 年辽遣使高丽“请和”或许还有另外一种可能——表达取代宋朝成为高丽宗主国的意愿。若可携东征之势不战而屈人之兵，自然最上；若不然，则辽丽之间必有一战。

二 “将欲取之，必姑与之”:《高丽史·徐熙传》中释放的信息

雍熙北伐后，辽对宋发起一系列进攻，宋“缘边创痍之卒，不满万计，皆无复斗志”。③ 直至统和七年（989），“为宋尹继伦、李继隆败于唐、徐河间”,④ 辽才改变对宋正面进攻的策略，转而唆使李继迁不断侵宋，以坐收渔翁之利，同时趁此机会重拾被迫中断的东征事宜。

统和十年（992），“东京留守萧恒德等伐高丽”。⑤ 由于雍熙北伐前，辽朝屡次打着征高丽的旗号扫荡东北诸部，加之报信的女真部与高丽素有龃

① 《辽史》卷 11《圣宗本纪二》，第 128 页。
② 《辽史》卷 11《圣宗本纪二》，第 128 页。
③ 《续资治通鉴长编》卷 28，太宗雍熙四年，中华书局，1995 年标点本，第 631 页。
④ 《契丹国志》卷 7《圣宗天辅皇帝》，中华书局，2014 年标点本，第 73 页。
⑤ 《辽史》卷 13《圣宗本纪四》，第 155 页。

龉，使得高丽错误地认为辽不会轻易发兵，故萧恒德大军初时并未遭遇有力抵抗。面对辽朝大军，高丽君臣或言割地，或主乞降，莫衷一是。关于此战，《高丽史・徐熙传》有过较为详细的记录，兹转录以析之：

> ……熙引兵欲救蓬山，逊宁声言大朝已奄有高句丽旧地，今尔国侵夺疆界，是以来讨。又移书云："大朝统一四方，其未归附，期于扫荡，速致降款，毋涉淹留。"熙见书，还奏有可和之状。成宗遣监察司宪借礼宾少卿李蒙戬如契丹营请和。逊宁又移书云"八十万兵至矣，若不出江而降，当须殄灭，君臣宜速降军前。"蒙戬至营问所以来侵之意。逊宁曰："汝国不恤民事，是用恭行天罚，若欲求和，宜速来降。"……熙又奏曰："自契丹东京至我安北府，数百里之地，皆为生女真所据，光宗取之筑嘉州、松城等城。今契丹之来，其志不过取北二城。其声言取高句丽旧地者，实恐我也。……"前民官御事李知白奏曰："……请以金银宝器赂逊宁，以观其意……"
>
> ……
>
> 逊宁以蒙戬既还，久无回报，遂攻安戎镇，中郎将大道秀、郎将庾方与战，克之。逊宁不敢复进。遣人促降。……于是，熙至营门下马而入，与逊宁分庭揖升行礼，东西对坐。逊宁语熙曰："汝国兴新罗地，高句丽之地我所有也，而汝侵蚀之，又与我连壤，而越海事宋，故有今日之师。若割地以献，而修朝聘，可无事矣。"熙曰："非也。我国即高句丽之旧也，故号高丽，都平壤，若论地界，上国之东京，皆在我境，何得谓之侵蚀乎？且鸭绿江内外，亦我境内，今女真盗据其间，顽黠变诈，道途梗涩，甚于涉海。朝聘之不通，女真之故也。若令逐女真，还我旧地，筑城堡，通道路，则敢不修聘？将军如以臣言达之天听，岂不哀纳。"辞气慷慨。逊宁知不可强，遂具以闻。契丹帝曰："高丽既请和，宜罢兵。"①

这段史料对辽丽双方的博弈描写得十分细致，通过分析可以得出以下几点结论。

① 《高丽史》卷 94《徐熙传》，下册，第 96 ~ 99 页。

第一，辽师出有名。萧恒德在与李蒙戬及徐熙的会谈中均提到兴兵的理由："汝国不恤民事，是用恭行天罚，若欲求和，宜速来降。"此语看似官样文章，但辽朝俨然以宗主国自居，可见辽朝变辽丽间平等关系为宗藩关系的决心。其回复徐熙的则更为现实、具体：一是高丽不断侵吞高句丽旧疆；二是高丽无视辽朝，越海事宋。就第一点而言，唐玄宗于开元二十三年（735）"赐浿江（今大同江）以南地境"与新罗，新罗圣德王上表陈谢"臣生居海裔，沐化圣朝……锡臣土境，广臣邑居，遂使垦辟有期，农桑得所"，[①] 可知新罗之前领土从未达到过大同江。高丽是在统一新罗的残垣上建立起来的新政权，其不断向北推进，自然就触动了辽朝的利益。辽朝早在太祖天显元年（926）就已灭渤海，其土地、人口尽为辽所有，高丽趁辽朝无暇东顾之机侵吞辽朝边境疆土，必然会引起辽朝的抗议。第二点"越海事宋"则更不能为辽所容。首先，宋丽间若是达成协议共同伐辽，则辽顿时会陷入两面受敌的被动局面；其次，高丽毗邻辽朝却"越海事宋"，这种无视辽朝的做法显然挑战了辽朝的权威，不利于其东北亚地区霸主地位以及"中国"身份的确立。

第二，萧恒德大军并未有深入朝鲜半岛之图，其意旨在和谈。萧恒德大军此来为的是降服高丽，使其臣服于辽朝，并未做破国之算，这一点从战争的第一回合即可看出。萧恒德在攻破蓬山郡（今龟城）之后并未立即引兵南下，而是遗书高丽王声言"大朝统一四方，其未归附"，直接点明兴兵之意——要求高丽顺应时势称臣纳贡。战争的第二回合，"逊宁以蒙戬既还，久无回报，遂攻安戎镇"。在和谈没有进展的情况下，为给高丽君臣施加压力以加快和谈的步伐，萧恒德再一次发动攻势，虽然为高丽人所败，但是军威仍壮。此战之后，萧恒德再次督促高丽尽早归降，更印证了辽朝此次征伐高丽不为开疆拓土，只为使其臣服。

第三，力成宗藩。《辽史·圣宗本纪》记载，统和十一年（993）"高丽王治遣朴良柔奉表请罪，诏取女直鸭渌江东数百里地赐之"。[②] 辽丽战事以高丽奉表请罪暂时画上了句号，但是辽朝也付出了鸭绿江东数百里土地的代

① 《三国史记》卷8《新罗本纪》，吉林文史出版社，2003年标点本，第11页。

② 《辽史》卷13《圣宗本纪四》，第155页。

价。《辽史·萧恒德传》对于此事亦有记载："王治惧，上表请降。"[①] 虽然同《辽史·圣宗本纪》中记载的结果相同，但过程中仍有一点小小的不同是值得商榷的。王民信先生曾经指出"请罪"与"请降"有很大差异，盖高丽未被打败，"请降"似乎不实。[②] 若如此说，则徐熙同萧恒德谈判时种种"慷慨言辞"，又何曾有愧疚之意？按此逻辑推论，"请罪"又似不实。反观《高丽史》记载，从始至终皆记为"请和"，这其中固然有《高丽史》著史所做的粉饰，但多少也能够看出高丽对于辽朝宗主国地位的不认同。前引《高丽史·徐熙传》中有萧恒德"若欲求和，宜速来降"之语，而后高丽权衡利弊上表"请和"，可见"请降"乃是求和的前提。王民信先生以安戎镇之战辽军不利为由判断高丽未败，然若萧恒德大军全力进攻，则高丽未必不败，[③] 故笔者认为"请降"之记载亦有道理。

徐熙同萧恒德之谈判，将早已灭国二百余年的高句丽强辩为高丽前身，试图为高丽的北进做出合理解释。然高句丽本为汉朝臣民，这一点朝鲜史家金富轼也未曾否认，《三国史记》曾载"高句丽始居中国北地"。[④] 虽然日后高句丽为唐罗联军所灭，但是在整个统一新罗时期（676～935），新罗北部边界长期保持在大同江以南一线，这主要是因为新罗原本就不期望"统一三国全部领土和居民"，它要统一的只是半岛旧有的三韩（辰韩 = 新罗、弁韩 = 伽耶、马韩 = 百济）故地。经略西京（今平壤）是王氏高丽一朝才开始的事，高丽实乃承继新罗之基业，与高句丽并无关联。[⑤] 有关这一点，萧恒德也明确指出，但是却未做出有力反驳，反而徐熙步步紧逼，甚至有"若论地界，上国之东京，皆在我境"之语。随后徐熙又言"朝聘之不通，女真之故也。若令逐女真，还我旧地，筑城堡，通道路，则敢不修聘？"显然是在对辽朝的称贡要求进行要价。而徐熙之所以敢发如此之声，正是因为他从萧恒德进军以来的表现中看出辽朝此次发兵的目的并不在于占领土地及掳掠人口，而是旨在断绝高丽与宋朝的关系，并取宋朝之位而代之。确如徐

① 《辽史》卷 88《萧恒德传》，第 1476 页。

② 参见王民信《王民信高丽史研究论文集》，第 98 页。

③ 《高丽史·徐熙传》记载："成宗将从割地之议，开西京仓米任百姓所取，余者尚多，成宗恐为敌所资，令投大同江。"主降派已经做好西京为辽攻占的准备，也可为此时高丽无力抵抗辽军提供佐证。

④ 《三国史记》卷 37《地理志四》，第 443 页。

⑤ 王小甫：《新罗北界与唐朝辽东》，《史学集刊》2005 年第 3 期，第 41～47 页。

熙所判，辽军此番真正必须要达成的目的恰在于此，萧恒德对于高丽北进的斥责亦是为此目的服务。故而当高丽亮出底牌且萧恒德感觉徐熙态度坚决不易扭转时，便只能据实以报朝廷。随后辽廷即以高丽既已同意称贡罢兵还师，且将鸭绿江东数百里之地赐予高丽。

至于认为这是徐熙利用萧恒德对历史的无知而迫使辽朝让步，[①] 则似乎有待商榷。萧恒德曾有“汝国兴新罗地，高句丽之地我所有也”之语，显然其对于历史并非无知。且萧恒德无权做出还师、赐地等决定，这一切的背后必定是由决策层来把控。将赐地、退兵等责任放诸萧恒德一人之身似有不妥之处。

“高丽既请和，宜罢兵”，此言背后亦有深意，不仅是前文所述辽朝进攻唯求臣服高丽，还当有其他值得探讨的地方。辽朝在接到萧恒德关于高丽索价的奏报之时有何反应，现已不得而知，但从《高丽史》轻描淡写的一句看来，辽朝的反馈当是比较迅速的。且和约签订之后不久，萧恒德便致书高丽成宗“从安北府至鸭绿江东，计二百八十里，踏行稳便田地，酌量地里远近，并令筑城，发遣役夫，同时下手。其合筑城，早与回报，所贵交通车马，长开贡觐之途”，[②] 可以看出辽朝对于高丽称贡的要求十分紧迫。从决断时间短、称贡要求急这两方面着手，则可以大胆推测，辽朝在伐高丽之初，甚至是在出兵之前就已经判断出高丽必然不会轻易驯服，也必定会提出一定的要求，而为了确保高丽可以称贡且与宋断绝往来，辽朝早就做好了要付出一定代价的准备。

三　现实与理想的驱动

辽朝与高丽间由平等政权到宗藩关系的转变是辽朝积极筹谋并努力争取的结果，亦是辽朝整体战略部署中非常重要的一环。为了达成宗藩关系，辽朝在此期间对高丽实行了恩威并施的政策，既有大兵压境的武力威胁，也有让与领土的利益诱惑。所有这些努力，无非是为了成就并保障辽丽间的宗藩

① 参见曹中屏《高丽与辽王朝的领土争端与三十年战争》，《韩国研究》第10辑，国际文化出版社，2010，第79~94页。

② 《高丽史》卷3《成宗世家》，上册，第78~79页。

关系。辽朝之所以一定要使高丽臣服、并与宋朝断绝往来，其原因可从现实的战略与立国的理想两方面进行讨论。

（一）消除南征后患

在澶渊之盟缔结之前，南下中原一直是辽的根本国策之一。这一点从辽太祖“若与我大河之北，吾不复南侵矣”[①] 的政治目标迅速发展为辽太宗“坐制南邦，混一天下”[②] 的政治理想，中间虽经历过“草原本位主义”的保守阶段，但在辽穆宗去世后，南下中原的政治主张又重新被提上日程。与此同时，逐步统一中原地区的宋朝，对燕云地区耿耿于怀，屡次兴兵欲夺之。辽朝在成功抵御宋朝北伐的同时，也多次趁势进行反击，但同样未能顺利南驻。有鉴于此，辽朝遂转变正面对宋的策略，转而去瓦解宋朝所主导的反辽同盟，

由于此时西方已经有西夏对宋朝进行牵制，且已与辽朝结成宗藩关系并联姻，需要重点解决的自然就只有位于辽朝东方、素来亲宋的高丽。这一点与辽太祖时期“所谓两事，一事已毕”[③] 的情形颇为类似，所不同的是当时太祖东征的对象为渤海，而此次辽圣宗东征的对象则变为高丽。

宋建国伊始，高丽便主动同宋朝建立交聘关系，高丽“旧慕唐风，文物礼乐，悉遵其制”，[④] 奉行儒家传统道德，很容易与宋产生亲近感。因此宋朝也积极笼络高丽，试图夹击辽朝。统和三年（985）宋太宗遣使高丽，请其出兵襄助攻辽，尽管当时高丽由于种种原因并未出兵，但是历代高丽王对于西北边防高度关注诚然是不争的事实。正如李丙焘所言，高丽于北面一系列城塞的修建“不外是防强大契丹侵入”。[⑤] 因此对于辽朝来说，一日不解决实力不俗又一贯亲宋的隐患——高丽，便有如骨鲠在喉。唯有彻底解决高丽问题，使其不再联结宋朝制衡辽朝，辽朝才可以全力谋求南征。

征服高丽后，辽朝在东方的隐患暂时消除，兼之西夏早已与之结成同盟，女真等部族亦不足为虑，宋朝构建的反辽同盟宣告瓦解。与此同时，辽

① 《资治通鉴》卷 275《后唐纪四》，中华书局，1956 年标点本，第 8989 页。

② 《辽史》卷 75《耶律羽之传》，第 1366 页。

③ 《辽史》卷 2《太祖本纪下》，第 23 页。

④ 《高丽史》卷 2《太祖世家二》，上册，第 55 页。

⑤ 〔韩〕李丙焘：《韩国史大观》，正中书局，1961，第 157 页。

朝对宋朝的战略优势也得以加强，虽然高丽并不会对宋朝构成直接威胁，但是其承诺断绝与宋朝的交往，为辽朝南征释放了东部边防压力，同时也消除了宋朝向东寻求外援的可能性。

通过对辽朝征服高丽后所进行的一系列活动的分析，亦可以证明南征中原是辽朝必须解决高丽问题的重要目的之一。现将统和十一年（993）辽丽宗藩关系确立之后辽朝为南征所做的相关措施列表如下（参见表1）。

表1　辽朝南征相关事件（994～1001）

时间	事件	史源
统和十二年(994)	三月,复置南京统军都监;八月,宋遣使求和,不许;九月,宋复遣使求和,不许。	《辽史》卷13《圣宗纪四》
统和十三年(995)	七月,兀惹乌昭度、渤海燕颇等侵铁骊,遣奚王和朔奴等讨之;诏蔚、朔等州龙卫、威胜军更戍。	《辽史》卷13《圣宗纪四》
统和十四年(996)	十月,命刘遂教南京神武军士剑法,赐袍带锦币。	《辽史》卷13《圣宗纪四》
统和十五年(997)	九月,罢东边戍卒。	《辽史》卷13《圣宗纪四》
统和十六年(998)	五月,祠木叶山,告来岁南伐。	《辽史》卷14《圣宗纪五》
统和十七年(999)	七月,以伐宋诏谕诸道;九月,南伐。	《辽史》卷14《圣宗纪五》
统和十八年(1000)	正月,还次南京,赏有功将士,罚不用命者。	《辽史》卷14《圣宗纪五》
统和十九年(1001)	九月,幸南京;十月,南伐。	《辽史》卷14《圣宗纪五》

资料来源：作者根据《辽史·圣宗本纪》统计。截止到统和十九年（1001）是因为此后辽朝与宋朝之间战事不断，直至澶渊之盟缔结。

在与高丽确立宗藩关系后，辽朝除在统和十三年（995）发兵东征兀惹之外再未引兵东向。非但如此，兀惹臣服后，辽朝甚至于统和十五年（997）下令“罢东边戍卒”，可见辽朝此时对于东部地区的掌控力度已相当高，可以将更多的力量投入到南征的事业中去。统和十二年（994）辽朝两次拒绝宋朝求和的事件则更能够说明此时辽朝南征之意已决。此事正发生在高丽臣服之后的第二年，说明在解决了高丽问题之后，辽朝根本无意同宋朝保持和平，而是积极备战谋划南征。

（二）树立“中国”形象

辽朝自太祖建国便以“炎黄子孙”自居，都兴智先生根据辽太祖阿保机自称刘氏、辽朝初年宗室耶律氏以漆水为郡望封爵等资料，指出“辽代契丹族炎黄子孙的文化心理认同”“早在辽初就已经形成了”。[①] 且辽人在五代时期就已按历史上称南北并立政权为“南北朝”的习惯自称“北朝”，称中原政权为“南朝”。例如，辽太宗会同十年（947）后晋灭亡后，太宗曾对刘知远说：“汝不事南朝，又不事北朝，意欲何所俟邪？”[②] 宋朝建立之后，辽人仍旧称其为“南朝”，辽穆宗应历十一年（宋太祖建隆二年，961），辽涿州刺史耶律琮致信宋知雄州孙全兴云：“切思南北两地，古今所同……今兹两朝，本无纤隙”。[③] 书信中虽未明确称宋辽为“南朝”和“北朝”，但文中先称“南北”后称“两朝”，亦寓有“南朝”“北朝”之义。[④] 赵永春先生在此基础上结合石刻资料，通过与文献记载的对照分析，主张“契丹人在立国之初就开始以‘中国’自诩”。[⑤]

这种对“中国”的心理认同随着辽朝汉化程度日益加深、疆域领土不断扩大而越发明确。待到辽圣宗时期，国内诸般经济、政治改革渐次进行，国力大幅提升，对于“中国”形象的塑造以及对国际认同的需求愈显迫切。统和四年（986）李继迁叛宋降辽，辽朝给予其非常优厚的待遇，不断加官进爵，统和八年（990）又升其为夏国王，并与之和亲，其目的不仅在于“契丹与中国为难，虑继迁感中国之恩，断右臂之势，设王爵以羁縻之，置戎使以镇之。王爵至则刺史之命轻矣，戎使至，则动静皆伺知”，[⑥] 同样也有彰显大辽威仪、臣服诸邦的考虑。然而，尽管西夏的臣服给宋朝带来很大影响，极大地牵制了宋境西部的边防力量，但是对增强辽朝“中国”地位的国际认同所起到的作用实际上并不大。因西夏是由同为游牧民族的党项人所建，并不属于传统的农耕民族，西夏的臣服并不能够充分证明此时辽朝俨然已是“中国”。

高丽则大为不同。朝鲜半岛上的政权历来热衷于汲取、传播中华文化，

---

① 都兴智：《契丹族与黄帝》，载韩世明编《辽金史论集》第10辑，中国社会科学出版社，2007，第4页。

② 《资治通鉴》卷286《后汉纪一》，第9336页。

③ 《宋会要辑稿·蕃夷一》，中华书局，1957年标点本，第7673页。

④ 赵永春：《“中国多元一体”与辽金史研究》，《中央民族大学学报》（哲学社会科学版）2011年第3期，第31~40页。

⑤ 赵永春：《试论辽人的“中国”观》，《文史哲》2010年第3期，第78~90页。

⑥ 张齐贤：《上真宗论陕西事宜》，《宋朝诸臣奏议》卷130，上海古籍出版社，1999年标点本，第1438页。

积极推动半岛的“儒化”进程。《三国史记》记载：“（新罗）以至诚事中国，梯航朝聘之使，相续不绝。常遣子弟，造朝而宿卫，入学而讲习，于以袭圣贤之风化，革洪荒之俗，为礼仪之邦”。[①] 高丽太祖王建也强调：“惟我东方，旧慕唐风。文物礼乐，悉遵其制。”[②] 宋朝人更是赞其为“久慕华风，素怀明略，效忠纯之节，抚礼义之邦”。[③] 出于对中原文化的歆慕，高丽素来积极同中原王朝建立朝贡关系，而对于由契丹民族所建立的辽王朝则以“禽兽之国”相称，甚至连正常的交聘往来都不愿维持。这种情况下，若辽朝能够同高丽建立宗藩关系，则可以看作是向来只视中原王朝为正统，只臣服于“有礼义之教，刑罚之诛”、[④] 代表先进文化的“中国”的高丽从此对辽朝也产生了文化认同，承认了辽朝“中国”的身份。并且，随着辽丽宗藩关系的形成，确立于唐朝与新罗时代，以中韩宗藩关系为核心的东亚华夷秩序的中心自然也由宋朝变为辽朝。[⑤] 故而，出于有效树立“中国”形象以及日后强调正统观念的目的，辽丽间的宗藩关系是必须要建立的，唯其如此，辽朝方能内强信心，外平物议。

四 结语

总而言之，统和十年（992）萧恒德伐高丽是辽朝与高丽第一次真正的短兵相接，辽朝为了谋求内外双重突破必须要改变与高丽之间平等的局面，萧恒德引大军威压高丽北境，将辽朝试图毕其功于一役的决心展露无遗。但以当时的形势来看，依靠武功即便能够使高丽臣服，同样也有可能变成一场旷日持久、大耗国力的战争，这与辽朝的整体规划不符。因此，为了更顺利地达成目的，辽朝不惜将鸭绿江东数百里之地让与高丽。此举这并不等于认同了高丽对此地有历史上的继承权，只是辽朝出于多方权衡，考虑到当时辽宋关系依旧紧张，若此时高丽可以改变“越海事宋”的两面政策，则辽朝

① 《三国史记》卷12《新罗本纪第十二》，第171页。

② 《高丽史》卷2《太祖世家一》，上册，第55页。

③ 《宋史》卷487《高丽传》，第14038页。

④ 《汉书》卷94《匈奴传》，中华书局，1962年标点本，第3804页。

⑤ 魏志江、潘清：《十至十四世纪的中韩关系形态与东亚世界——兼评费正清的“华夷秩序”论》，《南京社会科学》2015年第2期，第138~144页。

在领土方面可以做出适当的让步。这便是辽圣宗第一次征伐高丽所采取的策略——先大军压境以威慑之，再许其土地以利诱之。行此策略是为了保证高丽称臣纳贡，成就辽朝与高丽的藩属关系，同时切断高丽与宋朝的联系。

辽丽宗藩关系是在武力威胁的前提下确立的，但是从高丽的角度来看，虽然向“禽兽之国”臣服有违太祖遗训，却可以在辽朝的妥协之下，逐步达成其跨越鸭绿江之夙愿。[①] 而辽朝虽然如愿令高丽臣服，却是以让出鸭绿江东数百里土地为代价的。在双方议和之后，徐熙便时常引兵于北界攻打女真部落，积极经营这片新得来的土地，先后筑造了长兴、归化及郭州、龟州、安义、兴化、宣化等城镇。鸭绿江东土地的让予以及高丽动静颇大的经营为日后辽丽双方的矛盾埋下了隐患，当是辽朝此次经略高丽的遗祸之一。

An Analysis of the First Operation of Liao Shengzong in Koryo

Tao Sha

Abstract In response to the need for the Southern Expedition Strategy and the establishment of the "China" image, Liao Shengzong initiated the first strategy for Koryo to establish the relationship between the two sides. There was a detailed record in *Koryo History* about this war. After the analysis, it can be seen that the Liao Dynasty sent troops to the Koryo in the posture of the sovereign state. The main purpose was to cut off the relationship between the Song Dynasty and Koryo and take the place of Song. Liao was even willing to compromise. Xu Xi found out and took advantage of the urgent mentality of the Liao Dynasty. In exchange for obedience as a bargaining chip for hundreds of miles of land in the Yalu River, the history of Koryo's obedience to the northern dynasty began.

Keywords Liao Shengzong; Koryo; Suzerain - Tributary Relationships; Xu Xi

---

① 〔韩〕李炳焘:《韩国史大观》，第172页。

韩国王室近亲婚姻历史研究

高福升　金东国

【内容提要】古代韩国近亲婚姻之风盛行，王室内部尤甚。究其原因，近亲婚姻被当作保持王室血统纯洁的重要手段。自新罗时期到高丽中后期的近1500年时间里，韩国王室三代以内旁系血亲之间的近亲婚姻十分普遍。高丽中后期，由于受到武臣执政和与元朝通婚的影响，近亲婚姻现象有所改变。进入朝鲜时期，受到儒教思想的影响，近亲婚姻被认为是违反伦理道德的行为。朝鲜时期、大韩帝国时期和日本强占时期均通过律令手段对近亲婚姻予以禁止。至此，曾在韩国历史上盛行的近亲婚姻画上了句号。

【关键词】韩国　王室　近亲婚姻

【作者简介】高福升，文学博士，山东理工大学副教授；金东国，文学博士，曲阜师范大学副教授、硕士生导师。

一　引言

近亲婚姻一般是指直系血亲和三代以内的旁系血亲成员之间产生的婚姻关系。在当今社会，近亲婚姻往往难以得到普遍认可，这是因为其有悖于伦理纲常，且在亲属间身份与继承问题上极易造成混乱。与此同时，近亲婚姻容易使其后代患有多种先天性疾病，造成后代较高的死亡率。有鉴于此，禁止近亲婚姻业已成为大多数国家的共识。但纵观各国古代历史，王室内部近亲婚姻现象频现史书。究其原因，既有承上古遗留之习俗，又有政治之考量。作为中国近邻的韩国，其王室内部近亲婚姻有近1500年的历史。受相关文史资料所限，本文将通过对韩国新罗时期以来王室近亲婚姻现象的梳理，阐述韩国近亲婚姻的变迁历史。[①]

二 新罗时期近亲婚姻的兴起

新罗（公元前57～935），立国约千年，其在政治、宗教、文化、建筑等各领域均奠定了古代韩国文化的基础，至今仍令韩国人自豪不已。与其光辉的历史相伴而存，新罗王朝极力推崇近亲婚姻。

新罗时期王室内部的近亲婚姻形态主要有：叔侄婚、堂兄妹婚、姑侄婚等。据相关史料记载，新罗第六代祇摩王、第十一代助賁王、第二十四代真兴王、第四十二代兴德王等均迎娶自己的侄女为王后，第十代奈解王、第二十代慈悲王、第二十二代智证王等迎娶堂姐为王后，第八代阿达罗王、第二十四代真兴王等则迎娶姑妈为王后。[②]

从时间上来看，新罗王室的近亲婚姻主要存在于第六代王至第四十代王之间，即2世纪至9世纪，在新罗的早期与后期，相关记载甚少。但这并不意味着新罗王室内部的近亲婚姻仅存在于这一时段，而是受政治环境影响所致。

新罗早期，斯卢部联合其余六部组成部落联盟，部落联盟中占据主导地位的分别是朴氏部落、昔氏部落、金氏部落。三大部落之间相互通婚，部落联盟的首领也是由三姓之中的尊者轮流担任。[③] 为了维护团结，新罗王室早期实行三大部落间的联姻制度。所以新罗在第六代祇摩王之前鲜有王室近亲婚姻的记载。

而到了4世纪中叶，随着军事势力的不断扩张，众多周边小国归附于新罗。为了巩固统治，归附于新罗的小国贵族也被赐予贵族身份，因此新罗的政治势力由早期的三大部落变成更加复杂的贵族体系。在此情况下，为了规

① 本文中的" 韩国王室"，泛指古代朝鲜半岛的三国时期至大韩帝国之间的王室。

② 류선문,「신라시대의 성문화 연구」,『겨레어문학』, 2000 년제 25 집, pp. 264 – 268.

③ 王彪：《新罗王室婚姻探析》，延边大学硕士学位论文，2012，第29页。

范王权继承，新罗制定了骨品身份制度。骨品身份制度规定，王室血统有圣骨与真骨之分，只有父母双方均为圣骨血统，其后代才拥有继承王位的资格。其中，父母双方均具有王室高贵血统者为圣骨；一方具有王室血统者则为真骨。正因如此，为了争夺大位、避免王权旁落，王室间具有圣骨血统的男女之间的近亲婚姻开始盛行。所以从第六代衹摩王开始，王室之间的近亲婚姻之风形成。

从上述分析可以看出，以保持王室血统纯正为出发点的新罗王室近亲婚姻，在骨品身份制度的作用下，愈发盛行。但不可否认的是近亲婚姻也带来了一定的负面影响，即倡导近亲婚姻的新罗王室无子嗣的现象屡见不鲜，如第八代阿达罗王、第十二代沾解王、第十五代基临王、第二十五代真智王和第二十七代善德女王等都是如此。因此，近亲婚姻的盛行也在一定程度上加剧了王位在王室不同血统之间的轮换。

而到了第四十九代宪康王之后，新罗王室间近亲婚姻现象显著减少，直接促成一局面的便是其政治危机。自第四十九代宪康王后，新罗走向历史的衰落期，国内各地叛乱频发，政治动荡不安。为联合地方新兴势力，统治阶层与新兴地方势力的联姻成为历史的主流。

三　高丽时期近亲婚姻的挫折

继新罗之后，韩国历史上出现了第二个统一王朝——高丽王朝。高丽（918～1392），由王建创立，又称王氏高丽。与新罗不同，高丽王朝不存在几大贵族轮流继承王位的现象，也就没有通过近亲婚姻来确保王室血统的迫切需求。但实际情况却是，高丽王朝的近亲婚姻之风堪比新罗王朝。

高丽王朝前后共 474 年，历经 34 位国君。据不完全统计，拥有近亲婚姻的共有 7 位，分别是第四代光宗、第五代景宗、第六代成宗、第七代穆宗、第二十代神宗、第二十一代熙宗和第二十三代高宗。高丽王室的近亲婚姻不仅体现在王与王妃之间，其他贵族之间的近亲婚姻也尤为盛行。仅第十一代文宗到第二十三代高宗之间，有史可查的王室成员近亲婚姻就多达 21 例。其中，堂兄弟姐妹、重堂兄弟姐妹之间的婚姻记录有 16 例；堂叔伯父与侄女之间的近亲婚姻也有 5 例。[①] 如第四代光宗为开国太祖王建与后妃忠州刘氏所生，而其王妃为太祖与神静王后之女黄埔氏，因此光宗与其王妃为同父异母的兄妹关系。不仅如此，光宗的第二位妻子为惠宗与义和皇后之女，惠宗与光宗为同父异母的兄弟关系，所以光宗与其第二个妻子为叔侄关系。又如第五代景宗共有 5 位妻室，与其皆有血缘关系：第一位献肃王后是其姐之女，第二位献义王后是其弟之女，第三、四位均是其舅之女，第五位大明宫夫人，则是其姑妈之女。[②]

由此看来，高丽时期与新罗时期相差无异，同样注重通过王室近亲婚姻来确保王室血统的纯正。近亲结婚的对象也与新罗时期如出一辙，以兄妹或堂兄妹、叔侄之间的通婚为主。但形成鲜明对比的是，新罗时期，王妃往往是 1 ~ 2 名，而高丽时期的王妃则有多名，且大部分与王都有血缘关系。如前文所述，第四代光宗、第五代景宗均以与自己存在血缘关系的近亲为婚姻对象，这更加说明高丽王朝较之新罗王朝愈发注重王室血统的纯正性。

从时间上来看，高丽王室的近亲婚姻始于第四代光宗时期，在此之前，鲜有相关记载，这主要与高丽王朝初期的政治环境存在重要关联。开国始祖王建共迎娶王后 6 名、嫔妃 23 名，这些后妃们几乎都来自各个部落。这是因为建国之初，除高丽之外，还存在诸如新罗、后百济等大大小小众多政权，时局尚不稳定。在此情况下，光宗之前的高丽王朝统治者需要通过向外联姻有效笼络地方贵族势力，确保王权稳定，通过近亲婚姻保障王室血统纯正的时机此时还未到来。一直到了第四代光宗时期，国家统一、政局稳定，为近亲婚姻的施行提供了坚实的政治基础。

尽管高丽王室近亲婚姻之风盛行，但从其王室族谱上却很难发现近亲婚姻的痕迹，这是因为在高丽王室族谱上，王与配偶的姓氏不同。以光宗为例，其第一任王妃为同父异母的妹妹黄埔氏、第二任王妃庆和宫夫人为光宗的侄女林氏。一般来讲，不管是同父异母，还是叔侄关系，姓氏应该一致。而高丽王室出现这种近亲不同姓的现象，与当时的中国有重要关联。

据《东国通鉴》卷 18 所载，圣人制定礼法，近亲不得结婚。高丽王室

① 朴延华、李英子：《高丽王室族内婚制及其变化》，《东疆学刊》2003 年第 1 期，第 59 页。

② 김갑동, 「[왜 ?] 고려왕실에는 왜 근친혼이 있었는가 」, 『내일을 여는 역사』, 2001 년 제5집, p. 6.

不避讳叔侄、兄妹之间的婚姻，但为了在与中国的交流中顾及本国体面，女方跟随外姓，一则视与百姓，一则禀与上国（中国）。因此，为了使王室婚姻符合礼法，高丽王室往往把迎娶自本氏族的女子改为其他姓氏，如祖母、外婆或外公的姓氏，进而使高丽王室的近亲婚姻在形式上符合当时中国同姓不婚的礼法观念。①

然而进入高丽中后期，受武臣之乱与抗元战争的影响，高丽王朝王室之间的近亲婚姻明显减少。高丽建国以来，由于意识到武将权力过大容易危及统治根基，在国家稳定之后，“排武近文”成为国策，即极力削弱武臣权力，与此同时倚重文臣来治理国家。因此，武臣与文臣之间的矛盾日益加剧。1170年，武臣郑仲夫发动军事政变，推翻王氏，武臣当权。此后近100年时间里，高丽历经郑氏、崔氏等武臣轮番执政。高丽第十九代明宗至第二十四代元宗在位时，受武臣执政的影响，原王氏血统内的近亲婚姻有所改变。这是因为新执政的武臣为了维护政权，往往采取与其他贵族或武臣和亲的策略，故而这一时期高丽王室间的近亲婚姻较前期有所减少。

武臣执政之后，受抗元战争影响，高丽王室的婚姻形态发展到与元通婚与近亲婚姻并存的阶段。1231年，蒙古大举入侵高丽，由此开启了高丽历史上十余年的抗元战争。为了结束战争、维持和平，高丽王朝采取了与元和亲的政策。从第二十五代忠烈王到第三十一代恭愍王，七代国君中有4位被元朝招为驸马，其中第二十六代忠宣王、第二十七代忠肃王、第二十九代忠穆王均为元朝公主所生。②

至此，始于高丽第四代光宗的高丽王室近亲婚姻在持续了近300年后，由于受武臣之乱与抗元战争的影响，在高丽中后期开始有所减少。同时，在这种内忧外患的情况下，高丽王朝内部也出现了反对近亲婚姻的声音。反对近亲婚姻的迹象早在第十一代文宗在位时就已出现。文宗十二年（1058）、肃宗元年（1096）、睿宗十一年（1116）和仁宗十二年（1134）曾分别颁发律法，开始对近亲婚姻进行法律上的约束。这些律法要求兄妹、叔侄之间不得结婚，并且强调四代之内有血缘关系的双方不得结婚，凡有违背，当事者

① 김갑동，「고려전기 后妃의 稱外姓 문제」，『한국사학보』，2009년 제37집，p. 127.

② 朴延华、李英子：《高丽王室族内婚制及其变化》，第60页。

不得为官。[①] 但是结合当时的历史实际，至少在武臣之乱和与元朝实行通婚政策之前，高丽王室近亲婚姻之风不减，由此可以推测当时民间的近亲结婚现象也不会出现很大的变化。

四 朝鲜时期的抵制近亲婚姻运动

高丽王朝之后是韩国历史上最后一个封建王朝——由李成桂建立的朝鲜王朝，又称李氏朝鲜。自1392年建国至1910年“朝鲜总督府”全面殖民朝鲜，朝鲜王朝前后历经518年，共历27代君主。自建国之初，朝鲜王朝就有意采取“抑佛崇儒”政策，视儒教为国教，极力构建基于儒教伦理观念下的社会秩序，进而保障王朝能够世代相传。针对从新罗时期到高丽晚期前后持续了近1500年的王室近亲婚姻，早在朝鲜王朝初期士大夫阶层就对其合理性发出了不同的声音。

据《世宗实录》记载，世宗十二年（1430）其与群臣讨论近亲婚姻是否合理时曾指出，高丽自第三十一代恭愍王以后王室鲜有子嗣的现象均由近亲婚姻所致。同时，世宗对高丽晚期极力主张反对近亲婚姻的郑梦周也表达过惋惜之意。世宗二十四年（1442），全义君（太祖女婿李椀）作为进贺使出使中国。由于当时中国实行同姓不婚的制度，全义君在表明自己母亲姓氏之时，特将李姓改为韩姓。近亲婚姻使朝鲜王朝在与当时中国的官方交流中十分被动，受此事件的影响，世宗晚期颁布律令，同姓者不得结婚。[②]

受到中国儒教伦理观念的影响，自第四代世宗起，朝鲜王朝模仿《大明律》等相关法典，明令禁止近亲婚姻。明朝规定“凡同姓为婚者各杖六十，离异”。[③] 而朝鲜王朝据此进行了一定的修改，即同姓同本者不婚，同姓异本者允婚。同姓同本与同姓异本等术语源于韩国的姓氏制度。早在高丽时期人们往往在姓氏前面加上籍贯，用以区分同样姓氏之间是否有血缘关系，这样的标识方法被称为本贯制度。本是指姓氏，贯则指籍贯。比如，庆

① 이종서,「11 세기 이후 금론 범위의 변동과 그 의미」,『사회와 역사』, 2003 년제64 집, p. 64.

② 박진,「조선전기 왕실혼인 연구」, 고려대학교박사학위논문, 2014 년, p. 36.

③ 王跃生：《从同姓不婚、同宗不婚到近亲不婚》，《社会科学》2012 年第 7 期，第 59 页。

州金氏与济州金氏，虽同为金氏，但由于籍贯不同，可以判断为没有血缘关系。因为同姓之间存在没有血缘的可能，所以迫于当时人们反对的压力，世宗最终采取了同姓异本者可以通婚的做法。

此后，规范婚姻的《经国大典》出炉，严格禁止了王室成员之间的同姓同本婚姻。随着时间的推移，禁止近亲婚姻的范围也在不断扩大，同姓异本间的近亲婚姻也被限制。[①] 至此，在历经 50 年的讨论与酝酿之后，朝鲜王朝关于禁止近亲婚姻的律令终于颁布。这为禁止王室的近亲婚姻提供了法律基础。

不仅如此，朝鲜王朝对母系的近亲婚姻同样做出了相关限制。据《朝鲜王朝实录》记载，与妻亲和外亲之间的婚姻当限定在六代以外，凡违反者，可剥夺官职或入狱。[②] 除此之外，朝鲜王朝把近亲之间的性行为定为相奸罪，以此来抑制民间近亲通婚的现象。

如此，兴起于新罗时期的近亲通婚之风，在经历新罗与高丽二朝约 1500 年的时间后，在坚持儒教伦理观念的朝鲜王朝受到了极大的抵制。这种自上而下的反对近亲婚姻的措施，不仅减轻了“王室无子嗣”的忧虑，也一改近亲通婚的社会风气，使当时的婚姻更加符合儒教的伦理道德。

五　20 世纪后对近亲婚姻的禁止

19 世纪中后期，朝鲜王朝内忧外患的局面甚为严峻。北方天灾，边民外逃；兵变民乱，此起彼伏；欧洲列强势力伺机渗入朝鲜半岛，强迫朝鲜签订各种不平等条约；日本势力也干涉不断。最终在日本势力的左右下，1897 年朝鲜王朝改称大韩帝国，开始沦为日本帝国主义的半傀儡政权。1910 年，朝鲜总督府的成立，宣告朝鲜王朝灭亡。因此自 1910 年开始一直到 1945 年日本投降，韩国经历了历史上最为屈辱和苦难的 36 年，史称日本强占期。

尽管处于多事之秋，但大韩帝国对近亲婚姻的关注并没有停止。1905 年，大韩帝国颁布《宪法大全》，其中第 572 条对近亲婚姻有如下规定：氏

① 김경란,「조선후기 동성혼의 실태와 성관의식」,『사회연구』, 2017 년제 126 집, p. 248.

② 장병인,「조선전기의 혼인제도와 여성의 지위」,『역사비평』, 1994 년제25 집, p. 94.

贯一致者（同姓同本者）之间的婚姻或者娶同姓氏者为妾无效，并对婚姻者施以鞭刑。[①] 由此可以看出，进入大韩帝国时期之后，统治者对近亲婚姻采取了更加严厉的处罚措施。自朝鲜王朝世宗时开始采取的“同姓同本者不婚，同姓异本者可婚”制度，在大韩帝国时期发生了根本性改变，也就是说，即使没有血缘关系，同姓之间的婚姻也被禁止。所以不论是王室抑或平民，近亲婚姻彻底成了法律意义上的“禁止行为”。

而进入日本强占时期，朝鲜总督府却一反常态采取了“尊重前朝律令”的态度。1912 年颁布的朝鲜总督府制令第七号朝鲜民事令规定，朝鲜民事部分根据朝鲜民事令或其他法令执行，没有相关规定的部分根据日本民法执行。对于婚姻部分，朝鲜总督府认为日本民法不适用于朝鲜人的婚姻，应该采取“旧惯尊重主义”，因此在同姓不婚的问题上沿用了大韩帝国民法第 572 条的法律解释。可以看出，即使在日本强占时期，近亲婚姻现象也是被禁止的。

究其原因，这与日本殖民当局也就是朝鲜总督府的殖民统治观念不无关系。20 世纪初期，西方民权、平等等先进思想涌入亚洲，以中国为代表的亚洲诸国掀起了反对封建愚昧思想的思潮，如中国的五四运动，不仅批判腐朽的封建统治，也对传统包办婚姻等婚俗中的不良现象进行了思想上的变革。与之相似，当时韩国也掀起了反对日本殖民统治、呼吁新思想的“三一运动”。自 19 世纪中后期起，日本帝国主义开始干涉朝鲜半岛，在政治、经济、社会和文化上采取扼杀政策，激起韩国各阶层的极力反对，并在三一运动后达到了高潮。为了缓解殖民统治当局与反对者之间的矛盾，朝鲜总督府一方面采取强压政策，一方面在某些领域予以妥协，进而达到缓解矛盾的目的。因此，在除国家主权和军队以外的其他次要领域，朝鲜总督府一定程度上迎合了进步青年的思想观点。三一运动之后赴任的第三任朝鲜总督齐藤实采取了如下措施：废除鞭刑，以罚金制度代替；允许《朝鲜日报》和《东亚日报》等韩国语报纸发行；增加朝鲜总督府对韩国人的任用。虽然这些措施的实质是为了营造虚假的“韩日共同文化观”氛围，体现“日本殖民的民主”，但是也在某种程度上满足了进步青年的一些要求。在此背景下，同样被进步青年反对的近亲通婚等不良习俗，也被朝鲜总督府以“旧

① 김경란,「조선후기 동성혼의 실태와 성관의식」, 『사회연구』, 2017 년제 126 집, p. 255.

惯尊重主义”的口号予以禁止。

韩国独立以后，禁止近亲婚姻在法律上得到了进一步的延续。虽受到当时与朝鲜对峙的国际背景及朝鲜战争的影响，但终于在 1954 年颁布的《政府案》第 802 条做出如下规定：同姓同根（同姓同本）者及存在血缘关系的婚姻不被允许，但难以确定家族血缘关系的人不在限定范围之内。在之后 1957 年的修正案中，进一步明确了近亲结婚的被禁止范围：具有直系血缘关系；八代以内旁系血统关系；四代以内母系血缘关系。

至此，韩国近亲婚姻在经历大韩帝国、日本强占期和大韩民国三个时期的不断发展之后，在法律上被明确禁止。虽然各个时期禁止近亲婚姻的动机与出发点不尽相同，但是就遵守传统伦理观念、建设现代婚姻关系而言，各个时期对近亲婚姻的反对立场基本一致。

六　结语

现代社会难以接受的近亲婚姻，在韩国历史上曾盛行近 1500 年，其盛行的原因主要是韩国古代封建统治者维护王室血统纯洁的需要。不可否认，在人类没有进入文明社会的蒙昧阶段，也存在着近亲婚姻的现象。相对于早期人类刚刚进化到部落时期的无秩序近亲婚姻，进入封建国家形态后，为了避免“大权旁落他姓”的局面，新罗、高丽等封建王朝的统治者在骨品身份制度、保持王室血统纯洁性的观念影响下，使近亲婚姻具备了“合理存在”的依据。

同时需要明确的是，近亲婚姻不仅仅存在于王室。一般来讲，近亲婚姻分为王室（贵族）近亲婚姻和平民近亲婚姻。在记载新罗时期相关内容的史书中，不难发现由于受地理环境与当地文化的影响，民间的近亲通婚之风同样十分盛行。但究其根本，王室仍事实上主导着近亲婚姻的历史发展。除了血缘关系上的近亲婚姻之外，韩国历史上还存在名分上的近亲婚姻。早在高句丽第九代故国川王去世之后，其弟山上王娶故国川王之遗孀并继承王位，这种“兄死娶嫂”的近亲婚姻在当时的新罗同样盛行。

近亲婚姻终结的主要原因有如下几点。第一，高丽时期的武臣之乱和与元朝的和亲政策打破了沿袭千年之久的王室近亲婚姻传统。首先，高丽中后期的武臣在夺取政权后为了维持与其他武将之间的政治联合，相互之间通婚，使原来单一的王室内部近亲婚姻变成王室内部近亲婚姻与其他大臣之间通婚并行；其次，为了维持与元朝的和解，高丽与元朝的通婚成为当时王室婚姻的主流，这一外部政治因素对一直盛行于王室的近亲婚姻带来不小的冲击。第二，受儒教伦理观念的影响，朝鲜王朝时期通过律令的颁布，形成自上而下的反对近亲通婚之风，特别是对近亲婚姻者以破坏法律的名义予以处罚，为禁止近亲通婚提供了法律基础。第三，近现代以来西方婚姻观的流入也加速了近亲婚姻的消失。19 世纪晚期到 20 世纪初期，由于西方文明思想的流入，在反对殖民统治、反对传统腐朽思想运动的冲击下，近亲婚姻成为人们反对的对象。综上因素，在韩国历史上盛行近 1500 年的近亲婚姻慢慢消失于人们的视野中。

A Study on the History of Consanguineous Marriage in Royal Family of Korea

Gao Fusheng, Jin Dongguo

Abstract Consanguineous marriage was popular in ancient Korea. It was particularly rife with royal family as a means to maintain purity of royal blood. In nearly 1500 years spanning from Silla to middle and late Goryeo, marriage between collateral relatives by blood up to the third degree of kinship was a commonplace fact of matter. It then declined as a result of ruling of marshal aristocrats and intermarriage with royal family of China. At the time of Joseon, when Confucianism was dissertated in Korea, consanguineous marriage was considered to be an act of immorality. It was forbidden by laws throughout Joseon, the Korean Empire and Japanese Colonial era. The practice of consanguineous marriage that had been observed for up to fifteen centuries was brought to an end.

Keywords Korea; Royal Family; Consanguineous Marriage

论关羽信仰在朝鲜半岛的传播*

郑红英　李兆曦

【内容提要】明万历年间，日本入侵朝鲜半岛，军事力量的悬殊使朝鲜王朝不得不向宗主国明朝求助，明朝虽国内形势复杂，在权衡之后仍决定出兵相助。关羽信仰在明朝盛行已久，在明军中具有较高地位，祭祀关羽是战前必做的仪式之一。万历援朝战争期间，14 万明援军在朝鲜半岛流动，促使关羽信仰传播到朝鲜半岛。关羽信仰在朝鲜半岛的发展并非一蹴而就，而是经历了从最初的抗拒到朝鲜王朝自上而下的传播与受容，最终在朝鲜半岛得到长足发展。

【关键词】万历援朝战争　朝鲜半岛　关羽信仰　传播

【作者简介】郑红英，历史学博士，延边大学人文社会科学学院历史系副教授、博士生导师；李兆曦，延边大学人文社会科学学院历史系博士研究生。

万历援朝战争对 16 世纪的中朝日三国有深远影响，促使东亚格局发生了变化。中外学界关于万历援朝战争的研究成果较丰硕，如国内学者樊树志的相关研究，[①] 以及韩国学者李炯锡 1967 年出版的三卷本《壬辰倭乱史》等。这些研究成果不仅对战争本身叙述详尽，对战争的背景和影响也进行了

* 本文系“2019 年延边大学一流学科研究生科研创新项目”（项目编号：20190010）的成果。

① 参见樊树志《万历年间的朝鲜战争》，《复旦学报》（社会科学版）2003 年第 6 期，第 96 ~ 102 页；樊树志《一五九〇年代的朝鲜战争（上）》，《书城》2017 年第 2 期，第 22 ~ 34 页；樊树志《一五九〇年代的朝鲜战争（中）》，《书城》2017 年第 3 期，第 13 ~ 23 页；樊树志《一五九〇年代的朝鲜战争（下）》，《书城》2017 年第 4 期，第 20 ~ 30 页。

深入分析。

中国文化对朝鲜半岛的影响是深远的，万历援朝战争中中国文化通过人员的流动传入朝鲜半岛。关羽信仰是历史人物被神化后形成的信仰崇拜，在中国宋元时期逐渐形成，到明代发展、壮大。对于关羽信仰，国内学界有孙卫国、蔡东洲等学者有关朝鲜王朝关王庙的研究，[①] 韩国学界则有金卓的《中国关帝信仰的成立和韩国关帝信仰的传播》等，[②] 这些成果都围绕关羽信仰传播至朝鲜半岛的背景进行了研究。

关羽信仰作为明朝盛行的信仰文化，在万历援朝战争时期由明军传入朝鲜半岛，不断发展、融合，成为朝鲜王朝本土化的信仰体系，其发展的过程及对朝鲜王朝文化产生的影响值得思考与探究。

一　关羽信仰在明朝的盛行

关羽信仰在明朝具有广泛的传播性以及较高的推崇度。关羽最初在民间的形象是一位大业未成、抱憾而死的武将，一直以“鬼魂”的形式存在，百姓对其多有惧怕。因儒生多番努力，不断为关羽形象赋予儒家思想内涵，也因封建帝王的多次加封，关羽逐渐被塑造为一位符合儒家思想的“儒教圣人”。[③] 关羽在民间的形象与官方塑造的形象不断融合，为明朝关羽信仰的广泛传播奠定了基础。明朝是关羽信仰传播与发展的重要时期，皇帝对关

---

① 参见蔡东洲《关羽现象探源》，《中华文化论坛》1999 年第 1 期，第 53 ~ 62 页；孙卫国《朝鲜王朝关王庙创建本末与关王崇拜之演变（上）》，《韩国研究论丛》2010 年第 1 辑，社会科学文献出版社，2010，第 37 ~ 59 页；刘宝全《韩国的关王庙与关圣教小考》，《民俗研究》2010 年第 4 期，第 132 ~ 140 页；孙卫国《朝鲜王朝关王庙创建本末与关王崇拜之演变（下）》，《韩国研究论丛》2012 年第 1 辑，社会科学文献出版社，2012，第 250 ~ 266 页；罗玲《关公崇拜从中国到韩国的传播与演变》，《广东第二师范学院学报》2015 年第 2 期，第 102 ~ 106 页。

② 韩国学界相关研究成果参见李庆善《关羽信仰考察》，《汉阳大学论文集》第 8 期，1974，第 11 ~ 61 页；金卓《韩国宗教的关羽信仰》，《道教文化研究》第 19 期，2003，第 219 ~ 284 页；金卓《韩国的关帝信仰》，首尔：新学社，2004；金卓《中国关帝信仰的成立和韩国关帝信仰的传播》，《韩国宗教》第 29 辑，2005，第 87 ~ 127 页；李由娜《朝鲜后期关羽信仰研究》，《东学研究》第 20 辑，2006，第 1 ~ 16 页；刘相奎《韩中关帝信仰史的展开和传承影响》，高丽大学大学院硕士学位论文，2010。

③ 蔡东洲：《关羽崇拜与儒、释、道三教》，《民族与宗教》第 7 辑，宗教文化出版社，2012，第 297 页。

羽加封的次数最多，尤其在万历年间，神宗对关羽进行了六次加封，使其逐渐神化。洪武二十七年（1394），明朝廷在南京鸡鸣山建关王庙，明中期以后，“关庙自古今，遍华夷。其祠于京畿也，鼓钟接闻，又岁有增焉，又月又增焉”。[①]“关庙”数量之多，说明了关羽信仰在明朝的地位，同时从祠庙数量以及封号的变化上，亦可反映出明朝对关羽的信奉程度。在明朝，尤其是万历年间，对关羽的崇敬是普遍且有较高地位的。关羽从百姓畏惧的恶灵形象，成功被儒化、宣传，加之明朝皇帝对关羽的不断加封，使其成为官方祭祀的一部分，也从官方层面引导民众信奉关羽信仰。

明朝将士不分地域，每当出征时总会祭祀关羽，祈祷荫佑。“嘉靖三十五年，岛夷航海犯东南，流浸毒扬州境，势甚慓石，以其官披执戎伍，祷于义勇武安王，获庥助，夷大创……世世遂捐俸出囊，首倡建神庙于北城门左，布神庇也。”[②] 在 1556 年明军与倭寇的交战中，与明军将士们在战场上奋力抗敌相得益彰的是其在战前向关羽祈求胜利，并且认为获得了关羽的庇佑。关王庙的建立不仅使出战前向关羽祈祷庇佑这一行为得到了延续，更加巩固了关羽信仰在明朝军队中的地位。伐倭胜利后建立的关王庙，成为江南地区建造关王庙的开始；经历了嘉靖倭变的关羽信仰，开始在江浙地区逐渐兴盛。万历年间，关羽信仰在民间及军队中发展更广。“余尝遍游齐鲁燕赵，又西过太行，涉晋代关陇之墟。父老往往言，时遇边徼□患，矢石交下，烟沙茫茫，或风雨震凌，我军危急，将士心悼□愕，众口欢祝，即在空中若见侯灵旗羽盖，神光闪烁。俄顷，虏遂惊溃以去”。[③]“父老言”表明众人对于关羽可以“显灵”助战深信不疑。明万历初期，武臣将士们在行军出战前必向关羽祈求荫庇，而被明神宗派到朝鲜的援军，在出战前也定要祭祀关羽，祈求战事胜利，这是关羽信仰传播到朝鲜半岛的开始。

万历援朝战争期间，明军将关羽信仰传到了朝鲜王朝，更在战争即将结束时，在朝鲜半岛建造了诸多关王庙，并进行了一系列祭祀活动。但是对于正处在战争中的朝鲜王朝来说，此时对这一外来信仰尚未持完全肯定的态度。

---

① （明）刘侗、于奕正：《帝京景物略》卷 3《关帝庙》，北京古籍出版社，2000，第 97 页。

② 杜邦杰纂、钱保祥等修：《甘泉县续志》卷 15《武安王纪庥碑》，成文出版社，1975，第 1015～1016 页。

③ （明）俞宪：《获鹿县志》卷 4《祀典》，《天一阁藏明代地方志选刊续编》，上海书店，1990，第 593 页。

二 关王庙在朝鲜半岛的设立

万历援朝战争的爆发归于日本大名丰臣秀吉的预谋、明朝的衰弱及朝鲜王朝的安逸思想。此时朝鲜王朝党争严重，社会制度的弊端逐渐显现，且与明朝良好的宗藩关系使其存在“事大”、重文轻武和依附明朝等根深蒂固的思想，导致其逐渐忽视外界隐患，国防意识较为薄弱。丰臣秀吉统一日本后，为了转嫁国内矛盾，加之日本不再甘心对明朝俯首称臣，想要对长久以来以中国为中心的东亚格局发起挑战，于1592年向朝鲜王朝发兵，侵入釜山浦。“贼船蔽海而来。釜山佥使郑拨方猎于绝影岛，谓为朝倭，不设备。未及还镇，而贼已登城……贼遂分道陷金海、密阳等府，兵使李珏佣兵先遁。升平二百年，民不知兵……”[①] 日军来势汹汹，太平盛世二百年的朝鲜王朝“民不知兵”，对突如其来的战争没有任何军事防备。这使得万历援朝战争甫一开始，日军便长驱直入，朝鲜王朝只得向明朝请援：“闻天朝将出兵来救，中朝诸将，相继渡江，命柳成龙先往中路接待天将，且以大驾从后继到之意告于天将。成龙受命先去平壤，大驾继发。”[②] 明朝第一次派出45637人，第二次派出92100人，前后共计近14万明军进入朝鲜半岛。大量人员的流动，对朝鲜王朝的影响是直接而深入的。在明军中具有极高地位的关羽信仰，也在此时随着明军的流动传播至朝鲜半岛。

“余往年赴燕都，自辽东至帝京数千里，名城大邑及闾阎众盛处，无不立庙宇，以祀汉将寿亭侯关公。至于人家，亦私设画像挂壁，置香火其前。饮食必祭。凡有事必祈祷。官员新赴任者，齐宿谒庙甚肃虔。余怪之，问于人，不独北方为然。在在如此。遍于天下云。”[③] 在朝鲜王朝名将柳成龙的记载中，明朝崇祀关羽已经形成一种风气，关王庙遍布千里，百姓家中也会悬挂关羽的画像，上香祭拜。加之《三国志》等中国史书中对关羽忠义勇

① 《朝鲜王朝实录·宣祖实录》卷26，宣祖二十五年四月壬寅，朝鲜王朝实录，http://sillok.history.go.kr。

② 《朝鲜王朝实录·宣祖实录》卷27，宣祖二十五年六月己酉，朝鲜王朝实录，http://sillok.history.go.kr。

③ 〔朝〕柳成龙：《西厓先生文集》卷16《记关帝庙》，韩国文集丛刊，http://www.krpia.co.kr。

敢的人物形象的塑造，故在万历援朝战争以前，朝鲜王朝对关羽其人已比较熟悉，对明朝盛行的关羽信仰也有所耳闻。“初壬辰丁酉之乱，关王屡显其灵，以神兵助战，皇朝将士皆言平壤之捷、岛山之战、三路驱倭之役临战，关王辄现灵来助云。”[①] 对于战争，最重要的便是胜利，明军常常对朝鲜王朝将士讲述关羽“显灵”的事迹。两国将士将对胜利的渴望寄托在对关羽的祭拜中，对明朝的尊崇以及对明军的感激之情亦使朝鲜王朝将士相信了关羽“显灵”助战的能力。

关羽信仰在朝鲜半岛立足的初始就是明军主张设立关王庙。壬辰倭乱时明神宗答应朝鲜宣祖的请援，在两个阶段的战争中先后派出了近 14 万明军抵达朝鲜半岛，大量信奉关羽信仰的明军在朝鲜半岛流动。为了能更好地表达对关羽的恭敬之心，他们在朝鲜半岛发起了为关羽建庙的活动。“政院以陈游击接伴官李忔书启，启曰：‘前日陈游击于下处后园上，仍旧家，立关王庙，设塑像，功役则时未完了矣。即者游击招谓臣曰：‘俺昨日拜杨老爷，禀以立庙之意，则杨爷称善，即为来见曰：‘庙殿甚为卑隘，当改构新殿，左右设长廊，前庭立重门，以为永远之图，不可如是草草。’仍给报施银五十两而去。麻爷今日亦送五十两，邢军门、陈御史、梁按察，亦必依此送之矣’。且曰：‘他余功役，当以我军使唤，至于木手、泥匠等，则必得贵国善手者用之。此事非为我也，正为贵国大事。此意国王不可不知’云。大概游击于立庙一事，极其诚悃，亲自监董，多言关王灵验之事……敢启。’”传曰：“付之都监，别定都监官，一依分付，不轻为之。”[②] 明将陈寅提出建立关王庙，多位明军将士自发出资，并且要求朝鲜王朝派出能工巧匠一起修建。在修建过程中明朝将士对此事十分重视，亲自监督，极其诚挚。明军认为修建关王庙是为了祈求关羽保佑朝鲜王朝在战争中获胜，对朝鲜王朝是利好的。然而朝鲜王朝最初对明将提议修建关王庙的反应并非是爽快接受：“关王庙造成之役，虽曰浩大，该曹自有推移充定之路，而至征江原道之军，非但道路险远，当此农月，裹粮远来，穷民之怨咨，不可忍言。其公事，请命勿为举行。校书馆正字李景益，夺占民田，怯辱土主，打破狱

---

① 〔朝〕李肯翊：《燃藜室记述・别集》卷 4《祀典典故》，民族文化推进会，1984，第 252 页。

② 《朝鲜王朝实录・宣祖实录》卷 99，宣祖三十一年四月己卯条，朝鲜王朝实录，http：//sillok. history. go. kr。

门，擅出囚奴，其罪状极重……文川郡守李颐亨，人物骄妄，加以泛滥，到任之后，专事贪虐，官库空虚，吏民流散。请命罢职。”[①] 面对明军将士的提议，一些朝鲜王朝官员表示反对，一是由于修建关王庙所耗费的人力物力引起百姓的怨愤，二是修建过程中有朝鲜官员利用职务之便趁机剥削百姓。

修建过程中虽然出现了诸多问题，但朝鲜王朝依旧在明将的主导下完成了关王庙的建造。“军门接伴使金命元启曰：‘昨日军门与两按察、三提督，谒关王庙，会盟书一帖，大概同心戮力，南北相和，期于剿灭倭奴。否者同死于此，不得归家。军门以下入于卓前，先行四拜，军门诣香案前，烧香，连进三献，使叶靖国读祝文，仍行四拜。赞者执白鸡，宰杀取血，和于温酒，军门亲读誓帖，仍饮血盏讫，按察以下读誓饮血，一如军门。礼讫，军门以下一拜，三叩头而出。’”[②] 明将主导下建立的关王庙，更便于明朝东征将士对关羽的祭拜，关王庙建成后的祭祀流程亦趋于完善。对于明军将士祭拜关王庙的活动，朝鲜王朝君臣起初表现得比较生疏。朝鲜半岛未曾出现过这一信仰文化，最初只是在对明军及明朝的感激下被动接受，听从明军的建议与指挥，协助明军建立了几座关王庙。1597 年，在明军将领陈璘和茅国器的主张下，分别在江津的古今岛和星州两地修建起两座关王庙，这是朝鲜半岛上最早建成的一批关王庙。

战争的结束并没有使关羽信仰在朝鲜半岛停止传播，尽管此时朝鲜国王宣祖对于关羽信仰并没有表现出极大的热情，只是出于对宗主国“事大主义”的思想予以接纳，并非真正地接受。明军从朝鲜半岛撤军后，朝鲜王朝对已经建立的关王庙安排官员进行固定的祭祀活动，宣祖在 1598 年对关王庙进行过一次祭拜。此时，朝鲜王朝君臣和将士对于关羽信仰的了解和需求仅停留于祈求战争的胜利。战争结束后，祈求“显灵”助战的需求变得不再重要，对于朝鲜王朝而言，此时的关羽信仰并未符合其政治理念，也未被赋予适合朝鲜王朝自身的现实意义，再加之对关羽信仰持有将信将疑的心态，是以宣祖并未耗费心力对关羽信仰进行过多的肯定和宣扬。

明朝将士们把关羽信仰带到朝鲜王朝时，更多的是想借助关羽的“神

① 《朝鲜王朝实录·宣祖实录》卷 115，宣祖三十二年七月庚戌，朝鲜王朝实录，http://sillok.history.go.kr。

② 《朝鲜王朝实录·宣祖实录》卷 103，宣祖三十一年八月己巳，朝鲜王朝实录，http://sillok.history.go.kr。

灵”保佑战争胜利。援朝的明军将士一直坚信关羽会在战争中显灵庇佑，所以在与宣祖的交谈中常常表露出希望朝鲜王朝对关羽信仰多加重视的态度：“国威曰：关王庙甚多灵异，国王须加尊敬。”① 朝鲜王朝与明朝交往一直奉行慕华、事大政策，这使得朝鲜君臣把对关羽信仰的接受当作是对明朝的一种尊重，是外交关系中的仪礼表现。不过，朝鲜王朝对关羽信仰的认识是有变化的，起初关羽信仰未得到朝鲜君臣及将士们的信赖，只是在明军中受到推崇，继而，“凡战功，无大将独成之理。故古之祠宇像设之处，必使当时行阵褊裨之属，同在左右。如关王庙，周仓、关平辈，亦预其中。”②《宣祖实录》的记载，说明当时在朝鲜王朝军队中也有人“跟随”明朝的将士在战前祭祀关羽，以求庇佑。但是，此时的崇祀尚未上升到信仰的程度，只是在了解过关羽显灵助战的故事后，单纯地祈求武圣荫庇朝鲜王朝获得战争的胜利。明朝将领和士兵都把关羽当作军神来敬拜，这种崇祀武士将军的现象，对于“以文治国”的朝鲜王朝是一种冲击，但同时“也鼓舞了文弱的朝鲜将士的士气”。③ 在战争时期传入的以武为重的“军神”信仰，其现实意义主要在于让明朝和朝鲜王朝的将士们相信关帝的“神兵”会帮助他们打败日本侵略者，取得战争的胜利。

三　关羽信仰在朝鲜半岛的发展

万历援朝战争中，明军在到达朝鲜半岛之时，将能够“助战显灵”的关羽信仰一同带到了朝鲜半岛。战争期间，明军将士们把出战前祭拜关羽作为固定的仪式，潜移默化地影响了朝鲜王朝的将士，使其或多或少接受了关羽信仰。朝鲜半岛第一座关王庙的建成，代表着关羽信仰在朝鲜半岛发展的开始。朝鲜王朝在万历援朝战争未结束时能够接受关羽信仰，是为了维护与明朝的宗藩关系；而此后关羽信仰能够在朝鲜半岛发展的原因，则是出于朝鲜王朝自身对关羽信仰内涵的需要。万历援朝战争结束后，朝鲜王朝疮痍满

---

① 《朝鲜王朝实录·宣祖实录》卷111，宣祖三十二年四月丙寅，朝鲜王朝实录，http：//sillok. history. go. kr。

② 《朝鲜王朝实录·宣祖实录》卷56，宣祖二十七年十月辛酉，朝鲜王朝实录，http：//sillok. history. go. kr。

③ 〔韩〕具银我：《首尔的关帝庙和关帝信仰》，《宗教学研究》2013年第3期，第269页。

布，国家面貌需要恢复，更需要重建国民对统治阶级的信心，使其从战争的伤痛中走出。此时，关羽人物性格中的“忠”和“义”是朝鲜王朝急需的思想统治工具。17 世纪后期，国家提倡修缮和重建关王庙[①]，朝鲜国王对关王庙的参拜次数逐渐增加，[②] 仪式隆重而繁多。这不仅是朝鲜对明朝慕华、事大政策的延续，更多的是向臣民们渗透关羽忠义两全的思想，欲使其效仿关羽对国家和君主的忠义精神，以此教化臣民。此时，关羽信仰开始真正顺应朝鲜王朝的统治理念，更结合了朝鲜半岛本土化的思想和需求，在民众中广泛传播，最终成为朝鲜半岛本土的一种宗教信仰体系。

朝鲜王朝深受中国文化的影响，作为文治国家，其立国理念是儒家学说，而关羽信仰在中国历朝发展的背景正是因其符合儒家的思想内涵。出于共同的理论基础与对战争胜利的祈祷，关羽信仰才得以被朝鲜王朝接受，并且得到以官方为主导的发展。“万历壬辰，我国为倭贼所侵，国几亡，天朝发兵救之，连六七载未已，丁酉冬，天将合诸营兵，进攻蔚山贼叠，不利。戊戌正月初四日退师，有游击将军陈寅力战中贼丸，载还汉都调病，乃于所寓，崇礼门外山麓，创起庙堂一座，中设神像，以奉关王，诸将杨经理以下各出银两助其费……”[③] 史料的记载可以看出，由明将杨镐选址，游击陈寅负责修建的一座关王庙，于宣祖三十一年（1598）四月落成，这座关王庙依然由明朝的将领主张并出资修建，称“南关王庙”。与之前建成的关王庙不同的是，南关王庙是在朝鲜都城汉城建造的，是汉城的第一座关王庙，这在一定程度上代表着朝鲜王朝对关羽信仰逐步接受的过程。1598 年至 1599 年，战争后期至结束的短短两年中，在汉城及地方共有五座关王庙建成，这五座关王庙都是由明朝将领主导建立的。宣祖在位期间曾亲自到关王庙进行过一次祭拜，以表示对宗主国的感恩。但随着战争的结束，朝鲜王朝需要恢复国力，统治阶级需要民众的忠心与全心全意的支持，这时关羽信仰在战后的朝鲜王朝逐渐被重视起来。“关庙，以训练院官守直事，传教矣，更思，控弦瞶学之辈，必不知了然于神，可敬而不可慢，或至于隳其职。不如差出参奉，以奉香火。此虽事系新立，庙既肇建，守护之官。不得不随之而添

① 朝鲜国王高宗于 1883 年在汉城崇教坊北隅建造。

② 孙卫国：《朝鲜王朝关王庙创建本末与关王崇拜之演变（上）》，第 48 页。

③ 〔朝〕柳成龙：《西厓先生文集》卷 16《记关帝庙》，韩国文集丛刊，http：//www.krpia.co.kr。

设。言于礼曹，并议。”[①] 关羽信仰中对国家的“忠”以及对主君的“义”，在战后朝鲜王朝对国民的教化上逐渐突出，被朝鲜王朝统治阶级大力推崇，积极向百姓宣扬，将其作为思想工具教化百姓。

以朝鲜肃宗为例。肃宗不但曾在 1691 年亲自到关王庙进行拜祀，而且还为关羽像题诗一首：“生平我慕寿亭公，节义精忠万古崇。志劳匡复身先逝，烈士千秋涕满胸。有事东郊历古庙，入瞻遗像肃然清。今辰致祭恩愈切，愿佑东方万事宁。”[②] 短短几句表达了肃宗对关羽忠义的敬佩与推崇，说明了战后关羽信仰的内涵从庇佑战争胜利发展为保佑国家太平。其后的英祖、正祖、纯祖和哲宗等几位国王先后对关王庙都进行过祭拜。每当新国王即位或国家遇到困难时，都会祭拜关王庙，其仪式非常隆重。从国王到大臣，参与的人数也在逐渐增多。

肃宗在位期间实现了朝鲜全国关帝祭祀的规范化、祀典化，从此朝鲜国王参拜关王庙成为一件必行之事。肃宗称赞关羽，“武安王之忠义，实千古所罕”，推崇关羽忠义的品格并要求将士学习。肃宗在位期间经常亲自去关王庙祭祀，将关羽忠义的精神昭示天下，希望臣子与百姓能够忠于国家。关羽信仰以显灵助战的功能传入朝鲜半岛，又因其忠义的品格，在肃宗时期被赋予了新的含义。肃宗之后的统治者，除在位仅四年的景宗以外，都增加了对关王庙祭拜的次数，英祖在位期间对关王庙更是祭拜了多达 36 次，[③] 并且完善了关王庙的御制祭文及各项典章制度，使关羽信仰在朝鲜王朝得到发展并逐渐兴盛。

四　关羽信仰对朝鲜半岛的影响

长达七年的万历援朝战争，使得朝鲜王朝深刻意识到军事力量和国防的重要性。虽然取得了战争的胜利，但是作为主战场，朝鲜国内的经济遭受破坏，政治上被党争困扰，国力衰弱。在万历援朝战争结束后的很长一段时间

① 《朝鲜王朝实录·宣祖实录》卷 130，宣祖三十三年十月庚寅，朝鲜王朝实录，http：// sillok. history. go. kr。

② 《朝鲜王朝实录·肃宗实录》卷 24，肃宗十八年九月辛酉，朝鲜王朝实录，http：// sillok. history. go. kr。

③ 孙卫国：《朝鲜王朝关王庙创建本末与关王崇拜之演变（上）》，第 48 页。

里，朝鲜王朝忙于重振战后的国家秩序、经济建设和国防安全。加之丙子胡乱[①]后朝鲜王朝对后金充满愤恨，使其一直处于想要北伐复仇的状态，对关王庙的祭祀日渐荒芜。这一冷淡时期持续到肃宗即位，此时清朝统治的稳固，已是无力改变的现实，对明朝的再造之恩，只能通过一系列尊周思明的活动进行表达。文化的传播并非刻意，却有着长久的渗透力。对关王庙的祭祀与对关羽信仰的推崇，成为尊周思明活动的重要组成部分。

以万历援朝战争为契机传入朝鲜半岛的关羽信仰，经历了传入初期的平淡与后期的繁荣，逐渐与朝鲜半岛的本土文化融为一体，最终演变为有朝鲜半岛特色的关羽信仰，对朝鲜半岛影响深远。

首先，关羽信仰传播至朝鲜半岛后形成了信仰理论，使其产生了宗教性与继承性。在万历援朝战争结束后，关羽信仰结合朝鲜王朝的政治理念成为统治者进行统治的工具，因关羽忠君爱国的忠义精神，统治者增加了对关王庙的祭祀次数，以显示其对关羽忠义精神的赞扬，并以此要求自己的子民能如关羽一样对君主尽忠、对国家尽忠。在日治时期特殊的历史背景下，由朴基洪和金龙植创立了适合本土的关圣教。关圣教是在接受关羽信仰的基础上发展而来的，最终成为新的宗教体系。

其次，关羽信仰的传播，巩固并加深了中朝两国的宗藩关系。万历援朝战争后的半个世纪中，明朝由于农民起义和女真崛起，日渐衰落。1644 年，明朝灭亡，作为明朝藩国的朝鲜将对明朝的感激之情表达在对关王庙的祭祀活动中，将对关羽和明朝将士的祭祀，作为尊周思明活动的重要组成部分。明亡后，朝鲜王朝以“小中华”自居，设立特定的场所，祭祀明朝以及明军将领，感激明朝在万历年间的派兵援助，并以之为继承中华传统文化的表现。此时关羽信仰增加了宣示朝鲜王朝“正统地位”的内涵。朝鲜肃宗时期开始，对关王庙的祭祀次数不断增加，这不仅表现出朝鲜王朝统治阶级对关羽信仰持包容和接纳的态度，同时表明了朝鲜王朝对明朝“再造之恩”的感激和对中国文化的共鸣。

最后，关羽信仰在朝鲜半岛的本土化，不仅使其在朝鲜半岛的发展更符合自身需求，同时丰富了朝鲜半岛的信仰文化。关羽信仰在朝鲜半岛的传播

---

① 1635 年冬十一月，清太宗皇太极亲率大军攻打朝鲜，1636 年正月即丙子年正月，朝鲜国王投降，自此朝鲜每年向清进贡。

与发展，总体而言是由国家主导、自上而下进行的，统治者亲自祭祀关王庙的次数不断增多，是官方主导关羽信仰的最好佐证。关羽信仰传到民间，更多的人参与其祭祀活动中，不断丰富和调整对关王庙的祭祀典制，形成具有朝鲜王朝特色的祭祀礼仪。由明朝抗倭将领修建的关王庙，在朝鲜王朝后期也逐渐被赋予了新的祭祀含义。关羽不仅是保佑战争胜利的“武神”，也是百姓祈求安居乐业的崇仰对象。关羽信仰在朝鲜半岛本土化的最明显特征是，后期关王庙的祭祀对象不仅是关羽一位，也包含了朝鲜半岛历史上的其他英雄人物。

关羽信仰在万历援朝战争时期由明军传入朝鲜半岛，并未随着战争结束消失于朝鲜王朝，而是适应了战后朝鲜王朝统治阶级的统治需求。朝鲜王朝统治者大力推崇关羽信仰中的“忠”“义”内涵，教化百姓。在不断发展中，关羽信仰与朝鲜半岛本土的文化习俗进一步融合，不断被赋予新的内涵，使关羽信仰成为适合于朝鲜王朝的信仰文化。

五　结语

万历援朝战争打破了朝鲜王朝近二百年的升平局面，战争的发生以及因战争传至朝鲜半岛的关羽信仰和军事文化，使以文治国的朝鲜王朝认识到了军事和武治的重要性。朝鲜王朝长期受到中国文化的熏陶，使关羽信仰在朝鲜半岛能够被接受并得到传播具备了文化基础。但是关羽信仰在战争结束后依然能够在朝鲜半岛发展，不仅是由于朝鲜王朝的统治者对其赋予了新的文化内涵，更是因为朝鲜王朝长久以来对中国文化的受容以及学习。

The Spread of Guan Yu's Belief on the Korean Peninsula

Zheng Hongying, *Li Zhaoxi*

Abstract　During the reign of Wanli, Japan invaded the Korean Peninsula. The disparity in military power forced the Chosŏn to seek help from the

Ming Dynasty. After weighing, the Ming Dynasty decided to send troops to rescue despite the complicated domestic situation. The belief of Guan Yu has been prevalent in the Ming Dynasty for a long time, and had a high status in the Ming's army. Offering sacrifices to Guan Yu was one of the rituals that had to be done before the war. During Wanli Aid Korea War, 140, 000 reinforcements of the Ming Dynasty flowed in the Korean Peninsula, prompting the spread of Guan Yu's faith. The development of the belief of Guan Yu in the Korean Peninsula did not happen overnight. After the initial resistance, Chosŏn gradually embraced Guan yu's belief from the government to the people. Eventually it developed on the Korean Peninsula.

Keywords The Wanli Aid Korea War; Korean Peninsula; Guan Yu's Belief; Spread

清代中国漂流民和朝鲜的中国情报收集*

崔英花

【内容提要】 17世纪中叶以降，朝鲜被纳入以清王朝为中心的东亚海域秩序，并且在清朝的指导下建立了漂流民救助制度。救助制度规定，漂流到朝鲜海域的中国人必须接受朝鲜各级官府的问情调查。“问情”是朝鲜政府处理外籍漂流民时最为重视的环节。为了获得更多的情报，“问情”往往会结合口头审问和笔谈两种方式进行。朝鲜通过中国漂流民获取的中国情报大致可以分为三类：政治、军事方面的情报；社会、文化方面的情报；人文、地理方面的情报。这些情报在增加朝鲜的海外知识的同时，对其政治和外交活动也产生了重要的影响。

【关键词】 清代　朝鲜　中国漂流民　情报收集

【作者简介】 崔英花，文学博士，南通大学外国语学院副教授。

在清代，朝鲜的对外往来有限，接触外部世界的机会很少，直接有外交关系的国家仅限于中国和日本。除了常规的外交使臣以外，对漂流民之讯问是朝鲜了解外界的一个重要渠道。漂流民作为一个重要的外部消息来源，受到了朝鲜政府的重视。

目前，漂流研究作为东亚海域交流研究的重要组成部分受到学术界关注，关于东亚各国之间通过漂流实现的各种文化交流以及东亚国家的漂流民救助制度已有较为成熟的研究成果。然而，有关东亚各国围绕商船和漂流民

* 本文系2019年教育部人文社科青年基金项目“韩国汉文坊刻本的搜集、整理与研究”（项目编号：19YJC870004）的阶段性成果。

进行情报活动的研究还较少见，已有成果主要集中于中国和日本之间的情报工作，① 对涉及朝鲜的研究少之又少。② 因此，本文就朝鲜王朝围绕清代中国漂流民进行的一系列的情报收集活动进行梳理与分析，即通过《备边司誊录》《朝鲜王朝实录》等朝鲜官方史料和其他相关文献，分析朝鲜对中国漂流民的管理、获取情报的方式、获取情报的内容，以及这些情报对朝鲜国家决策产生的影响等，以期揭示清代朝鲜通过漂流渠道获取中国情报的概貌。

一　朝鲜对中国漂流民的管理和情报收集活动

在古代，东亚海域海难事故频繁，周边国家的海难船只和人员时常漂流至朝鲜海域。随着漂流民的增加，朝鲜政府逐渐确立了针对外籍漂流民的一系列的救助方案。朝鲜海难救助制度的形成与运用不仅关系到东亚海域的秩序，还关乎朝鲜政府对周边形势的判断与权衡。朝鲜政府从国际关系、政治利益、外交关系的角度考虑漂流事件，逐渐确立了对外籍漂流民的救助制度。朝鲜政府救助外籍漂流民和海难船只的举措，与东亚秩序之间有着密切的联动关系。

朝鲜的漂流民救助制度作为清政府为中心的东亚海域秩序的一环，主要以清朝的指示为基础，根据朝鲜的国情和需求，对针对漂流民的管理和调查做了细致的规定。朝鲜对漂流民救助的有关规定见于《通文馆志》，具体如下：

> 上国人漂泊我国界，地方官为先馆接，驰报于该营，状闻形止，发遣译学问情。船完而愿从水路者，候风发回。若船破从陆者，备局草记，自京差送问情官，更为问情，具由手本于备局，仍与差员眼同领

① 具有代表性的研究成果如下：松浦章《明末清初中国商船带到日本的海外政治情报》，载《明清时代东亚海域的文化交流》，江苏人民出版社，2009，第 121 ~ 131 页；孟晓旭《漂流事件与日本的中国情报——以江户时代为中心》，《福建师范大学学报》（哲学社会科学版）2010 年第 5 期，第 139 ~ 146 页；仲光亮《论江户幕府对中国情报的搜集、处理机制——以〈华夷变态〉中的风说材料为中心》，《社会科学辑刊》2011 年第 2 期，第 139 ~ 145 页；刘芳亮《江户时期日本对中国的情报搜集活动》，《福建师范大学学报》（哲学社会科学版）2013 年第 4 期，第 116 ~ 125 页。

② 韩国方面的研究成果主要有：최영화『조선후기 표해록 연구』, 서울 : 보고사, 2018。

来。而两西漂到人，自其地直解义州，三南则领到于京城，差定汉学四五员，偕备局郎厅问情后，备局修启留接数日，差咨官分内外地押解转送原籍地方。山海关以内人则传咨北京，以外人则传咨凤凰城而还。如值使行时，则顺付，出备局本院誊录。①

由上可知，朝鲜王朝政府救助中国籍漂流民的规定可总结为：其一，中国漂流民漂流到朝鲜海域，必须对其进行“问情”即审问；其二，负责审问的官员必须以书面形式，把调查结果上报于备边司；其三，若船只完好，则优先考虑海路发回，朝鲜提供救护物品，保证其顺利返国；其四，中国人漂流至平安道和黄海道者直接送往义州，漂流至忠清道、全罗道、庆尚道等地则先移送至京城，由备边司再次审问；其五，漂流民户籍地在山海关以内者护送至北京，户籍地在山海关以外，则护送到凤凰城，移交咨文。

根据朝鲜漂流民救助制度的有关规定，漂流到朝鲜海域的外籍漂流民，必须接受朝鲜政府的多次审问。审问过程反复而仔细，需要较长时间。审问内容包括漂流民个人信息、出航目的、漂流经过、装船物品等基本信息，此外还会涵盖这些漂流民能向朝鲜政府提供的各种情报。外籍人士漂流到朝鲜海域，管辖区地方官员要及时向备边司汇报此事，并以书面形式呈达漂流民审问结果。对外籍漂流民进行调查并记录属于地方官员处理漂流事件的主要业务，如果疏忽这个环节，会因渎职受到处罚。②

假如因语言不通等原因，地方官府无法审问漂流民，备边司会派遣译官协助调查。如果从陆路遣送漂流民，则先移送至京城，由备边司官员再度审问。漂流民调查记录会以“问情别单”形式上呈给国王审阅，③ 有时还会有“追后问情别单”，以记录多次审问的结果。另外，漂流民在朝鲜境内时常要接受地方官员的审问，不少官员的文集留有相关记录。总之，中国漂流民在朝鲜境内要接受多次审问调查之后才能回国。

备边司作为掌管军务的国家安保机关，其业务包括搜集和管理周边国家的政治、军事、外交情报，以便应对突发情况。备边司开展情报搜集工作的

---

① 《通文馆志》卷3《赉咨行》，首尔：民昌文化社，1998，第329页。

② 〔朝鲜〕黄胤锡：《颐斋乱稿》卷14，韩国学中央研究院藏书阁所藏手抄本，第89页b。

③ 《朝鲜王朝实录·英祖实录》卷26，英祖六年五月十六日，韩国史基础数据库，http://sillok. history. go. kr/id/kua_ 10605016_ 004。

过程中，非常重视通过漂流渠道获取的情报。[①]《备边司誊录》所记载的中国漂流民问情记录始见于1641年，这说明面对明清易代的混乱时局，朝鲜开始更加重视中国籍漂流民带来的情报。据笔者统计，《备边司誊录》载有194篇中国漂流民的“（追后）问情别单”。笔者还统计过《通文馆志》的记录，1636年到1889年间，中国人漂流到朝鲜海域的海难事件多达235起，漂到人数多达4320人，这个数字还不包括溺死身亡者412人。其中有明确记载的北方漂流民为1469人，占总数的34%；南方漂流民有2825人，占总数的65%。考虑到《通文馆志》有一些遗漏的记录，可以推测在清代漂流至朝鲜境内的中国人人数还要更多。而这些中国漂流民都是潜在的情报源，不论在明清鼎革时期，还是在政局稳定的18世纪，都是朝鲜获取中国情报的重要来源。

二　获取情报的方式：口头审问与笔谈

如前所述，漂流至朝鲜海域的中国漂流民，必须接受朝鲜各级官府的问情调查。“问情”是朝鲜救助外籍漂流民时非常重视的环节。一般情况下，漂流到陌生国度朝鲜之后，作为难民的中国漂流民为了获得及时有效的救助，都会积极配合“问情”。那么，漂流民“问情”是如何进行的呢？

首先，朝鲜政府在主要海边官衙配备了专门的译官，这些译官是国家专门培养的翻译人才。济州、釜山等漂流频发地区通常会配备汉学译官（汉语翻译）和倭学译官（日语翻译）。如果漂流发生在没有配备译官的地方，会从周边调动译官，有时备边司也会派遣译官协助地方官府调查漂流民。为了应对频繁的漂流事件，译官会随时待命。

但是，中国幅员辽阔，各地方言差异很大，时常发生沟通困难的情况，这时“笔谈”便成为与漂流民沟通交流的有效方式。通晓汉文是朝鲜官员的必备素质之一，而中国漂流民大多是商人，即便不是“满腹经纶”，也是识字的。因此，“问情”通常会结合口头审讯和笔谈交流的方式。下面通过一些具体案例来了解漂流民“问情”的展开方式。

---

① 송봉선,『조선시대에는 어떻게 정보활동을 했나?』, 서울：시대정신, 2014, p. 78.

> 庚戌（1670）五月二十五日夜，狂风大作，他国船一只致败于旋义县境末等浦沿边。同乘六十五人俱得生全，而其中剃头者二十二人，全发者四十三人，皆以黑布裹头。所着衣服或华制或清制或倭制，使汉倭译问其居住姓名败船缘由，而语音不详，莫能的知。其中解文者一人，招而近前，给纸笔使之自对……①

上述引文出自朝鲜官员李益泰的《知瀛录》。李益泰系朝鲜肃宗时期的文臣，曾任济州牧使。《知瀛录》著于1696年，是李益泰任济州牧使时所作，其中记录了1652～1693年发生在济州海域的13起漂流事件。上述引文是1670年港澳地区的沈三等60余人漂流至济州时的记录。从中可知，漂流民“问情”是以笔谈形式进行的，海难船停靠济州海域之后，负责官员带领汉学译官和倭学译官前往事故地进行调查，但是语言不通。估计漂流民操持的是粤语，朝鲜汉学译官听不懂方言，只好改用笔墨进行交流。

> 卑职八月十一日到海南县，仍留等待之意，既已驰告为有如乎。九月初三日是沙，同漂汉人等来泊于兰镇下陆，是如为去乙。卑职即为驰往，接见慰谕之后，仍为押领，还到多限桥站上止宿。初四日朝到海南官舍，问其姓名居乡来历……②

以上文字出自金指南的日本使行录《东槎日录》中的《戊辰九月初四日济州漂汉人处问情手本》。金指南系朝鲜肃宗朝著名译官，1671年译科及第，1682年官至司译院正。他作为译官多次出使中国和日本，《东槎日录》乃其1682年出使日本时所作。金指南结束日本使行回国后，于1683年9月在海南遇见了中国南方地区漂流民沈电如、杜印等人。如上述引文，金指南在海难官舍见到漂流民等，对其进行了审问。金指南的“问情”审问主要是围绕着康熙的海禁政策和台湾郑氏家族的动向等情报进行的。审问结束之后，金指南认为从南方漂流民处获得的情报非常重要，须报告当时的朝鲜国

---

① 〔朝鲜〕李益泰：《知瀛录》，济州：济州文化院，2010，第143页。

② 〔朝鲜〕金指南：《东槎日录·戊辰九月初四日济州漂汉人处问情手本》，韩国古典综合DB，http://db.itkc.or.kr/dir/item?itemId=GO#/dir/node?dataId=ITKC_GO_1396A。

王肃宗，因此将这些审问结果直接写入使行报告书，递交于上。

> 己卯冬，福建商人黄森等四十三人漂泊于康津，时大寒，有一二人死者。明年春正月二十五日，乘传诣汉师，馆于南别宫。余于二月初四日往见，画地通言语，记之左。时观者如堵，未尽问中国风土可恨，森稍通文字，故酬酢焉。①

上述引文出自李德懋的《记福建人黄森问答》。1759 年，福建商人黄森等 43 人漂流到康津海域，次年初被移送至京城，居于南别宫。李德懋闻名前去，和其中通识文字的黄森进行了笔谈交流。由于黄森等漂流民被众多朝鲜人围观，没能进行更深入的交谈。除了中国风土之外，李德懋试图通过漂流民了解汉人对明朝灭亡的看法，但漂流民有意回避了这些敏感话题。

综上所述，对漂流民的审问主要是以官员和文人为主进行的。作为难民，漂流民只能配合朝鲜的各种审问调查。"问情"是朝鲜获取中国情报的绝好机会，为了获得更多的情报，"问情"往往会结合口头审问和笔谈两种方式。

三　朝鲜从中国漂流民处获取的情报

朝鲜从中国漂流民处获取到了哪些情报？这些情报的重要性体现在什么地方？本节将围绕这些话题，试从政治军事、社会文化以及地理人文三个方面分析朝鲜获取的中国情报。

（一）政治、军事方面的情报

纵观历史，中国的动荡总会给东亚国家带来巨大冲击，朝鲜作为藩属国家，更加受中原形势变化的影响。因此像明清鼎革这样的特殊时期，朝鲜会动用一切方法，积极开展情报工作。对朝鲜来说，迅速掌握中国情报，对制

---

① 〔朝鲜〕李德懋：《青庄馆全书》卷 3《婴处文稿一·记福建人黄森问答》，韩国古典综合 DB，http：//db. itkc. or. kr/dir/item？ itemId = MO#/dir/node？ dataId = ITKC_ MO_ 0577A_ 0030_ 010_ 0190。

订外交方针、树立政治导向具有重要的指导意义。

在清代，朝鲜向中国派遣了数百使节团，这些使节除身负政治和外交的使命外，还承担了情报收集工作。但是清代初期严格管理使节团的活动，使得朝鲜的情报工作难以展开。因严格的门禁制度，朝鲜使节在北京的活动范围非常有限，除了正式的外交仪礼之外，不得离开馆所，和其他国家的使节见面交往的机会也很少。朝鲜使节在北京看到的是一派稳定的局面，虽然听到了一些南方的传闻，但是无法核实。这说明，明清易代的关键时期，朝鲜从燕行使节渠道获取的中国情报十分有限。

在这种情况下，漂流成为朝鲜政府掌握中国形势的重要途径。朝鲜政府格外重视从中国漂流民处获取的情报。只要中国船只漂流至朝鲜海域，朝鲜都会积极向漂流民打探中国的政治和军事情况。

1652 年，苏州商人苗真实等漂流到了济州海边，当时的旋义县监李卓男审问了他们。他从漂流民处获得关于南明的消息和中原的情况以及东南亚地区的消息，相关内容载于《知瀛录》：

> 问李兵，答曰：系名李子（自）成，先为寇，后将，北京争去，将崇祯天子杀了。知得两月，清朝兵马一来，又杀李兵赶去，清朝终得天下。问南方消息，答曰：南京地清朝守之。弘光之后，又有鲁王，先在漳福之地，有清朝一到，赶至广东地方。问广东消息，答曰：李子（自）成之子在广西，闻要到广东去扶鲁王，清朝兵马以不能进也。[①]

获得这些情报之后，李卓男立即报告给了济州牧使李元镇，再由李元镇上报于朝廷。又，1667 年福建商人林寅观、陈得等人漂流至济州，对他们的审问主要围绕着南明皇室子孙的情况、南明复兴的可能性以及中国政局的变化展开。[②] 获取相关情报后，审问结果马上被整理成书面报告递交于朝鲜朝廷。1670 年港澳地区的沈三等 60 多人漂流至济州，这批漂流民带去了有

---

① 〔朝鲜〕李益泰：《知瀛录》，第 128 页。

② 《朝鲜王朝实录·孝宗实录》卷 8，孝宗三年三月三十日，韩国史基础数据库，http：//sillok. history. go. kr/id/kqa_ 10303030_ 002。

关台湾郑氏势力和港澳地区的情报，这些情报由济州牧使卢锭报告于朝鲜国王显宗。[①] 1683年，漂流至济州的沈电如、杜印等人给朝鲜带去了郑克塽归顺于清、清朝实现统一和海禁解除等消息。

> 又问：康熙二十一年始开海禁云者何谓耶？曰：在前则郑之龙，外据台湾岛，有时来侵于泉障潮福等沿海地方，故海禁极严矣。又问：所谓郑之龙者，是何样人，而至今生存乎？曰：之龙乃明朝武臣也，清朝得统之后，入据海岛，自称世藩王。奉行永历年号，别作一区，而人莫敢侵犯。之龙死后，其子国信，国信子锦舍，连为边民之警患。锦舍之子克塽，去庚申年，归顺于清朝，清朝封为汉军公，方在北京。此后六部奏议，始开海禁，而收税商船云是去乙。……又问：克塽既归北京，则台湾亦必有官人而镇抚也。曰：如今台湾有捻兵一员、付将一员、道爷一员、知府一员、知县三员，以镇守耳。[②]

从上述引文可知，朝鲜从漂流民处获取的情报准确而及时。如清朝迁都北京，南明残余势力在长江以南地区的活动情况，以及1673～1681年吴三桂、庆忠、尚之信引发的叛乱一一被平复，郑氏势力退到台湾，1683年郑克塽投降，由此清朝统一，之后康熙解除海禁……一系列中国政局的变化通过漂流民被非常及时地传到了朝鲜。

在清朝的高压政策之下，朝鲜的情报工作仍能如此有效，这在很大程度上得益于漂流至朝鲜海域的中国人。笔者通过研读各种相关史料发现，漂流民提供的情报准确度极高，在对政局的变化和对政治背景的理解上显现出较高水平，属于高级情报。这些情报中重要的部分会直接上报于国王，作为决策的参考资料。

（二）社会、文化方面的情报

进入18世纪之后，中原局势稳定，清王朝日渐强大。此时，朝鲜情报

① 《朝鲜王朝实录·显宗实录》卷18，显宗十一年七月十一日，韩国史基础数据库，http://sillok.history.go.kr/id/kra_11107011_004。

② 〔朝鲜〕金指南：《东槎日录·戊辰九月初四日济州漂汉人处问情手本》，韩国古典综合DB，http://db.itkc.or.kr/dir/item?itemId=GO#/dir/node?dataId=ITKC_GO_1396A。

搜集工作的重点逐渐转向中国的社会制度方面，比以往更加重视社会文化、经济方面的情报。一直以来，朝鲜都在关注清人入关以后中原民心的动向、儒家传统的继承以及社会运营模式的变化等。而这些情报，除了漂流渠道之外，很难及时获得。清代，朝鲜使节无法涉足北京以南地区，而中国漂流民大多来自南方地区和山东。这些人给朝鲜带来了很多中国民情、风俗等文化和制度方面的情报。

那么，朝鲜从中国漂流民处具体获得了哪些社会文化方面的情报呢？请看下面一段记录：

> [问]：福建距朱夫子所居之乡几里耶？泉漳之间古多名贤，流风余俗尚有存者耶？礼乐文物之盛，比古何如？而尚尊朱夫子之道耶？
>
> [答]：朱夫子居在建宁府崇安县，离泉州一千余里。在明朝之时，名贤张瑞图、杨荣、李廷机，当今清朝李光地，此四老先生，乃名贤宰相。风俗教化礼乐文物，皆尊前朝之风化。朱夫子，不但敝省福建尊崇，两京十三省，皆尊崇。只有当今清朝制度，衣冠不似古制也。
>
> [问]：风俗，尚儒耶？尚武耶？福建距北京六千余里，亦能有赴举之士耶？科举取士之规何如？
>
> [答]：风俗尚儒亦尚武也。三年一次往北京会试。科举，只在本省，登科后，即便往京会试。第一场，四书三题，五经四题；第二场，论策二问题目；第三场，表判二题。以才中式为尚。
>
> [问]：武科亦有初试会试乎？武科之规何如？十八般武艺，皆试乎？或别有规程乎？或并讲武经乎？
>
> [答]：武举，登科后上京都会试。武科第一场，讲武经后作武经题目三篇。第二场，演武艺习射步箭。第三场，习射马箭后亦有表判二篇。会试亦同此规。
>
> [问]：明时有福建布政司参议之职，今亦有此职乎？
>
> [答]：各省诸郡，皆有手下亲兵。而豢养于城中。
>
> [问]：凡有警急，则守战之卒，皆取办于城中乎？当今兵制，比唐宋明三朝何如？兵农合而为一，而有事则徵（征）发乎？抑兵以卫农，农以养兵而兵农分而为二乎？
>
> [答]：明时，敝省左右二布政司，左右参政。今清朝，只布政使

司并参议，各省皆同。惟南原湖广陕西，布政使司二员、参议二员，各省郡县皆豢养兵丁于城中，以防不虞之患。兵制与汉唐宋明一体，兵农分而为二。兵本卫农，农则各郡县徵（征）粮以养兵矣。

［问］：即今刑法，遵尚何代耶？或用大明律耶？

［答］：刑法，乃刑部大理寺御史三衙门官爵。其律法，比大明略异也。

［问］：大国用人，亦以门阀取舍耶？编户之氓，若能登科，则清显之职，无所阻阂耶？仕宦家子弟，若无才能，则亦不能显达，而下同编户之氓耶？

［答］：用人，先以才能取舍。或编户之民，才能与仕宦之子孙相并，则仕宦之子孙居先。大抵总不过学，则庶民之子为公卿，不学则公卿之子为庶人也。

［问］：即今文章，有擅名于天下者耶？自皇明以来，文道日变，今天下文用何体？诗尚何代？江南自古多艺术之士，象纬堪舆卜筭相术，今亦崇尚，而能有妙发奇中神解邃识之人耶？

［答］：当今之世，文章著于外者，金圣叹、李卓吾、林西仲、吕晚村四位老先生。文体尊宋朝，而诗体亦同之。其艺术卜筭相法，或亦有之，只是耳闻一二，未曾目击有神解邃识之人也。①

上述引文出自任适《老隐集》中的《漂人问答》。1725 年，一艘福建商船漂流到了济州。这批漂流民获救之后经由阳城前往京城，时任阳城县监的任适与漂流民进行了笔谈交流。这批漂流民来自福建泉州府，福建是朝鲜尊崇的朱熹的故乡所在，文化底蕴浓厚。因此，任适围绕着福建逐渐展开话题，获得了中国社会、文化方面的诸多情报。这次的“问情”涉及清朝入关以后衣冠服饰的变化以及人才选拔制度、刑法制度等社会制度的方方面面，还涉及中国各个省份的农业情况、西湖风光、福建与金陵的距离以及福建与北京的距离等人文地理情报。从上述文字可以判断，与任适进行对话的漂流民具有相当的修养、学识，对中国的社会文化有着准确的把握。按理来

① 〔朝鲜〕任适：《老隐集》卷 3《杂著 · 漂人问答》，韩国古典综合 DB，http：//db. itkc. or. kr/dir/item？itemId = MO#/dir/node？dataId = ITKC_ MO_ 1003A_ 0030_ 010_ 0020。

说，调查漂流民不属于任适的职责范围，但任适出于知识分子的探求精神和官员的责任感，从中国漂流民处获取了很多有价值的情报。而这些漂流民提供的各种情报有助于消除朝鲜对清王朝的负面看法，使朝鲜了解到真实的中国。

下面再看一段文献记载：

> 瑄等农商之外无所闻识，故就问所居山东田赋之法，则以为山东皆是旱田，而分为三品。城郭村居为上地，近村肥壤为中地，山坡瘠薄为下地，其耕垦荒地则用四牛，熟田则或二或三，并粪田。二月晦，三月初下种，锄七八遭，至七八下旬始获。每亩，上田种粟二椀，中一椀半，下一椀二，椀可当高丽之一升有半，中年所收。上田粟十石，中六七石，下四五石，皆以高丽斗言之也。田租则每亩上田银三分二厘，中二分八厘，下二分二厘，岁歉则半减，大凶则全免。身庸则每丁岁收银一钱六分，十岁为丁，六十而免。每五年，审户造丁籍，无论贫富，一例收之。船税则每于四季朔，海船一只纳银三两。商税则随货多少而定额，户调则无之，凡税悉以钱银，不用谷布。故自天子、王侯、百官、吏胥皆以俸钱贸易衣食。又民年八十者，官家岁给银三两，绢一匹，锦衣一套。年饥赈救则每月农夫米七十椀，儿童二十四椀，皆以干粮计给矣。瑄等凡量粟以椀计者以山东之升，大与高丽斗一样云。①

上述文字出自宋廷奎《海外闻见录》中的《山东漂商》。宋廷奎系朝鲜肃宗朝的文臣，《海外闻见录》著于1706年，作者时任济州牧使。1706年，山东农商车瑄等漂流至济州，宋廷奎负责审问这批漂流民。车瑄等人主要从事农业和商业，除此之外无所文识，所以“问情”主要是围绕着山东地区的田赋之法、田租、船税等内容进行的。作为官员，宋廷奎对中国社会的租税制度、抚恤制度等管理体系有着浓厚的兴趣。

除此之外，还有很多类似的文献记录证明，朝鲜从中国漂流民处获取了很多中国社会和文化方面的情报。朝鲜之所以关注这些情报，是因为朝鲜试

① 〔朝鲜〕宋廷奎：《海外闻见录·山东漂商》，韩国国立中央图书馆所藏本，第16页a。

图将自己的社会风俗和清朝的社会文化进行比较，以评判清代社会是否具有中华风貌。另外，朝鲜出于自身发展需求，也越来越关注这些社会文化方面的情报，试图借鉴其优秀的经验，提高自身发展水平。由中国漂流民带去的有关中国社会文化的情报，帮助朝鲜逐渐消除对清朝的偏见，使朝鲜更加客观地认清了时代的发展变化和本国的情况。

（三）人文、地理方面的情报

朝鲜从中国漂流民处除获取了军事、政治、风俗、民情方面的情报外，还获得了许多人文地理情报。人文地理情报关系到国家安保、经济发展，不管是和平年代还是动荡时期，都具有重要的价值。一直以来，朝鲜不断收集周边国家的地理情报，收集中国、日本的地理情报是朝鲜情报工作的重点之一。例如，17 世纪朝鲜为了获得准确度较高的日本地图，曾不惜努力几十年。朝鲜亦迫切地想获得最新的中国地理情报。起初，清朝出于安保考虑，严禁地理志一类书籍的外流，所以朝鲜的情报收集工作并没有那么顺利。此时，中国漂流民成了朝鲜获得东亚地理情报的一个有效途径。漂流民大多经商，见多识广，又常年奔波于海上，掌握很多地理信息。因此，朝鲜积极向中国漂流民打听周边国家的地理情况，而这些漂流民提供的地理情报又多基于其切身实践，所以准确度较高，朝鲜也非常重视这些情报。

朝鲜通过漂流民获得的中国地理情报见于《备边司誊录》等官方史料和其他相关文献。下面请看一则《备边司誊录》中《漂汉人问情别单》的记载：

问：江南去北京几许里？蓟州去江南几许里？太仓州去蓟州几许里？宝山县去太仓州几许里？县有几个官员？

答：江南到北京二千四百余里，蓟州到江南则不知，太仓州到宝山一百二十里，宝山到蓟州二百四十里，宝山到北京二千六百余里。县有知县一员管民，参将一员管兵。

问：参将所管之兵，其数几何？

答：买卖船商，不能知其数。

问：江南一年再种云，耕作何时？收获何时？所种何谷？而有水田、旱田之别乎？

答：水田种稻或移秧，九月收获，后水干则种麦，旱田多种木绵。①

据上所述，除军事情报以外，朝鲜官员也关注中国的地理、气候、物产、农耕等人文地理情报。通过漂流民审问，朝鲜获得了江南到北京、太仓到宝山县的距离等情报。另，前文所述的任适《漂人问答》中不仅收录了中国社会文化方面的情报，亦谈及中国各个省份的农业情况、西湖风光、福建与金陵的距离、福建与北京的距离等人文地理情报。由于篇幅有限，本节不再一一引述。

清朝建立之后，朝鲜不断收集周边国家和地区的地理情报。从多种文献记载和众多事例来看，中国漂流民提供的信息为朝鲜积累和更新地理情报做出了不可忽视的贡献。

四　结语

17 世纪中叶，朝鲜被纳入以清王朝为中心的东亚海域秩序，并且在其指导下建立了漂流民救助制度。这一制度明确规定，漂流到朝鲜海域的中国人必须接受朝鲜各级官府的问情调查。“问情”是朝鲜政府对待外籍漂流民时最为重视的环节，为了获得更多的情报，“问情”往往会结合口头审问和笔谈两种方式进行。朝鲜通过漂流民获取的中国情报大致可以分为三类：政治、军事方面的情报；社会、文化方面的情报；人文、地理方面的情报。

明清鼎革时期，朝鲜从中国漂流民处获得了许多及时、准确的政治、军事方面的情报。朝鲜对此非常重视，一旦获得相关情报，辨析真伪之后会立即上报于朝廷，作为外交决策的参考资料。进入 18 世纪之后，清王朝日渐壮大，中原局势稳定。这时，朝鲜情报工作的关注点逐渐向中国的社会制度方面转移，收集中国情报时比以前更加注重文化、经济方面的内容。朝鲜从漂流民处获得的关于社会制度和文化的情报，有助于消除其对清王朝的负面

① 《备边司誊录》卷 138，《英祖三十六年一月二十八·茂长漂人问情别单》，韩国史基础数据库，http：//db. history. go. kr/item/level. do？ setId = 3&itemId = bb&synonym = off&chinessChar = on&page = 1&pre_ page = 1&brokerPagingInfo = &position = 0&levelId = bb_ 138_ 001_ 01_ 0570。

认识，使朝鲜了解到真实的中国。除此之外，朝鲜还从中国漂流民处获得了大量的人文地理情报，这些情报，帮助朝鲜更新和积累东亚地理知识，为朝鲜客观准确地认识东亚世界提供了帮助。

Chinese Castaways and Chosŏn's Information Collection in the Qing Dynasty

Cui Yinghua

Abstract After the 17th century, Chosŏn was governed by the Qing Dynasty under the order of the East Asian waters, and a rescue system for drifting people was established under the supervision of the Qing Dynasty. According to the regulations of the system, Chinese who drifted into the coastal waters of Chosŏn were required to undergo "investigations" by the Chosŏn officials of all levels, and the "investigations" were the most important part of the system when the Chosŏn officials inspected foreign drifters. To more effectively acquire such information, investigations were carried out in two ways: questioning through interpreters and written conversations. The information collected consisted of political, military information and societal, cultural information and humanities, geographic information, which expanded Chosŏn's knowledge of the outside world and influenced its politics and diplomacy.

Keywords Qing Dynasty; Chosŏn; Chinese Castaways; Information Collection

论朝鲜文人的文化心理及场域呈现

——以崔溥《漂海录》中的诗词观念为例*

樊　葵

【内容提要】朝鲜文人崔溥于明弘治年间漂流至浙江台州，返国后撰《漂海录》。在书中崔溥表现出某些轻视诗词创作的观念，而事实上，崔氏有着深厚的中国传统文学基础，对于当时明朝与朝鲜使节往来之诗词唱和亦非常熟悉，其本人也能创作汉诗。通过多维透视这种观念与文学实践的矛盾性，可以探究中国文学的传播、影响以及朝鲜文人复杂的文化心理，从而展现以中国文学为参照系、根据具体场域来考察研究域外文学的重要性。

【关键词】崔溥　《漂海录》　诗词观念　文化心理　场域

【作者简介】樊葵，文学博士，杭州师范大学人文学院副教授。

明孝宗弘治年间，朝鲜国官员崔溥自济州乘舟出发返乡奔丧，途中因风漂至浙江台州三门一带，上岸后由地方官员甄别并护送至北京，经辽东返国。崔溥归国后，奉朝鲜王命作《漂海录》五万余字，以日录的形式，记载了他在中国的行程以及和众多官员、士人的交往活动。其内容“涉及明朝弘治初年政治、军事、经济、文化、交通以及市井风情等方面的情况，对于研究我国明代海防、政制、司法、运河、城市、地志、民俗以及两国关系

---

* 本文系国家社科基金重点项目“韩国古代词文学及全集笺注”（项目编号：15AWW001）的阶段性成果。

等，堪为一部很有参证价值的典籍”。[①] 崔溥的《漂海录》作为异域藩属国官员所撰日录，提供了一个观察明代社会的“他者”视角，较之传世中国文献的“主体”视角，这种“他者”视角有重要的补充和反观意义。而其中关于诗词文学的若干交谈记录，则反映了崔溥的文学观念，并折射出朝鲜文人对中国文学传统的某些文化心理，这一点亦是值得观照的问题。本文拟以此为例，就崔溥关于诗词创作的观念进行分析，进而探究其背后的文化心理、交流场域等问题，或可为理解古代东亚文学、文化传播提供一些新的视角。

一　崔溥《漂海录》中的诗词观念

崔溥（1454～1504），字渊渊，号锦南。生平略见其外孙柳希春所撰《锦南先生事实记》：

> 二十四，中进士第三。……筮仕立朝，累官为典籍，参修《东国通鉴》，著论一日数十首，明白的确，大为时论所推诩。丙午，中重试第二，自司宪府监察为弘文馆副修撰，寻升修撰。丁未，升副校理。九月，以推刷敬差官往济州。弘治戊申闰正月，闻父丧，遑忙渡海，遭风漂至中国之台州。六月，回到汉阳青坡驿，承上命撰进《漂海录》。厥后连丁内艰。壬子正月，免丧除持平。谏官以前日初丧应命撰录为过而驳之。上以其议为太深，御宣政殿引见，问漂流首末。公细陈榻前。上嗟叹曰：“尔跋涉死地，亦能华国。”乃赐衣一袭。[②]

崔溥的著述除《漂海录》之外，只有数量不多的几篇文章传世。柳希春在隆庆年间所辑录的也很有限：“先生既酷没，又无嗣子，其平生著述散亡零落，十无二三。希春收拾于六十年之后，仅得疏记碑铭七首并《东国

① 葛振家：《崔溥〈漂海录〉初探》，载氏著《崔溥〈漂海录〉评注》，线装书局，2002，第1页。

② 〔朝鲜〕柳希春：《眉岩集》卷3《锦南先生事实记》，《韩国文集丛刊》，首尔：景仁文化社，1996，第34册，第194页。

通鉴论》一百二十首为二卷”。[①]

据《漂海录》所载，崔溥在浙江登岸后，被护送北上，途经各地均与当地官员或文人有所往来，其间难免涉及谈文论艺或诗词唱酬之事。可是《漂海录》中，崔溥在谈及自己的诗词创作时，却一概表现出对诗词创作活动的轻视甚至蔑视态度。如其中记载崔溥在海门卫桃渚所与王碧、卢夫容等人的问答云：

> 其人又问曰：“你作诗否?”臣答曰：“诗词乃轻薄子嘲弄风月之资，非学道笃实君子所为也。我以格致诚正为学，不用意学夫诗词也。若或有人先倡，不得不和耳。”[②]

又崔溥在姑苏驿与王、宋二御史的问答云：

> 当午，有按察御史二大人，姓王若宋者来驿中，待我礼宾馆，问：“你官何品?”臣对曰：“五品官。”又曰：“你能诗否?”臣曰：“我国士子皆以经学穷理为业，嘲弄风月为贱，故我亦不学诗词。”[③]

这两段记述如出一辙，是对于不同的询问者关于“作诗否”“能诗否”的回答。细绎崔溥之语，约略可见四层意思：其一，诗词乃轻薄子之事，非学道笃实君子之所为，这是从创作者角度对诗词的否定性观念；其二，诗词乃嘲风弄月之资，非格物致知、正心诚意之学，这是从创作内容角度对诗词的否定性观念；其三，朝鲜士人均持上述观念，这是从朝鲜国文人的普遍性角度对诗词的否定性观念；其四，故我不学诗词或不用意学诗词，偶有所作，亦因他人先有所作，不得不唱和而已，这是从其本人的个体角度对诗词的否定性观念。

由此可见，崔溥在总体上表现出对诗词创作的否定性态度，认为其体甚卑，厥品不高，有碍于穷理或修身，故不足为之。

---

① 〔朝鲜〕柳希春：《眉岩集》卷3《锦南先生事实记》，《韩国文集丛刊》，第34册，第195页。

② 葛振家：《崔溥〈漂海录〉评注》，第59～60页。

③ 葛振家：《崔溥〈漂海录〉评注》，第106页。

二　崔溥的诗词观与文学实践的矛盾性

众所周知，中国文学作品及其文学传统很早就东传进入朝鲜半岛并直接影响东国文人的文学创作。就诗歌而言，从统一新罗时代到高丽王朝，通过各种传播途径，唐宋诗歌中的名篇佳作已在朝鲜半岛流播；就词而言，至少在高丽宣宗之前，唐宋词乐及词作也开始了在东国的传播和唱和。自高丽光宗朝开始的科举，完全承袭中原王朝的制度，亦以诗赋取士。高丽的士子们与中国士子一样，精通诗艺是基本条件，仅有高下之别，而无能否之异。高丽宫廷中诗赋创作之风亦盛。如成宗十四年（995）春甚至特别下教云："予恐业文之士，才得科名，各牵公务，以废素业。其年五十以下未经知制诰者，翰林院出题，令每月进诗三篇、赋一篇。在外文官，自为诗三十篇、赋一篇，岁抄附计吏以进，翰林品题以闻。"① 在这样的要求下，从士子至文官，无不需要精研诗学。高丽王朝的文人中，李奎报、李齐贤各在诗歌创作和词体创作方面达到极高的水平，可视为东国文学的高峰。在朝鲜王朝建国之前，中国诗词文学的不断传播使得诗词传统早已深植于海东，且成为朝鲜文人知识背景的建构要素之一。流传至今的上百部朝鲜文人诗文集和总数近两千首的词作，就是明证。由此观之，朝鲜士人的创作实际，与崔溥对于诗词创作的否定性观念是存在矛盾的。

即使从崔溥的个体角度视之，其观念与其诗文实践也有着现实的矛盾性。其一，崔溥本人对于中国传统的诗词文学非常熟悉。虽自称"不学诗词"，但中国行程中所见所闻之风景地名，都能让崔氏立刻联想起中国传统的文人典故或诗词文作品。如《漂海录》卷2记其在绍兴：

> 兰亭在娄公阜上天章寺之前，即王羲之修禊处。贺家湖在城西南十余里，有贺知章千秋观旧基。剡溪在秦望山之南嵊县之地，距府百余里，即子猷访戴逵之溪也。②

① 〔朝鲜〕郑麟趾：《高丽史》卷8，成宗十四年，首尔：亚细亚文化社，1983，第79页。

② 葛振家：《崔溥〈漂海录〉评注》，第86页。

又同卷记杭州云：

竹阁在广化院，白乐天所建。乐天诗“宵眠竹阁间”者此也。岳鄂王墓在栖霞岭口。冷泉亭在灵隐寺前飞来峰下。古志“许由尝饮于灵隐涧”者此也。表忠观在龙山南，有东坡所撰碑。凤篁岭在放牧马场西，即东坡访辨才之处。南屏山在兴教寺后，崖壁剥落之余，唯存司马温公隶书“家人卦”及米元章书“琴台”二字，坡诗“我识南屏金鲫鱼”者此也。……玉壶园在钱塘门外，东坡咏南漪堂杜鹃花即此也。……石函桥在水磨头，白乐天《湖石记》云“钱塘一名上湖，北有石函”者是也。总宜园在德生堂西，摘东坡诗“淡妆浓抹总相宜”二字，御书堂匾。断桥在总宜园西，所谓“断桥斜日岸乌纱”者此也。①

又同卷记徐州云：

城之东有护城堤，又有黄楼旧基，即苏轼守徐时所建。苏辙有《黄楼赋》，至今称道。②

由这些记述，可推知崔氏以及当时朝鲜文人在中国传统诗词文学方面的知识是丰富而广博的。高丽及朝鲜长期作为中原王朝的藩属国，尤其是元朝与高丽、明朝与朝鲜，在政治上均正式确立宗藩关系，使得包括诗词在内的中国文学在朝鲜半岛的传播渠道十分通畅，甚至可以说当时朝鲜文人的知识世界实际上与中国文人的差别是非常有限的。

其二，崔溥对于当时中朝外交使节往来所产生的诗词文学作品，同样非常熟悉。如《漂海录》卷2载其在杭州：

有一人来问曰：“景泰年间，我国给事中官张宁奉使你国，做却金亭诗《皇华集》，你晓得否？”臣对曰：“张给事到我国，著《皇华集》，其中题汉江楼诗‘光摇青雀舫，影落白鸥洲。望远天疑尽，凌虚

① 葛振家：《崔溥〈漂海录〉评注》，第98~99页。

② 葛振家：《崔溥〈漂海录〉评注》，第122页。

地欲浮'之句尤称籍。"其人喜形于色，又云："张给事致仕在家。家在嘉兴府之海盐县，距此百里。张公到此杭城，闻朝鲜文士漂海来，欲问朝鲜事。留待累日，前一日回去。"问其人姓名，则乃王玠，系给事甥也。①

同卷还记录了崔溥在嘉兴府西水驿与驿丞何荣谈诗事：

荣另将菜馔、干鸡、八带鱼等物以赠，曰："我朝郎中祁顺、行人张谨曾使朝鲜，著《皇华集》，国人赓和，徐居正居首列也。其诗有曰：'明皇若是三朝事，文物衣冠上国同。'今见足下，诚千载一遇，蒙不弃，复承和诗，谨奉薄礼，少助舟中一膳，希目入幸甚。"臣曰："祁郎中文章清德，人所钦慕，今为甚么官职？张行人亦任甚么职事？"荣曰："祁郎中见贬为贵州石阡府知府，今已卒矣；张行人被罪，今充锦衣卫之军。"因问曰："徐居正今为宁馨官职？"臣曰："为议政府左赞成。"荣曰："居正文章亦海东人物也。"②

如果说白居易、苏轼等中国文人盛名远播于海东，高丽、朝鲜时代的文士对其诗词作品本就较为熟稔，故崔溥能举其作品与山川地理名胜相证发，盖题中应有之义，并不稀奇，那么在海难漂没之余、行囊空涩之际，崔氏对于张宁、祁顺、张谨出使朝鲜之作以及朝鲜徐居正的和诗名句，也都能信手拈来，这就体现了作为中朝外交使节唱和诗集《皇华集》的影响力，同时也说明了崔溥对于诗词文学绝非如他自己所说的那样全不经意。

其三，崔溥本人实亦擅诗。《漂海录》中多次记述了崔溥同中国文人或官员的诗歌往来情况，略列举如下：

（崔溥在桃渚所，把总松门等处备倭指挥使刘泽来问）问毕，因曰："汝邦屡岁朝贡，义有君臣之好，既无侵逆之情，当遇以礼。各宜安心，勿生他虑。转送赴京，遣还本土。急促行装，不许稽缓。"即馈

① 葛振家：《崔溥〈漂海录〉评注》，第92页。
② 葛振家：《崔溥〈漂海录〉评注》，第103页。

以茶果。臣即做谢诗以拜。

（崔溥在绍兴府，总督备倭署都指挥佥事黄宗、巡视海道副使吴文元、布政司分守右参议陈潭询问毕）总兵官三使相即馈臣以茶果，仍书单字以赐。……臣即做谢诗再拜。三使相亦起答礼致恭。又谓臣曰："看汝谢诗，此地方山川汝何知之详？必此地人所说。"臣曰："四顾无亲，语音不通，谁与话言？我尝阅中国地图，到此臆记耳。"

（崔溥在杭州）布政司大人徐圭、按察司副使魏福同坐驿客馆，引臣等曰："送你还国，你可放心好还。"臣即做诗以谢。

（崔溥在杭州，识李节，李节之友人某）袖《小学》一部，因节以遗臣，欲求诗。臣曰："无功而受人之赐，是伤廉之地，敢辞。"节曰："此人欲求一咏以为记尔。"臣曰："做得诗不好，举得笔亦不好，以不好易人之好，非所欲也。"其人还袖去。李节谓臣曰："交以道，接以礼，则孔子亦受是，何却之之甚？"臣曰："彼人非是肯舍册也，意在得诗。则交不以道，接不以礼，我若一受，则是卖诗取直，故却之。"节唯唯而退。

（崔溥在嘉兴府西水驿）驿丞何荣以诗三绝见遗。臣亦和之。

（崔溥在姑苏驿，王、宋二御史）问毕，命外郎奉米一盘、豆腐一盘、面筋一盘以馈。臣作诗以谢。又有官人姓郑者求和约轩诗韵，臣即次之。

（崔溥抵京城诣兵部）有尚书余子俊坐一厅，左侍郎姓何、右侍郎姓阮对坐一厅，郎中二员、主事官四员连坐一厅。臣等先谒侍郎，次谒尚书，然后诣郎中主事官厅。郎中等不复问臣以漂来事，指庭中槐阴为题令做绝句，又以渡海为题令做唐律。①

尽管崔溥的这些诗歌似均未传世，但上述记载足以证明其诗歌创作的实绩和能力。其中固有崔氏自称"若或有人先倡，不得不和耳"的情形，但远非全部。这与其所谓诗词为轻薄子嘲弄风月之资的观念构成了明显的冲突与矛盾。

三　传播场域与朝鲜文人复杂的文化心理

崔溥对诗词创作的否定性观念，与朝鲜文人及文学的实际状态乃至与其

① 葛振家：《崔溥〈漂海录〉评注》，第 66、79、93、94、103、106、145 页。

本人的知识世界及文学活动，均有矛盾。这种显而易见的矛盾性缘何产生，又折射出怎样的文化心理？

1. 程朱理学文学观的影响

朝鲜王朝以程朱理学为正统思想。理学在元代即传入高丽，到朝鲜王朝时期更是占据了主流地位，影响所及，士人皆以程朱之说为依归。这一点在前引崔溥与中国官员或士人的对答中已体现得非常明显。崔溥本人“博览载籍，该洽过人，尤邃于《易》。教导后生，亹亹不倦。海南为县，僻在海隅，旧无文学，礼仪亦荒陋。先生受室是邑，累年游处，以正论变陋俗。又得尹孝贞、林遇利二秀才及我先人，倒廪倾困而诲之。三人以所学授徒，一乡翕然遂为文献之邦。宦游京洛，亦有英才朴誾等数十人从之游。谪端川，亦有权遇鸾等质疑请教。先生严厉廉介，居家未尝为甑石谋。出入台谏侍从，急于报国，奋不顾身，累进危言，力扶大义。自少抱经济之才，曾不一施。遭值否运，卒死非辜。士林痛惜”。[①] 从这些记载看，崔溥一生讲学授徒和立朝为人，均流露出鲜明的程朱理学印记。而程朱理学思想中本就有着轻视诗文的传统观念，如程颐就屡屡表达过诗文害道的思想：

> 问：“作文害道否？”曰：“害也。凡为文，不专意则不工，若专意则志局于此，又安能与天地同其大也？《书》曰：‘玩物丧志。’为文亦玩物也。”……或问：“诗可学否？”曰：“既学诗，须是用功，方合诗人格。既用功，甚妨事，古人诗云：‘吟成五个字，用破一生心。’又谓：‘可惜一生心，用在五字上。’此言甚当。”先生尝说：“王子真曾寄药来，某无以答他。某素不作诗，亦非是禁止不作，但不欲为此闲言语。且如今言能诗无如杜甫，如云‘穿花蛱蝶深深见，点水蜻蜓款款飞’，如此闲言语，道出作甚？某所以不常作诗。”[②]

在程颐看来，为诗为文就是“玩物丧志”的表现，崔溥所谓“嘲弄风

① 〔朝鲜〕柳希春：《眉岩集》卷3《锦南先生事实记》，《韩国文集丛刊》，第34册，第195页。

② （北宋）程颢、（北宋）程颐：《河南程氏遗书》卷18《伊川先生语四》，《二程集》，中华书局，1981，第239页。

月”的观念无疑滥觞于此。

朱熹虽然也说：“诗出乎志者也，乐出乎诗者。然则志者诗之本，而乐者其末也。末虽亡，不害本之存，患学者不能平心和气、从容讽咏以求之情性之中耳。”① 然朱子本就善作诗文，故其看待诗文创作的观念不似程颐那么极端，如其评张拭文云：“且世之所贵乎南轩之文者，以其发明义理之精，而非以其文词之富也。”② 相对而言，朱子此说没有完全否定诗文的价值，而是转而强调诗文所发明的义理的价值，是高明而通达之见。这也就提供了一个转圜的余地。《漂海录》中，崔溥一方面高言诗文害道，不断强调“我不学诗词”，另一方面却又但逢获赠礼遇均作诗以谢，照写不误，并不构成内心冲突。

2. 弱势文化的自我维护心态

高丽、朝鲜两朝长期作为中原王朝的藩属国，以事大为基本国策，东国士人对于中原文化的仰慕和欣羡也成为其基本的文化心理。但事实上，从高丽后期至李氏朝鲜时代，随着与中原王朝外交关系的变化，东国文人面对中国文学的强大影响时，其心态已由单纯地模仿学习向更微妙复杂的层面发展。具体到崔溥《漂海录》中所体现的轻视诗词，也应置于这一宏观背景中进行考察。

诗词文的创作本就是中原传统文化中的重要一环，它们既与科举有关联，又是文人的基本表达工具，更成为外交使节往来过程中的交流手段，《皇华集》就是一个典型的例子。但是朝鲜士人在诗词创作方面的心态是复杂的。一方面，他们渴求对中国传统文学的学习和效仿，对于杜甫、苏轼等中国著名文人有强烈的崇敬意识，且从高丽朝的李奎报、李齐贤到朝鲜朝的徐居正等，不乏优秀的诗人。另一方面，相对于中原王朝，二者的诗词文学地位显然是悬殊的。是以东国文人在慕华心理之外，又必须寻找到一个相对稳定的文化自我意识和自我认同。从传播学的角度看，弱势文化在面对和接受强势文化时，常常会有一种隐含状态的自我维护心理，以达到更平衡的自我认同。就崔溥《漂海录》而言，其作为朝鲜文士，不断向明朝官员及文

① （南宋）朱熹：《朱文公全集》卷37《答陈体仁》，《朱子全书》，上海古籍出版社、安徽教育出版社，2002，第21册，第1653～1654页。

② （南宋）朱熹：《朱文公文集》卷53《答胡季随》，《朱子全书》，第22册，第2514页。

人强调诗词“玩物丧志”的一面，实际上很可能有着潜意识中的文化维护心理。崔氏所谓“我不学诗词”“嘲弄风月之资”等语，与其说是一种文学观念，不如说是以一种“非不能也，乃不为也”进而“不屑为”的姿态对自身弱势文化境地进行的自我安慰与维护，前引程颐等诗词害道的理学文学观则成为其有力的支撑。这其中或多或少也隐含着在文学和文化的传播与接受过程中，朝鲜文人强调民族本位性、构建并塑造自身文化特殊性的努力。就程朱理学而言，作为宗主国的明朝和作为藩属国的朝鲜，均视其为正统，而朝鲜文人则极力强调朝鲜程朱理学的纯粹性，并引以为傲，进而寻求相对于中原王朝文化的心理优势。这种心理学上的保护性错觉，就是为了缓解文化弱势的焦虑情绪而产生的心理反应。①

兹另举一例。清代乾隆年间朝鲜文人洪大容、金在行（字平仲）随朝鲜使节到北京，与杭州来京应试的举子潘庭筠（字兰公）、严诚（字力闇）以及浙江解元陆飞等会面笔谈多次，后洪大容将所谈汇为《乾净衕笔谈》一书。其中记载与严诚的一次谈话云：

> 平仲以纸请书画。力闇曰：“兽蹄鸟迹交东国。”余曰：“前有李牧隐先生入中国，与人唱酬。有人戏曰：‘兽蹄鸟迹之道交于中国。’李即对曰：‘鸡鸣犬吠之声达于四境。’其人叹服。今日言与此相反。”②

在这场对话中，“中国”和“四境”构成了明显的两极，而洪大容借李穑之语将“中国”与“四境”这一组具有文化象征内涵的词语，转化为“兽蹄鸟迹”与“鸡鸣犬吠”的对照，其实就是试图抹去其夷夏对指的文化意蕴。

传播是社会关系的体现，文学传播也不例外。朝鲜文人这种“对权威地位的隐含需求”，③ 正是两国政治与文化的复杂关系的折射。

事实上，不仅有诸如崔溥的轻诗词观，朝鲜文人对两国语音声调差异性

---

① 参见〔英〕戴维·莫利、〔英〕凯文·罗宾斯：《认同的空间》，司艳译，南京大学出版社，2001，第144页。

② 〔朝鲜〕洪大容：《乾净衕笔谈》，上海古籍出版社，2010，第24页。

③ 〔法〕阿莱克斯·穆奇艾利：《传通影响力——操控、说服机制研究》，宋嘉宁译，中国传媒大学出版社，2009，第45页。

的反复强调，在某种程度上也可视为对其文化弱势的一种开脱。高丽、朝鲜两朝的官方语言文字均与中原王朝一致，这对文学与文化传播本是重要的便利条件。然而，当谈论填词创作时，朝鲜文人却经常强调中国与朝鲜缘于地理分别而在语音声调上具有差异性。如：

吾东方语音与中国不同，李相国、李大谏、猊山、牧隐，皆以雄文大手，未尝措手。[①]

敝邦音调有异，不惯此作。[②]

客曰："乐府非人人可能，况东方自古无雅乐，子之为乐府，不亦滥乎？"余曰："凡所谓乐府，必得中气然后可也。东坡生长于蜀，所偏只腭音，欲谐而未谐者，气颓然也。吾东声音，已偏于齿，何能普也？只依方音之平调、羽调、界面调，要不失五音，则何不可之有？"[③]

这些表述强调的都是音调差异导致了高丽、朝鲜士人无法像中原文人那样熟练掌握四声，故填词词律不能精审。更有甚者，将整个东国文学均置于所谓声音因素影响之下。如韩致奫《海东绎史》载：

高丽之学，始于箕子。日本之学，始于徐福。安南之学，始于汉置刺史。其后数千年间，其文皆不免于夷狄之风，窘竭鄙陋，不足以续圣教者，盖其声音不同，其奇妙幽玄之理，非笔舌之可传，故不相合。[④]

然而这种差别是否如其所言有想象的那么大，是值得怀疑的。元明以后的中国文人在诗词创作中，同样面临语音与唐宋已有较大变迁的问题。即使在唐宋时期，也有方言入词等现象。因此，朝鲜士人对音声差异的极度强调，恐怕很大程度上也是其面对强势文化找寻的一个心理支撑点。

---

① 〔朝鲜〕徐居正：《东人诗话》卷上，《高丽汉诗文学集成》，民昌文化社，1994，第446～447页。

② 申光汉《玉楼春》词注。参见〔韩〕柳己洙《历代韩国词总集》，韩信大学校出版部，2006，第97页。

③ 李衡祥《巫山一段云》词注。参见〔韩〕柳己洙《历代韩国词总集》，第200页。

④ 〔朝鲜〕韩致奫：《海东绎史》卷59《艺文志·杂缀》引《原始秘书》，首尔：景仁文化社，1990，下册，第273页。

3. 观念的场域呈现

就朝鲜士人面对中国文学的文化心理而言，阐释的维度自然是多元的，而其中场域这一维度却常常容易被忽略。“传播的背景（setting）或者语境（context）作为传播要素的意思是：每一则信息都是由一位发送者或编码人生产的，都有一个背景或语境框架。背景或语境也可被视为环境，即物质或心理的‘场域’，传播的信息在此被编成或被接收”。[①] 场域可能影响话题的特征和说话的主题。如崔溥的前述观念就是在一种特殊的场域中发生，并在同样特殊的场域中被记述的。

崔溥对话的对象是明朝的地方官员或文人，即两者之间是藩属国官员与宗主国官员或文人之间的对话。这一特定的交流场所衍生的特定的语境意识，影响到《漂海录》中崔溥的身份定位和观念呈现。不难看出，《漂海录》中崔溥的形象是臻于完美的。例如当他抵达浙江沿海遭遇海盗时，手下劝其更换丧服，具冠带，以示官人之仪，崔溥予以拒绝，并谓“释丧即吉，非孝也；以诈欺人，非信也”；[②] 登岸后又反复告诫随行众人云：“我国本礼义之国，虽漂奔窘遽之间，亦当示以威仪，使此地人知我国礼节如是。”[③] 到北京后向明朝皇帝谢恩时不得已更换吉服，礼毕即复丧服。这种重礼义尊孝道的信念当然是崔氏的本心，但在与明朝官员或文人的交流中，这一点被尤加强调，未免就有特殊的意味了。可见就身份定位而言，崔溥始终表现出作为一个朝鲜官员的敏感性。在论及诗文等文人之间的话题时，这种场域的边界自然也是存在的，故在与中国文人的对话中，崔溥作为朝鲜文人的自我定位、认同以及相应的观念，自然会得到明显的强调。

需要注意的另一个场域是《漂海录》的书写语境。《漂海录》一书是崔溥回到朝鲜守丧期满后，得到朝鲜成宗的召见，承王命记述而作的。由“说”而“作”，此时生成了第二层面的对话对象，即隐含的读者。奉王命而作，其预期的阅读对象首先是朝鲜国王，这是由君臣关系构成的书写语境。此外，作为一名朝鲜的士人与官员，本国同僚自然也是潜在的读者；而作为一部记录自己在异国的行程与活动的著作，其对象国的文人官员亦是潜

---

① 〔美〕迈克尔·普罗瑟：《文化对话——跨文化传播导论》，何道宽译，北京大学出版社，2013，第 39 页。

② 葛振家：《崔溥〈漂海录〉评注》，第 51 页。

③ 葛振家：《崔溥〈漂海录〉评注》，第 54 页。

在的读者群。这就构成了一个特殊的书写场域，阅读对象复杂，包含对上、对内、对外多重指向，各有侧重。进而这多重指向共同构成了一个合力，促使作者的话语指归努力要去表现自己是如何维护朝鲜国尊严的。从书中非文学活动的记述亦不难看出这一意图。如崔溥一行经过健跳所时：

有一人以丙午年登科小录来示臣，曰："此吾的登科第榜录也。"又指点录中张辅二字曰："此吾的姓名也。"因问曰："你国亦贵其登科者乎？"曰："然。"曰："我国制，草茅士登第者，皆官给俸禄，旌表门闾，刺衔亦书赐进士及第某科某等人"云云。引臣至其家，则其家前街果以雕龙石柱作二层三间之门，金碧眩曜，其上大书"丙午科张辅之家"之标。辅盖以己之登第夸示臣。臣亦以浮诞之言夸之曰："我再中科第，岁受米二百石，旌门三层，足下其不及于我矣。"辅曰："何以知之？"臣曰："我之旌门远莫致之。我有文科重试小录在此。"即拔示之。辅于录中见臣职姓名，下跪曰："我殆不及矣。"①

又崔溥及其随行人等都得到明朝皇帝的厚赐，崔告诫随从云：

帝之抚我赏我，都是我王畏天事大之德，非汝等所自致。汝其勿忘我王之德，勿轻帝赐。②

在这两场对话中，崔氏固然可能是实录其事，但字里行间的情绪与心理，既有代表朝鲜官员的傲骨，又有向朝鲜国王表达的恭敬之意。从场域的角度来反观崔溥《漂海录》中所载对诗词创作的某些否定性观念，可推测其或许并不全然代表崔氏一贯以来的主张，而是在与明朝官员、文人的现实交流中，在与潜在读者的想象交流中，一种有意图的表达，是一种强调某种倾向的观念呈现。这种推测似乎可以解释崔溥诗词观与其文学实践之间的矛盾。

场域对观念产生的偏移效果可另举一例。《乾净衕笔谈》记洪大容与潘庭筠、严诚谈及中国服饰，洪谓："余入中国，地方之大，风物之盛，事事

① 葛振家：《崔溥〈漂海录〉评注》，第71页。
② 葛振家：《崔溥〈漂海录〉评注》，第157页。

可喜，件件精好，独剃头之法看来令人抑塞。吾辈居在海外小邦，坐井观天，其生靡乐，其事可哀，惟保存头发为大快乐事。”[①] 这个敏感话题令潘、严二人相顾无言。在这一与中国文人对话的场域中，剃发、留发隐含着夷夏之辨的文化语境，故朝鲜文人对清朝汉族文人的“痛点”津津乐道，也恰好印证了朝鲜“小中华”之誉。但洪氏在事后记述对陆飞、潘庭筠、严诚三人的印象时却说：“三人者虽断发胡服，与满洲无别，乃中华故家之裔也。吾辈虽阔袖大冠，沾沾然自喜，乃海上之夷人也。其贵贱之相距也，何可以尺寸计哉!”[②] 在这种私下记述的场域，自然就较少场面话与夸耀比较之语了。

上述所论或许说明了场域与语境对于观念的微妙影响。尽管“文化不是权力，……文化是语境”,[③] 但是人们在语境中的行为与态度都是文化权力关系的缩影与结果。上文所引的对话的语境，就是文学传播的一个微观场域，其所透露出来的信息不在于观念本身，而是特定场域下的文化权力关系及士人的文化心理。

四　结语

崔溥在《漂海录》中表现出来的诗词观念与文学实践的矛盾性是一个比较微观的问题，本身并不十分突出，毕竟崔溥并不以诗词文学而著名。然而本文的意义一是在于对《漂海录》的研究极少从文学的角度切入，这一尝试自然有其价值；二是从崔溥诗词观与文学实践的矛盾处折射出的文学传播过程中朝鲜文人面对中国文学的某些复杂心理，可为考察中国文学的传播、影响以及朝鲜文人的受容、反馈提供一些不同的视角。

高丽、朝鲜两朝文学的发展，无不深受中国的影响，中国文学传统是高丽、朝鲜文学发展的参照系甚至驱动力。海东文人的文学观念即便是出于对其本位性与独特性的强调，也常常能在中原文化中找到渊源和依据，例如崔溥的轻诗文观念便受到程朱理学文学观的影响。以中原王朝为代表的东亚大

① 〔朝鲜〕洪大容：《乾净衕笔谈》，第 12 ~ 13 页。

② 〔朝鲜〕洪大容：《乾净录后语》，载氏著《乾净衕笔谈》，第 133 页。

③ 〔美〕迈克尔·普罗瑟：《文化对话——跨文化传播导论》，何道宽译，第 133 页。

陆文化，相对于朝鲜半岛文化而言，无疑是居于强大的中心地位的，这就构成了强势的、输出性的一方与相对弱势的、接受性的另一方，两者之间的关系亦是颇为微妙的。如中朝文人之间的赠酬唱和，除了诗文会友、把笔言欢，常常还有着明显的斗艺较胜的意思。洪大容《乾净衕笔谈》记载朝鲜金在行与严诚、潘庭筠诗歌唱和云："平仲即席，次清阴韵赋一绝。两人看毕，即次之，皆援笔疾书，颇有较艺之意。"① 有较量就有试探、有藏拙、有夸饰，个体的较量更可能延展为双方整体上的文学与文化较量，或巩固自己的文化位置，或找寻自己的文化位置。从整体的层面来看，上文所论轻诗词观念的表露与对音韵差异的强调就不仅是某种观念或学理，也是一种情绪和心态。

在讨论和考察高丽和朝鲜王朝的文学与文化时，中国作为一个巨大的参照物，始终是客观存在的。至少晚清以前，中国文人在评诗论词时，并不需要以域外文学作为参照，但海东文人关于诗词文学的任何观念、言说与书写，可以说都无法避开中国这个巨大的参照系。这是一层更为宏观的场域与语境，而恰恰也是认识高丽和朝鲜王朝文学的关键之一。

A Study on the Cultural Psychology of Korean Literati and the Field Presentation: Focused on Cui Pu's Poetry Conception in *Records on Ocean*

Fan Kui

Abstract Cui Pu, a Chosŏn scholar, drifted to Taizhou of Zhejiang Province in the Hongzhi Period of Ming Dynasty. *Records on Ocean*, which Cui wrote after returning to his country, showed some conceptions of despising poetry writing. But actually he learned much about Chinese traditional literature and was good at writing Chinese poems. In addition, he was acquainted with the poems wrote and exchanged by the envoys between China and Chosŏn. The contradiction,

① 〔朝鲜〕洪大容：《乾净衕笔谈》，第 5 页。

which can be understood from multidimensional perspectives, reflected the literary communication and influence from China to Chosŏn, and especially the complicated cultural psychology of Chosŏn literati. It is important that researching Sino-literature in ancient Korea on the basis of comparing with Sino-literature and specific fields.

Keywords Cui Pu; *Records on Ocean*; Poetry Conception; Cultural Psychology; Fields

朝鲜朝诗人林悌边塞诗与唐代边塞诗的关联研究*

谭轶操　李官福

【内容提要】林悌是朝鲜朝前半期的“天才诗人”，他才华横溢，诗作繁多，许多著名文人都对其诗才给予了高度评价。在朝鲜朝前期诗风由“宗宋”向“宗唐”演变的过程中，林悌也发挥了积极作用，创作了许多具有唐代诗风的诗歌作品。尤其是他创作的边塞诗，无论是精神内涵还是意象运用等方面都能体现出唐代边塞诗的影响。林悌的边塞诗呈现出唐代诗风色彩，也源于他对唐代诗歌艺术精神的喜爱。当然他并非简单地对唐代边塞诗进行模仿，而是在其中寻求借鉴、汲取营养，创新发展并形成自己的特色。

【关键词】林悌　边塞诗　唐代　关联研究

【作者简介】谭轶操，延边大学朝鲜韩国研究中心副主任，朝汉文学院朝鲜文学博士研究生；李官福，延边大学朝汉文学院教授，博士生导师。

目前，对于林悌边塞诗的研究较少。国内，杨会敏在她的博士学位论文《朝鲜朝前半期汉诗风演变研究》中对林悌的诗歌进行了分析和研究，同时对林悌的边塞诗进行了梳理，她认为“林悌创作了近 20 首边塞诗”[①]。韩国方面，庆熙大学校林甫妍在她的硕士学位论文《白湖林悌的边塞诗研究》

* 本文系韩国学中核大学建设重大项目（项目编号：AKS－2015－OLU－2250001）的成果。

① 杨会敏：《朝鲜朝前半期汉诗风演变研究》，中央民族大学博士学位论文，2011，第 195 页。

中将林悌的边塞诗确定为 87 首,[①] 同时她还从多样情感的表现和对战争的现实认识等方面，对林悌的边塞诗及其受中国文学影响的部分做了分析和研究，为林悌边塞诗的研究进行了前期积累。

一　林悌的边塞诗创作及动因

（一）林悌的边塞诗创作

关于边塞诗的界定，有狭义和广义之分。谭优学认为："边塞诗以地域而言，主要指沿长城一线及河西陇右的边塞之地秦长城西起临洮，经兰州，其实也可包括河、陇。以作者而言，要有边塞生活的亲身体验。以边塞诗作者的作品而言，要是他们作品中的主要成就部分。"[②] 这一观点中，不仅边塞诗的地域要在地理边界位置，作者也必须有边塞亲身体验，且边塞诗必须是作者的主要成就。而广义的概念认为，凡以"边塞题材"为内容的诗歌作品都可算为边塞诗。如胡大浚认为："举凡从军出塞，保土戍边，民族交往，塞上风情；或抒报国壮志，或发反战呼声，或借咏史以寄意，或记现实之事件；上自军事、政治、经济、文化，下及朋友之情、夫妇之爱、生离之痛、死别之悲，只要与边塞生活相关的，统统可归入边塞诗之列。"[③] 杨会敏和林甫妍之所以将林悌的边塞诗数量分别确定为 20 余首和 87 首，主要是在划分方法和划分依据的选择上相对较为谨慎，采用狭义方法论所致。

林悌一生创作了 720 首诗歌，均收录于《新编白湖全集》。[④] 如按广义方法确认，其中有 110 多首边塞诗，占其诗歌作品的 15% 以上，比重较大。林悌创作的多篇边塞诗在古代朝鲜获得了许多文学家的好评。许筠在《惺叟诗话》中评价："林子顺有诗名，吾二兄尝推许之，其《朔雪龙荒道》一

① 〔韩〕林甫妍：《白湖林悌的边塞诗研究》，韩国庆熙大学校硕士学位论文，2009，第43 页。

② 谭优学：《边塞诗泛论》，转引自西北师范学院中文系、西北师范学院学报编辑部《唐代边塞诗研究论文选粹》，甘肃教育出版社，1988，第 2 页。

③ 马兰州：《唐代边塞诗研究》，天津古籍出版社，2003，第 17 页。

④ 〔韩〕林悌：《新编白湖全集》，首尔：昌飞出版社，2014。本文引用例诗均出自《新编白湖全集》，不再另行标注。

章‘可肩盛唐’云。”[①] 李宜显《陶谷杂著》也说：“林白湖豪俊能诗。少时，以评事赴北幕，风流胜迹，北人久益追思。及白湖病革，其友以镜城判官将赴任。就别曰：‘子于北路固不能无情。吾之往也，必得子之诗使佳妓歌之。今子病甚，奈何！’白湖即扶起取笔书一诗以赠曰：‘元帅台前海接天，曾将书剑醉戎毡。阴山八月恒飞雪，时逐长风落舞筵。’未久而逝，临死之作凌厉豪逸犹如此，平日之气象可见矣。”[②] 此外，申钦、梁庆遇等人认为林悌受杜牧的影响较多，二人分别所著的《晴窗软谈》[③]《霁湖诗话》[④]都有“林正郎白湖为诗学樊川”的说明。上述评价所涉及的诗作，均为林悌的边塞诗，可见林悌在边塞诗方面所取得的成绩。

（二）林悌边塞诗创作的动因

边患的存在唤起了边塞诗创作的动机。林悌生活在朝鲜朝明宗（1534～1567）和宣祖（1552～1608）主政的时期，也是东北亚政治形势较为混乱的时期。其时，朝鲜朝外敌环伺、内政疲软，很多文人具有忧患意识。朝鲜朝建立之后，沿海始终面临日本海盗的侵扰。彼时，日本通过朝鲜转运中国商品的需求非常大，进而对占据贸易要道的朝鲜也就有了更多的图谋。为此，丰臣秀吉在完成统一全国大业的第二年，即 1592 年，就迫不及待地发动了著名的“万历朝鲜战争”。这场战争给朝鲜带来的损害是无法估量的。除日本外，朝鲜在北部边疆还有一个强邻，也就是后期占据华夏正统的清——当时的女真部。朝鲜建国初期，女真作为朝鲜的北邻，一直被视为朝鲜的藩篱。“朝鲜王朝自太祖王开始实施‘北拓政策’，到世宗王时期，终于实现了‘北进’目标。”[⑤] 而女真从弱小到逐步壮大，最后反制朝鲜，给朝鲜造成了巨大的危害。朝鲜王朝终在“丙子之役”后以《南汉山城条约》向清俯首称臣。边患所导致的各种焦虑、不安以及其他情绪也都投射在当时文人政客的笔墨之下，成为对现实的真实反映。

---

① 〔韩〕许筠：《惺叟诗话》，转引自蔡美花、赵季主编《韩国诗话全编校注》，人民文学出版社，2012，第 1500 页。

② 〔韩〕李宜显：《陶谷杂著》，转引自蔡美花、赵季主编《韩国诗话全编校注》，第 2930 页。

③ 〔韩〕申钦：《晴窗软谈》卷下，转引自蔡美花、赵季主编《韩国诗话全编校注》，第 1393 页。

④ 〔韩〕梁庆遇：《霁湖诗话》，转引自蔡美花、赵季主编《韩国诗话全编校注》，第 1421 页。

⑤ 姜秀玉、王臻：《朝鲜通史》（第三卷），延边大学出版社，2013，第 37 页。

家族的传承激发了边塞诗创作的使命。林悌的家世可追溯到始祖林庇，林庇为高丽朝“忠清道指挥使大将军”，林庇的子孙多被任命为朝廷官员。林悌的祖父林鹏文科及第之后历任翰林、承旨、庆州府尹及光州牧使等职，声名远扬。林悌的父亲林晋是一位颇有文才的爱国将领，曾任罗州节度使，领兵抗击过外来入侵者，留下了“铸箭背肩，磨刀佩边。铜墙铁壁负矢眠，卫国声中心激扬”的爱国时调。林晋历任岭南、湖西、湖南、西北部地区的五道兵马节度使，还担任过济州牧使，他为官“不私货利，家无厚茵”。[①]林悌祖上每一代都有文臣或武将，且都是忠君爱国的楷模，在他成长过程中产生了积极影响，也滋养了他对国家民族的忠诚和热爱。

亲身的经历提供了边塞诗创作的素材。林悌因性格豪放、特立独行、不肯同流合污而与封建官场格格不入，被称为方外之人，一生官名不显，四处漂泊。林悌担任的都是基层官职，能够目睹底层百姓的凄惨生活，切身感受到统治阶层的恶行苛政对百姓的巨大伤害。这也成为林悌边塞诗创作的动力源泉之一。特别是在担任负责运送军粮和戍守边防的北评事、西评事期间，他深刻地感受到党争的腥风血雨使得国家防卫力量弱化，看到了统治阶级对百姓的残酷榨取和疯狂掠夺。因此，在他的创作中，清晰地呈现出了现实批判性倾向。

儒学的底蕴成为边塞诗创作的支柱。林悌师从大谷成运先生，学习了包含中庸思想在内的程朱理学。李睟光《芝峰类说》卷 14 记：“林悌入俗离山，读《中庸》八百遍，得句曰：‘道不远人人远道，山不离俗俗离山。’用中庸语也。”[②] 由此可以感受到儒学思想在其生命中烙下的深深印记。林悌一生不屈名利，也正源于此。

二 与唐代边塞诗的精神内涵高度相似

林悌非常推崇中国唐代诗人孟浩然和杜牧，尝言：“古今诗集多矣，莫如精而简也，唐之诗人，孟浩然、杜牧为第一流”。这从一个侧面反映出林悌对唐诗的喜爱。唐代的边塞诗是中国边塞诗历史上的顶峰，有大批的文人墨客

---

① 〔韩〕林悌：《林正郎墓碣文》，《新编白湖全集》，第 760 页。

② 〔韩〕李睟光：《芝峰类说》卷 14，转引自蔡美花、赵季主编《韩国诗话全编校注》，第 1347 页。

参与进来，他们有的是亲历者，有的是旁观者，怀着各种视角去看待边塞的战争，创作诗篇抒发自己的情感。将林悌的边塞诗与唐代边塞诗进行对比，可发现两者在家国情怀、生命意识、现实批判等精神内涵上有高度相似之处。

（一）体现进取精神的家国情怀

从初唐四杰到盛唐的李白、王昌龄、高适、岑参，以至于中晚唐的杜牧、李益、卢纶等，烙印在唐代诗人心中的家国情怀和积极进取精神从没有改变。杨炯《从军行》中的“宁为百夫长，胜作一书生”和《紫骝马》中的“匈奴今未灭，画地取封侯”，卢照邻《刘生》中的“但令一顾重，不吝百身轻”，骆宾王《宿温城望军营》中的“投笔怀班业，临戎想顾勋”，无不表现了初唐时期文人渴望建功立业的急迫心情和积极进取的精神。盛唐时期，高适《塞下曲》中的“万里不惜死，一朝得成功。画图麒麟阁，入朝明光宫”，岑参《送李副使赴碛西官军》中的“功名只向马上取，真是英雄一丈夫”，王昌龄《变行路难》中的“封侯取一战，岂复念闺阁”等诗句也充分表达了这一思想。晚唐时，杜牧《重送》中的“爬头峰北正好去，系取可汗钳作奴”，李益《赴邠宁留别》中的“幸应边书募，横戈会取名”，都抒发了报效国家、建功立业的心情。

林悌的边塞诗中也充分表现了这种积极进取的精神，他慷慨激昂地抒发自己想要建功立业、以身报国的壮志豪情。正如这首《出塞行》：“烈士生何事，当封定远侯。金戈辞汉月，铁马向边州。杀气浮汉碛，阴风动戍楼。腰间白羽箭，射取右贤头。”诗人认为，好男儿就应该像班超那样，金戈铁马，立不世功勋，万里封侯。还有这首《北胡》：“君能细说塞垣事，肝胆轮囷怒目瞋。安得龙旌卷朔雪，夜追骄虏过先春。”表达了诗人对戍边将士“宜将剩勇追穷寇”精神的高度赞美，也借以抒发了自己的雄心壮志。林悌还用《见朝报，选将帅四十八人，人材之盛，前古无比》这首长诗表达了自己的家国情怀：“科分各称量，闻者皆叹服”体现了诗人对国家能够公正使用人才的欣喜之情；“从今相勉励，万一酬君国。莫遣青史中，千秋空寂寞”的殷切之语则展现了诗人立志报效国家、不负光阴的进取精神。

在一些送别友人的诗中，林悌殷切期盼友人能够建功于外，也充分表现出这种进取精神和家国情怀。如《送李评事》：“朔雪龙荒道，阴风渤澥涯。元戎掌书记，一代美男儿。匣有干星剑，囊留泣鬼诗。边沙暗金甲，闺月照红旗。玉塞行应遍，云台画未迟。相看竖壮发，不作远游悲。”表达了好男儿应该有克服困难、保家卫国、建功立业的进取心，免得虚度光阴、无所作为。许筠对这首诗评价非常高，认为可肩盛唐，这也是林悌宗唐诗风的具体表现之一。林悌的《送郑节度彦信北征》不仅意境与杜牧的《夏州崔常侍自少常亚列出领麾幢十韵》非常接近，首句也似从杜牧的“帝命诗书将，登坛礼乐卿”化用而来，正文如下：“王命诗书将，元戎虎竹分。雄风吹大漠，杀气拥边云。彩笔图麟阁，丹心报圣君。谁人解乞火，一剑愿从军。”朝鲜的君主只有“王”的称谓，所以林悌将杜牧的“帝”改为“王”。

林悌在边塞诗中还表现出极强的忧患意识，这是由朝鲜相对实力不强且内忧外患的实际情况决定的。这首《蚕岭闵亭》就表达了诗人对当时混乱现实的忧虑之情，也是林悌的代表作之一：“东溟有长鲸，西塞有封豕。江障哭残兵，海徼无坚垒。庙算非良筹，全躯岂男子。寒风不再生，绝景空垂耳。谁识衣草人，雄心日千里。”诗中的“东溟长鲸”和“西塞封豕”分别指日本倭寇和女真的侵略者，形象地突出了16世纪后期外来侵略势力危害日甚的现实。诗人借由“谁识衣草人，雄心日千里”表达了深深的忧虑之情和炽热的爱国之心。林悌还通过诗作抒发了他对统治阶层昏庸作为以及无能之辈胆小误国的愤慨。例如在《见朝报，选将帅四十八人，人材之盛，前古无比》中他鲜明地指出“只缘胆小人，生平见敌怯。行军既失律，往往遭倾覆。纵得保首领，何颜睹天口”，对怯懦祸国之人提出了严厉的批评；《庆兴望敌台（台乃穆祖旧迹也，日暮登临，有怀而作）》中的“五彩已成龙虎气，千群谁数犬羊兵”则是对国家军队的孱弱发出的悲叹——犬羊一样的军队数量再多又有何用？再看《镜城长句，用朱村韵》的“千里宦游何事业，数篇诗语当勋名。自怜破匣余孤剑，紫气干星夜夜明”，抒发了诗人只能将诗词歌赋作为博取功名的资本，而武功本领却无人赏识，壮志豪情难以施展的苦闷情怀。

总体来看，林悌边塞诗中这种积极进取的精神和心系家国的情怀，与唐代边塞诗非常相似。在进取之余，因为国家时代不同，林悌的作品还表现出了独特的忧患意识。

（二）彰显异域风情的生命意识

边塞诗的引人之处还在于它对异域风光和独特地理环境的描写，以及其展现的在恶劣环境下艰难生存的勃发的生命意识。唐代边塞诗中，边塞特殊的地理环境在诗人的描绘下表现出更加奇特和更有震撼力的图景。如王维《使至塞上》中的“大漠孤烟直，长河落日圆”，那一幅苍凉、悲壮、浩瀚的沙漠黄昏画面，冲击力之强无与伦比；岑参《白雪歌送武判官归京》中的“北风卷地白草折，胡天八月即飞雪。忽如一夜春风来，千树万树梨花开”，将塞外气候和环境勾勒得惟妙惟肖，引起读者的好奇心理。在唐代诗人眼中，恶劣的环境、奇异的景色、不同的节气，这些本该给人带来麻烦和困难的因素，却也因为有各种生物在其间活动，显现出生命的壮美。

林悌的边塞诗也有大量对于朝鲜朝边疆风光的描绘：

> 白云飞万里，春草接三河。（《黄岗道中》）
>
> 幽壑有时逢罔象，怪岩何处不鼪鼯。（《铁岭作》）
>
> 绝岭横天壮北关，石门残角落云间。（《磨云岭》）
>
> 此地近辽左，自秋生苦寒。白山三丈雪，黄草两重关。（《黄草岭宵征，领转粟军也》）

天空中白云万里，大地上春草连绵，这一白一绿形成了浩渺无边的景象；怪岩耸立、幽壑深邃、岩鼠遍地、绝壁横陈，遥远的边关山城一时间跃然纸上；地近辽东的黄草岭，苦寒难耐，白山大雪三丈，岭内岭外就是二重景色……这种苍茫浩瀚的感觉，这些难以登攀的山岭，这场难以克服的苦寒，都是没有亲身体验过的人很难感受和想象的，却因为有了诗人的描绘，而显现出蓬勃的生命力。

因所处地理位置和国度的不同，边塞诗中表现的往往是具有自身国家特色的边境风光和其中的生命活动。朝鲜半岛的海防和陆防同样重要，因此在林悌的边塞诗中突出海防重要性的作品也有不少。例如《直洞堡（赠金权管）》中的“塞日初沈江雾消，阴风猎猎满旌旄。将军出号坐抚剑，数拍胡笳关月高”和《到义州》中的“水似瞿塘路太行，戍楼吹笛垄云凉。愁边对月惊哀鬓，病里逢人说故乡。江势欲穷知海近，峡门才过觉天长。旌旗晚驻龙湾馆，依旧风烟侑客觞”，都涉及对海防的描写。

恶劣环境下所展现的生命意识往往是充满生命力和战斗力的，昂扬的生气让人振奋。值得一提的是，林悌在其边塞诗中展现自信和热情的同时，还有一种幽怨和迷离的情绪，想必是受到现实的影响所致。

（三）充满人文关怀的现实批判

战争是残酷的，不管是主动发起者还是被动应对者，只要战争爆发，都可能经历灾祸、创痛，甚至是毁灭。因此，林悌和唐代诗人的边塞诗中都含有对战争危害的认识、对故土亲人的思念、对战争意义的探讨，蕴含着终极的人文关怀。

王昌龄《出塞》中的“秦时明月汉时关，万里长征人未还”，李白《关山月》中的“由来征战地，能有几人回”等诗句都对直面巨大战争风险的军人给予了深切的同情。杜牧《秋梦》中的“又寄征衣去，迢迢天外心”，李益《从军北征》中的“碛里征人三十万，一时回首月中望”，则表现出征人与亲人间的深深思念。当诗人理性思考战争时，还会对战争进行批判与反思。李白《战城南》中的“士卒涂草莽，将军空尔为”，杜甫《前出塞》（其一）中的“君已富土境，开边一何多”，都是其例。杜甫的《兵车行》更是指出了战争是造成百姓痛苦生活的根源。

林悌在边塞诗中也践行了人文关怀的理念，充分表达了这些情绪。他的《疲兵》“石棱如戟风如刀，冒险还逢愁苦节。行看雪路点朱殷，尽是疲兵马蹄血”，生动地展现了在北方边境地区恶劣的自然环境中守卫边防的士兵和马匹疲累不堪的景象；《四月十八日述怀》（其二）“西塞人将发，南云路几千。驿亭愁见月，芳草恨连天。壮节宁微眇，郎官不弃捐。须知报国日，是我报亲年”，更是将出征将士的困苦和不能报亲的忧愁表现得淋漓尽致。林悌的很多边塞诗中都展现出这种思亲、思乡的情感。

> 年年关塞上，不见故山春。（《发龙泉》）
> 水陆一万里，思亲北去遥。（《侍中台（在蔓岭）》）
> 自是思归暗计程，督邮虽少敢言轻。（《重次都事》）
> 桔槔峰上天连海，日日征人望故乡。（《到麟山（次子忱韵）》）

此外，《朔州》中的“去岁兹长敞寿筵，西厢灯火是冠山。身游玉塞亲南徼，一札情缄忍泪看”，将父亲两次生日的场景进行了对比，表达了离人的思念与愁苦。

林悌的边塞诗中有多处反映了守边将士和百姓的疾苦。如《峡民》“山坂年年种瞿麦，缘江板屋无乡聚。穷山莫道少征徭，青鼠乌貂入官府”，山民已经穷困若此，但官府的税赋丝毫未减，让山民无法承受；《次巡抚韵》“旌旗暮出塞，月到戍楼明。山拥天寒重，江深地势倾。平生一丈剑，男子远游情。中夜看狼尾，胡笳满四城”，不仅天寒难耐，地险难行，听到的也都是少数民族的音乐，充分表现了守边将士条件之艰苦、责任之重大和敌情之严峻。

总之，林悌的作品表现出他对战争的反思，从精神内涵上与唐代边塞诗有所衔接。虽然两者所处时代和具体环境不同，但在精神层面的表现却非常相似，由此可以看出唐代边塞诗对林悌创作的影响。

三 对唐代边塞诗意象的接受和运用

“所谓意象，可以说就是主观的‘意’和客观的‘象’的结合，也就是融入诗人思想感情的‘物象’，是赋有某种特殊含义和文学意味的具体形象”。[①] 唐代边塞诗中经常使用一些意象来增强诗歌的感染力，如“阴山”“瀚海”“定远侯”“嫖姚”等，几乎成了边塞诗中的专用词。林悌的边塞诗中就含有不少对这些意象的接受和运用。

（一）人物意象

“汉代在保卫边疆，开辟属地的征战中涌现过一批批为后人引为美谈的名将，因此在唐代边塞诗中，卫青、霍去病、李广利、李广、班超、马援、窦宪等人物在尚武建功氛围浓厚的初盛唐尤被视为众多诗人笔下所钟爱的典型”。[②] 骆宾王《宿温城望军营》“投笔怀班业，临戎想顾勋”中的“班”便是班超，诸如此类的例子还有很多。在林悌的作品中，这些唐代边塞诗中的汉代人物典型也经常出现，特别是班超，有7首诗中都出现了这位著名汉将，分别是：《庆兴府》中的“班超非壮士，愿入玉门关”，《次都事韵》中的“萧飒班郎鬓上毛，海天秋晚陇云高”，《次许御史送我别害韵》中的“清时何用慕班侯，官重高山十二郎”，《崔钟城别章》中的“书生不及百夫

① 乐黛云：《比较文学简明教程》，北京大学出版社，2003，第88页。
② 张琼文：《中晚唐边塞诗意象研究》，复旦大学硕士学位论文，2013，第88页。

长，男子当封定远侯”，《向高兴（为兴阳倅时作）》中的“清时台阁多英妙，关外应须定远侯”，《次定州馆板韵》中的“班超犹在塞，宗悫未乘风”。上述诗作中的“班郎”“班侯”“定远侯”指的都是班超。《次韵受降亭（满浦）》“书生早有吞胡计，钟鼎功名本不求”中的“书生”确指的也应该是班超。此外，霍去病、汉武帝、李广等人物也都在林悌的边塞诗中出现过，包括通常指代少数民族敌人的“右贤王”。例如，《读杜陵诗史和诸将》（其一）中的“目今将帅声名盛，拟古嫖姚伯仲间”，就用霍去病来比拟和激励当今将帅；《读杜陵诗史和诸将》（其四）中的“在古若逢汉武帝，入公应上单于台”，分别出现了“汉武帝”和“单于”的意象，汉武帝代指明君，单于代指敌人；同样，《塞下曲》中的“半夜辕门探马回，单于朝过白龙堆”，亦是其例；再有，《出塞行》中“腰间白羽箭，射取右贤头”，用“右贤王”代指强大的敌人。从以上诸例可以看出，林悌的边塞诗中包含了许多在唐代边塞诗中经常出现和使用的人物意象，充分说明了唐代边塞诗对林悌创作的影响。

（二）自然意象

唐代诗人在创作边塞诗时，经常使用风霜雨雪等自然天气意象，阴山、沙漠、关塞、黄沙等地理意象，还有飞鸟、枯枝等动植物意象，来强化边塞的环境特点，影响阅读者的心理感受。例如王维《使至塞上》“大漠孤烟直，长河落日圆”中的大漠，王昌龄《出塞》“但使龙城飞将在，不教胡马度阴山”中的阴山等。林悌的边塞诗中也大量使用了本该专属中国的地理名词，如阴山、玉门关等，还有沙漠等地貌景象。事实上，朝鲜朝所控制的地域内是没有沙漠存在的，这恰恰说明林悌是借用了唐代边塞诗中的地理意象来突出其诗作的感染力。《庆兴府》中的“寒风生古碛，猎火照阴山”，阴山就是中国境内的阴山，在林悌的诗中并不指具体方位和地名。“碛”在唐代边塞诗中多指代沙漠，如岑参的《碛中作》“走马西来欲到天，辞家见月两回圆。今夜不知何处宿，平沙万里绝人烟”，而这一意象也多次在林悌的边塞诗中出现，除《庆兴府》外，如《出塞行》中的“杀气浮汉碛，阴风动戍楼”，《别害》中的“霜凝阵碛铁衣寒，警夜角声吹欲断”，《次巡抚杨武堂韵》中的“阴风飒飒吹寒碛，塞日凄凄照大旗”，等等。“塞”在唐代边塞诗中指塞外，在林悌的作品中也成为边疆的象征，粗略统计有 30 多首诗中使用了该意象。此外，黄龙府、玉门关等中国地名也频频出现在林悌的边塞诗中，起到了增强感染力的作用。

（三）人文意象

唐代边塞诗中，还有很多使用少数民族乐器和音乐来突出异域环境的诗句，如王之涣《凉州词》中的“羌笛何须怨杨柳，春风不度玉门关”。林悌在边塞诗中也会使用异族音乐意象来表现环境。如《次巡抚韵》中的“中夜看狼尾，胡笳满四城”，这里的胡笳就是异族的乐器，突出了与边境敌人的距离之近，连其音乐都能听见；前一句中的“狼尾”也是唐代边塞诗经常使用的指代少数民族狼旗的用语。还有，《直洞堡（赠金权管）》中的“将军出号坐抚剑，数拍胡笳关月高”，《遇灯夕》中的“辽海夕风吹瘴雨，戍楼寒柝杂悲笳”，《李节度挽》中的“魂断塞笳应月泣，剑藏尘匣尚龙鸣”，《赠宋质正象贤别》中的“朔云羌笛三年戍，西塞辎车万里遥”，其中的“笳”和“羌笛”等都是异族音乐的象征，用来增强诗歌的感染力。《黄草岭宵征，领转粟军也》中有“喜到莞坡衍，高吟蜀道难”，“蜀道难”是李白的诗歌名篇，这里借用这一意象，形象地表现了道路崎岖难行，“难于上青天”的情景。此外，林悌的边塞诗中还多次出现“白羽箭”这一意象，如《穷年鞍马，髀肉已消，而旅枕一梦，尚在龙荒之外，感而有作》（其二）中“尘生白羽箭，梦渡黄龙府”，《出塞行》中“腰间白羽箭，射取右贤头”，《送金子猷戍吾村堡》中“壮士腰横白羽箭，雄风吹截黑龙云”，《赠别梁大朴（公以关西评事出去时也）》中“骍弓白羽出西关，落日秋云九陌寒”，《与舍弟子中并辔，暝到粟里子忱家，因向金陵，将渡耽罗》中“胡骢金勒白羽箭，旅人遥指金陵城”，《白羽箭（送尹景老戍朱乙温）》中“我有一只白羽箭，鱼服尘埋今十年”，《赠南君初》中“长途零落白羽箭，岁暮边城刀牛闲”。在林悌的边塞诗中，还出现过“白羽”的意象，这是否与卢纶《和张仆射塞下曲》（其二）“平明寻白羽，没在石棱中”借此描写李广神勇有关，还有待进一步研究。

四　结语

当前，尽管对边塞诗概念的界定仍有争论，但众所周知，唐代的边塞诗不仅在唐代诗歌文学发展中取得了震古烁今的成就，在中国文学宝库中更是一颗璀璨夺目的明珠，并且在东亚文化交流中也发挥了巨大作用，产生了深远影响。通过对比，我们可以发现，朝鲜朝诗人林悌的边塞诗不仅在精神内涵层面与唐代边塞诗有诸多相似之处，而且在意象的接受和运用等方面也深受唐代边塞诗的影响。二者之所以能够产生共情，不仅因为两国诗人面临的环境形势相似，两国之间的文化交流也起到了至关重要的作用。林悌作为一名朝鲜朝基层官员，一生从未踏足过中国，却能够熟练运用唐代边塞诗的意象词汇，不仅说明当时他能够接触和学习到唐代的诗歌作品，也说明当时朝鲜的读者能够接受和理解这些意象。这也为东亚汉字文化圈早期的文化交流提供了一个有力的佐证。

A Study of the Relationship Between Lin Ti's Frontier Poems and Those of the Tang Dynasty

Tan Yicao, Li Guanfu

Abstract Lin Ti was a "genius poet" in the first half of Chosŏn. He was brilliant and wrote many poems. Many famous literati highly praised his poetic talent. Lin Ti also played an active role in the evolution of the style of poetry from "Zong Song" to "Zong Tang" in the early period of Chosŏn. He has created many poems with the style of Tang Dynasty. In particular, his frontier poems can reflect the influence of frontier poems in Tang Dynasty, both in spiritual connotation and image application. Lin Ti's frontier poems showed the style of Tang poetry, which originated from his preference for the artistic spirit of Tang poetry. Of course, he didn't simply imitate the frontier poems of Tang Dynasty, but sought for reference, absorbed nutrition, developed creatively and formed his own characteristics.

Keywords Lin Ti; Frontier Poems; Tang Dynasty; Study of Relevance

中韩法律文本翻译的消极修辞法探究

张晴晴

【内容提要】消极修辞法的目标是让语言表达准确、严谨和周密，这与法律翻译的目标基本是一致的。本文以韩国法制处对韩国法律的汉译为例，从消极修辞的角度探讨了如何提升韩国法律汉译质量问题，提出在词语方面应使用语义确切单一、色彩中性、音韵自然的词语，在句子方面应使用常式句、长句、紧句等句式，在语篇方面应保留以条为单位的法条文结构、准确使用相关关联词、注意法律用语统一等。

【关键词】中韩法律翻译　消极修辞　准确性

【作者简介】张晴晴，文学博士，徐州工程学院外国语学院讲师。

一　绪论

中韩两国建交几十年以来，在政治、经济、科技、贸易、商业、教育、文化等方面的相互依赖性日益增强的同时，相互间的摩擦与碰撞也在所难免。作为解决纷争的诸多有效手段之一的法律，其作用与影响日益增强，法律翻译与研究的重要性更无须赘言。但法律翻译不仅涉及不同语言，也涉及不同法律体系、多种法律文化甚至不同的法律概念，实非易事。法律文件具有高度的权威性和严肃性，决定了法律翻译必须严谨、准确无误，不规范或错误的翻译会导致法律纠纷，造成损失，甚至被追究法律责任。无论从理论研究还是现实应用方面，法律翻译研究都是当前学界极为关注的课题之一。

法律文本不仅提供法律信息，而且具有法律效力，如果误译就会导致严重的法律后果。因此，一直以来法律翻译都要比其他文本翻译更注重对原文本的忠实性，要求译者尽可能准确地再现原文本内容。但笔者认为，这并不意味着目标文本要完全照搬原文本的语法结构和表达方式，不打折扣地追求原文本和目标文本间的形式对等。以向目标读者提供法律信息为目的的法律翻译，若要读者真正接收到原文本信息，也应考虑译文是否符合目标语表达习惯的问题。

修辞被看作是一种修饰语言的技能，还被看作是一种说服他人的手段或技术，修辞的方法能够促使听者或读者接受论证者所提出的论题。在将韩国法律文本翻译转换为中文文本的时候，如何把握修辞度，提升汉语译文质量，是译者需要首先考虑的问题。与文学作品等其他文本不同，法律语言的转换被认为不需要过多的语言创新，法律翻译似乎与美化语言的修辞法没有关系。但事实上，法律语言中也会使用修辞法，只不过其中所使用的修辞法与常见的夸张、比喻、拟人、双关等不同，是一种特殊的“消极修辞法”。在翻译法律文本时，把握这种修辞法可有效提高翻译质量。本文拟以韩国法制处韩国法律文本的中文翻译为例，通过法律文本在词语、句子及语篇层面的汉译修辞手段，分析法律文本类型翻译的特殊性，探讨韩国法律文本汉译的特殊方法策略。

二　消极修辞与法律文本翻译

（一）积极修辞与消极修辞

积极修辞法和消极修辞法是中国现代修辞理论的奠基人陈望道在 1963 年借鉴日本近代修辞学所提出的两类修辞方法。陈望道提出，修辞手法总体上可以分为积极修辞法和消极修辞法两类。所谓积极修辞法指的是“注意力在积极的方面，让语言有力、动人。同一切艺术的手法相似，不是只局限于将概念明白地表达出来。这种修辞大体是具体的、体验的”。[①] 即，积极修辞法不仅强调语言的意思，还强调语言的艺术性和感染力，所以使用积极

① 陈望道：《修辞学发凡》，复旦大学出版社，2014，第 36 页。

修辞法的语言一般具有具体性、体验性、华丽或奇特的特点。所谓消极修辞法指的是“注意力在消极的方面，使当时想要表达的东西表达地极其明白，没有丝毫的模糊，也没有丝毫的歧义。这种修辞大体是抽象的、概念的”。[①]即，消极修辞法的目标是准确、清楚地表达语义，避免因不同视角或者因个人经验、思维方式、审美模式等不同而产生多种不同的理解，所以使用消极修辞法的语言一般具有抽象性、概念性和普遍性的特点。陈望道还指出科技文本、法律文本等对客观事物做出说明或对抽象事理进行阐释的文本适用于消极修辞法，因为如果想让人们把握这些内容，就需要把对象进行清楚的分析、明白的记述。[②]

对于如何使用消极修辞法，陈望道提出了明确、通顺、平匀、稳密四个基本标准。[③] 所谓明确指的是说话者要把意思清楚地用语言文字表达出来，不要出现语义模糊或歧义的现象，一般需要做到两点：第一，在组织语言之前，首先把想要表达的意思整理清楚；第二，要使用明确的表达方式，如要使用意义分明的词、词和词间的关系要明确、分清主次内容等。所谓通顺指的是文章要有条理，句子和段落间衔接得当，上下文间有照应。平匀指的是使用标准、普通的词语和句子，主要表现为三点：第一，从地域的角度来看，要使用本国的语言；第二，从时代的角度来看，应使用现代的语言；第三，从性质的角度来看，应使用普通的、平凡的语言。稳密指的则是词语和句子的选择要同表达的内容相契合，避免重复或过度简洁。

综而言之，积极修辞法的目标是提高语言的表达效果，必要时可以突破语法规范和逻辑规则，最大限度地发挥语言的创造力，让读者通过语言文字产生种种感触。因此有些搭配或句子，从语法的角度看是错误的，但从积极修辞的角度看却可能有很好的修辞效果。消极修辞法的目标是明白、准确地表达语义，需要尽可能消除影响语义准确传达的因素，如使用生僻的词语、词语或句子搭配不合理、文章的结构混乱等，所以要求所使用的词语和句子是标准的、明确的、非感性的，上下文间的衔接和照应是合理的，文章的结

① 陈望道：《修辞学发凡》，第 35 页。

② 陈望道：《修辞学发凡》，第 42 页。

③ 陈望道：《修辞学发凡》，第 42 ~ 56 页。

构是有序的，避免因读者的不同或者解读文章的角度的不同而对同一文本产生不同的理解。

（二）法律翻译与消极修辞

法律语言是一种专业性极强的语言，其所具备的权威性和规范性，要求在翻译时对原文本高度忠实。传统观点认为法律翻译是将一连串的单词和句子结构转换为一连串的对等词和句子结构的单纯的语言转码，因此最好的翻译方法是直译。① 20 世纪中期后，随着科学技术、语言学和翻译活动本身的发展，学者们开始尝试多角度地分析翻译问题，特别是随着社会语言学、语用学、信息论的出现，翻译逐渐被看作是一种有目的的跨文化交际行为，翻译目的、文本功能和目标读者等成为影响翻译方法和翻译评价标准的重要因素。法律翻译领域亦是如此。萨尔切维奇指出，法律翻译是一种法律机制内的交际行为，过去从事法律翻译研究的语言学者或法律人忽略了文本接受者研究，只有在文本制作者与文本接受者之间实现了交互作用，法律交际才真正有效，这里的文本接受者是指解释或使用法律的专业人士（律师、执法者、司法者）。② 李克兴主张法律翻译的目的是使译本的信息与原本的信息尽可能完全对等，从而使译本发挥与原本尽可能相同的功能。③ 比尔指出，在法院能够做出同样的法律解释、不招致法律适用问题的前提下，译文符合目标语语言习惯的程度可以看作评价法律译文质量的标准。④ 也就是说，在法律翻译中，对原文本的忠实并不意味着只对原文本的语言形式忠实，还需要考虑译文的效果和目标读者的理解力等因素，只有充分考虑译文的可读性，才能确保读者能够准确地接受所要传达的法律信息。但是法律翻译也不是完全自由的，因为法律对语言施加了其特定词汇和文体方面的制约，⑤ 所

---

① 유정주, 「법률번역 평가를 위한 텍스트일치성 측정 모델 제언」, 『통역과 번역』 제 19 권 제2 호, 2017, pp. 100 – 130.

② Susan Šarčević, *New Approach to Legal Translation*, The Hague: Kluwer Law International, 1997, pp. 56 – 61.

③ 李克兴：《论法律文本的静态对等》，《外语教学与研究》2010 年第 1 期，第 60 页。

④ Biel L. , *Lost in the Eurofog: The Textual Fit of Translated Law* , New York: Peter Lang, 2014, p. 287.

⑤ Didier Emmanuel, *Langages et languages du droit*, Montréal: Wilson&lafleur, 1990, p. 254.

以法律翻译比其他翻译更具有约束性。[①] 而且在绝大多数情况下，法律文本的读者不是一般民众，而是专业的法律工作者，所以法律翻译不需要去迎合一般大众读者的审美情趣和欣赏习惯，而应以精确、不会引起歧义的法律语言来表达出原文本中的法律信息。[②]

韩国法制处将韩国国内主要的法律翻译成了中文，在其所出版的《大韩民国中文法令集Ⅰ》[③] 和《大韩民国中文法令集Ⅱ》[④] 的发刊词中明确指出其翻译的目的是"迎合两国之间的合作伙伴关系，向中国介绍韩国的法律与制度"。从译文生产者的立场来看，其主要目的是向中文读者提供韩国法条文的参考性译文，向他们介绍和宣传韩国的法律和法律文化。从译文读者的立场来看，一般是想要通过译文来了解韩国的法律信息和法律文化。因此这类译文没有法律效力，其主要功能是提供关于韩国的法律信息。但是译文的读者一般是在法律方面有需求的人，如需要借鉴韩国法律文件的立法者、协议双方当事人、法律研究者、诉讼案件中需要了解或援引韩国法律条文的当事人等。所以译文虽然没有法律效力，但是译文读者会把它看作具有法律权威性的法律文本，并以此为依据来主张自己的诉求。这意味着译者需要考虑读者的这种期待，让译文能够包含原文本中的完整法律信息，不随意扩大、缩小或者改写原文所表达的信息，避免因信息传递的失误而给读者造成损失，同时需要考虑读者的语言表达习惯，让译文表达准确，避免因为语言上的表述不当而让读者产生误解。

如上所述，韩国法制处翻译韩国法律的目的是向中文读者准确传递韩国的法律信息，译者在翻译时需要忠实于原法律文本，同时需要保证译文语言表达的准确性，避免让读者不理解或产生误解。使用消极修辞的目标在于准确、明白地传达语义，在语言表达上要求严谨、确切，避免因表达不清而让读者产生误解。从这一点上看，消极修辞法的目标和要求与韩国法律翻译的目标和要求基本是一致的，因此在翻译时可以尝试运用消极修辞法来提升译

---

① Susan Šarčević, *New Approach to Legal Translation*, The Hague: Kluwer Law International, 1997, p. 161.

② 李克兴：《论法律文本的静态对等》，第61页。

③ 한국 법제처,『중문 법령집Ⅰ』, 2011, https://www.moleg.go.kr/knowledge/magazineData?pstSeq=57493.

④ 한국 법제처,『중문 법령집Ⅱ』, 2012, https://www.moleg.go.kr/knowledge/magazineData?pstSeq=59068.

文表达的准确性，进而提升译文的质量。一般来说，文章有词语、句子、篇章三级单位，本文将结合具体的语例，从词语、句子和语篇三方面来探讨如何使用消极修辞法提升译文表达的准确度和质量。

三　词语层面的消极修辞

词语是表达意义的基本单位，是修辞的基础。词语有意义、色彩和声音，词语的修辞一般也是从这三方面着手。消极修辞法强调准确、客观地表达事物概念、阐明事理，追求准确、严谨、客观的表达效果，因此在选择词语时，应选用语义明确、无强烈色彩、音韵自然的词语。

（一）词语的意义

第一，需要仔细辨析不同的汉语词语在词义上的差别，翻译时选择尽可能与韩语原词词义完全一致的词语。

例 1　경쟁제한적인 법령 및 행정처분의 협의·조정등 경쟁촉진 정책에 관한 사항①

译文 1　关于限制竞争的法令及行政处分的协议、调整等关于促进竞争政策事项

译文 2　关于限制竞争的法令及行政处理的协议、调整等关于促进竞争政策事项

例 1 中“행정처분”指的是行政主体依据相关法律规定所做出的行政行为，如发放营业许可证、征收税收等。汉语中的“行政处分”指的是国家行政机关依照行政隶属关系给予有违法失职行为的国家机关公务人员的一种惩罚措施，是行政制裁的一种形式。可见“행정처분”和“行政处分”是不同的概念，译文 1 将“행정처분”直接翻译为“行政处分”是错误的。根据“행정처분”的语义，可以将其翻译为与之对等的“行政处理”。

第二，词语有单义词和多义词之分，在翻译时应该选择与韩语原词词义

① 例文选自韩国《关于限制垄断及公正交易的法律》，2014 年施行。

一致且词义单一的词语。

例 2　법원은 그 선임한 재산관리인에 대하여 부재자의 재산을 보존하기 위하여 필요한 처분을 명할 수 있다.①

译文 1　法院为保存不在者的财产，可以命令其选任的财产管理人做出必要的处分。

译文 2　法院为保存下落不明的当事人的财产，可以对其所选任的财产管理人做出必要的处分。

例 2 中的“부재자”指的是生死不知、下落不明的人，但是汉语中“不在者”除了可以理解为生死不知、下落不明的人外，还可以理解为已经去世的人或者某个场合或某时间点不在场的人，因此译文 1 中将“부재자”翻译为“不在者”是不准确的，而是应选择“下落不明者”这种语义单一的词语。

第三，法律词语一般是由专门的法律术语和一般的日常用语构成。法律术语在描述法律概念时要比日常用语更为精确，因此在翻译时应该尽可能使用相关的法律术语。

例 3　누구든지 증서의 적법한 소지인에 대하여 그 반환을 청구하지 못한다.②

译文 1　任何人对证书的符合法律规定的持有人不得请求返还。

译文 2　任何人对证书的合法持有人不得请求返还。

“적법한소지인”翻译成“符合法律规定的持有人”能为汉语读者所理解，但是它在汉语中有对应的法律术语“合法持有人”，这种情况下将其翻译为“合法持有人”会让译文更为准确和专业。

第四，词语在语义方面还有模糊与明确之分。模糊的词语指的是没有明确的外延概念的词语，明确的词语指的是有明确的外延概念的词语。法律语言要求表达清晰明确，尽量避免语义模糊，但是有时为了给法律执行留下足

① 例文选自韩国《民法》，2009 年施行。

② 例文选自韩国《民法》，2009 年施行。

够的空间，也会使用一些模糊的词语，如“심각하다”“필요하다”等词就有很强的不确定性，什么程度算是“严重”、哪些东西算是“必要”，在原文中一般不会说明，这时译者需要尊重原文，无权自作主张根据自己的理解将这些模糊词语译为语义明确的词语。

（二）词语的色彩

词语的色彩一般可分为感情色彩、语体色彩等。词语的感情色彩一般指的是人们通过单词所表现出来的对事物的态度或评价，可分为中性词、褒义词、贬义词。语体色彩一般指的是词义中所反映的词的语体倾向、特征，可分为口语和书面语两大类。消极修辞法要求客观、理性地描述事物，所以要求使用不涉及特殊情感倾向的中性词和正式、严谨的书面语。

例 4　제 50 조제 2 항에 따른 조사 시 폭언 · 폭행 , 고의적인 현장 진입 저지 · 지연 등을 통하여 조사를 거부 · 방해 또는 기피한 자①

译文 1　依据第 50 条第 2 项规定进行调查时，以恶毒的言语和暴虐的行为或故意阻碍、拖延调查人员进入现场等方式来拒绝、妨碍或回避调查的

译文 2　依据第 50 条第 2 项规定进行调查时，以恶言暴行或故意阻碍、拖延调查人员进入现场等方式来拒绝、妨碍或回避调查的

译文 1 中的“恶毒”指的是阴险、狠毒，“暴虐”指的是凶恶残酷，二者均带有明显的贬义色彩和口语色彩。但是例 4 中的“폭언 · 폭행”只是客观陈述一种事实，并没有过多的情感色彩，所以在翻译时也应该选择像“恶言暴行”这种带有书面色彩的词语。

（三）词语的音韵

词语的意义是通过声音表达出来的，音韵协调会让语言更加自然流畅，给人音乐美感。汉语的音韵修辞一般可以从音节、声调、韵脚等方面来考虑。消极修辞以平实、准确地传达语义为第一目标，不刻意去追求语言的音

① 例文选自韩国《关于限制垄断及公正交易的法律》，2014 年施行。

韵美，但是也不排斥这种音韵美。在保证语义准确的前提下，适当地考虑音节的搭配，能够提升译文的气势和节奏感。

例 5　당사국은 금융서비스와 관련된 그 당사국의 조치가 어떻게 적용되어야 하는지를 결정함에 있어서 비당사국의 건전성 조치를 인정할 수 있다.[①]

译文 1　一缔约方在决定其有关金融服务的措施应如何实施时，可承认非缔约方的稳妥、慎重的措施。

译文 2　一缔约方在决定其有关金融服务的措施应如何实施时，可承认非缔约方的审慎措施。

例 5 中“건전성 조치”指的是十分稳妥、万无一失的措施。译文 1 中将其翻译为“稳妥、慎重的措施”，虽然在语义和表达上都没有不恰当的地方，但是跟译文 2 相比则是欠佳的翻译。“审慎”指的是周密而慎重，译文 2 中使用四音节词“审慎措施”来代替“稳妥、慎重的措施”，让译文的节奏更为紧凑，为译文增添了庄重和严肃的色彩，更符合法律语言的风格。

四　句子层面的消极修辞

句子是语言交际中的基本表述单位，句子修辞是修辞系统重要的组成部分。句子的修辞效果一般会受到句式类型的影响。[②] 句式指的是句子的形式。汉语的句式有多种分类方法，从修辞和语用的角度，一般可以分为长句和短句、整句和散句、紧句和松句、常式句和变式句、主动句和被动句等。消极修辞法不追求生动、含蓄、煽情性的语言风格，为了避免歧义的发生，要求组织句子时要尽可能符合句法规则，使用让语言表达周密、严谨的常式句、长句、紧句等句式。

（一）常式句和变式句

常式句和变式句是依据句子成分的排列顺序所划分的句型。在句子中，

① 例文选自《中韩自由贸易协定》，2015 年签订。

② 彭玉兰、张登岐：《现代汉语》，高等教育出版社，2015，第 389 页。

各种成分的排列次序一般是：主语在前，谓语在后；述语在前，宾语在后；定语、状语在前，中心语在后；补语在前，中心语在后。根据这样的语序组成的句子就是常式句，改变这样的语序组成的句子就是变式句。[①] 常式句产生的是自然平实的修辞效果，变式句则能够在保留常式句句义的基础上，新增一些常式句所没有的语义或修辞效果，常用于文学作品、广告等。

例 6　회사가 법령 또는 정관에 위반하거나 현저하게 불공정한 방법에 의하여 주식을 발행함으로써 주주가 불이익을 받을 염려가 있는 경우에는 그 주주는 회사에 대하여 그 발행을 유지할 것을 청구할 수 있다.[②]

译文 1　该股东可以要求公司停止发行，当公司违反法律、章程或以明显不公平方式发行股票致使股东利益遭到侵害时。

译文 2　当公司违反法律、章程或以明显不公平方式发行股票致使股东利益遭到侵害时，该股东可以要求公司停止发行。

译文 1 中没有遵循韩语原文的句序，将表示条件的从句后置，有凸显主句的表达效果，即强调“该股东可以要求公司停止发行”这一法律后果，但是这与法律规范中先提出假定因素然后再给出处理或制裁结果的逻辑思维方式相违背，而且与法律语言正式、严肃的风格不相符，给人一种奇怪、不自然的感觉，所以如译文 2 所示使用语序正常的普通常式句反而能更好地传达原文的语义。

（二）短句和长句

短句和长句是相对而言的。一般来说，短句词语较少，结构简单；长句词语较多，结构复杂。长句的修饰限制成分和联合成分多，逻辑性强，可以把丰富的内容在一个单句或一个复句中表达出来，从而使语义更加完整、严密。[③] 在法条中，一个完整的法律规范通常包括假定、处理和制裁三个要素，为了表达完整、准确的语义，一般会将这三个要素压缩在一个

---

① 李嘉耀、李熙宗：《实用语法修辞教程》，复旦大学出版社，2007，第 133 页。

② 例文选自韩国《商法》，2012 年施行。

③ 黎运汉、盛永生：《汉语修辞学》，广东教育出版社，2012，第 207 页。

句子内，所以法律中经常出现长句。在翻译中遇到这种长而复杂的句子时，为了表达完整、准确的语义，一般也应该将其翻译为一个长句，而非多个短句。

例 7 실종선고의 취소가 있을 때에 실종의 선고를 직접원인으로 하여 재산을 취득한 자가 선의인 경우에는 그 받은 이익이 현존하는 한도에서 반환할 의무가 있고 악의인 경우에는 그 받은 이익에 이자를 붙여서 반환하고 손해가 있으면 이를 배상하여야 한다.[①]

译文 1 失踪宣告被撤销时，以失踪宣告为直接原因取得财产者，如果是善意取得，则在其所得现存利益范围内负有返还义务。如果是恶意取得，则应当返还其所得利益以及孳息。如果造成利益损失的，还应负有赔偿责任。

译文 2 失踪宣告被撤销时，以失踪宣告为直接原因取得财产者，如果是善意取得，则在其所得现存利益范围内负有返还义务；如果是恶意取得，则应当返还其所得利益以及孳息，造成利益损失的还应负有赔偿责任。

例 7 主要说的是当失踪宣告被取消时如何处理财产的问题。原句借助多个连接语尾，将什么人、在什么情形下、会有什么法律后果等复杂的内容压缩在一个句子里。译文 1 将原文翻译为三个长度较短的句子，虽然可以让译文看起来比较简明，但是这让后面两个句子的主语变得不明确，容易导致歧义的发生。译文 2 将所有的内容压缩在一个句子里，虽然句子相对较长，但是结构更为严谨，语义也更加清楚。

（三）紧句和松句

紧句和松句是相对而言的。紧句一般指的是结构紧密或者语气急促的句子，通常把几个意思集中在一起说，句子中间常无停顿或停顿较少，表现为句中有长定语、长状语、长的同位成分，适当使用紧句可以避免因不必要的重复或多余的陈述而造成语义模糊或歧义的现象。松句是结构松散或者语气舒缓的句子，

① 例文选自韩国《民法》，2009 年施行。

通常把一个或几个意思分几层说或者反复地说，句子中间常有停顿。[①]

例 8　회사는 합병의 결의가 있은 날부터 2 주내에 회사채권자에 대하여 합병에 이의가 있으면 일정한 기간내에 이를 제출할 것을 공고하고 알고 있는 채권자에 대하여는 따로따로 이를 최고하여야 한다.[②]

译文 1　公司应当自做出合并决议之日起两周之内通知公司债权人，若对合并有异议应在一定期间内提出；并对已知的债权人做个别催告。

译文 2　公司应当自做出合并决议之日起两周之内通知公司债权人若对合并有异议应在一定期限内提出，并对已知的债权人做个别催告。

译文 1 的句子结构比较松散，特别是第一个逗号的使用将原分句分为两个更短的分句，导致“若对合并有异议应在一定期间内提出”这一分句的主语变得不明确，既可以理解为主语是“公司”，也可以理解为是“公司债权人”。虽然结合上下文可以推测出真正的主语，但是这样的译文显然是不够严谨的。译文 2 中去掉了第一个逗号，将两个语段合二为一，虽然句子相对较长，但是结构紧凑，所要表达的意思也就更为准确、严密。

五　语篇层面的消极修辞

文章结构合理、层次分明、衔接得当，也是完整、准确、严谨地表达语义的重要因素。因此除了单词和句子之外，还需要关注句子和段落间的排列顺序、衔接、照应等语篇上的因素。

（一）法条文的语篇结构

中韩法条文均以条为基本单位，条以上有节、章、篇等单位，条以下根据需要设有款、项、号、目等。这种固定的语篇格式有利于保持法条文的严谨性、统一性和规范性，减少对法条文的曲解和误解，因此在翻译时也应该保留这种语篇结构。

---

① 胡习之：《核心修辞学》，中国社会科学出版社，2014，第 430 页。

② 例文选自韩国《商法》，2012 年施行。

（二）句子与段落间的衔接

法律以“条”为基本单位，一条法律有时一句，有时由两个或两个以上的句子组成，这些句子之间一般有比较紧密的逻辑关系。韩语是表音文字，句内和句间的逻辑关系主要是靠连接语尾、助词、关联词来表达的；汉语是表意文字，句内和句间的逻辑关系，主要靠关联词来表达。特别是在法条文中通常会使用一些固定的关联词，在翻译时需要准确运用相关关联词。

例 9　보험금액이 보험계약의 목적의 가액을 현저하게 초과한 때에는 보험자 또는 보험계약자는 보험료와 보험금액의 감액을 청구할 수 있다. 그러나 보험료의감액은 장래에 대하여서만 그 효력이 있다.[①]

译文　保险金显著超过保险合同标的的价值时，保险人或者保险合同人可以请求减少保险费及保险金。但是，保险费的减额只对将来生效。

例 9 中两个句子之间是转折关系，翻译时应选择表示转折关系的关联词。汉语中表示转折关系的关联词有“但是”“但”“可是”“却”“然而”“虽则”等，在中国法律条文中一般使用的是“但是”或“但”，在两个独立的句子间经常使用“但是”，甚至在中国法律文化中，还会将“但”或“但是”之后的文字称为“但书”。因此在上述例句中，使用“但是”这一关联词能让译文更加自然，更符合汉语读者的语言习惯。

（三）法律用语的前后照应

在制订法律的时候，为了避免歧义的发生，同一法律用语在同一部法律和其他法律中词义应是一致的。在翻译法律时，当一个新的法律用语确定了它的译文表达形式，在之后的翻译中也应统一使用该表达。文学等其他翻译中，为了有更好的表达效果，同一意思在上下文中经常用同义词或近义词来互替，但是在法律翻译中，这样做容易造成法律概念上的混淆，影响译文的准确性和规范性，所以不能随意变换。

---

① 例文选自韩国《商法》，2012 年施行。

六 结论

消极修辞法的目标在于准确、明白地传达语义，要求语言明确、严谨、周密，避免因表达不清而让读者产生误解。这与以提供法律信息为主要目的的法律翻译的要求基本一致，因此翻译时可以运用消极修辞法来提升法律译文的准确性。本文通过案例分析认为，在词语方面，应使用语义确切单一、无强烈色彩、音韵自然的词语，并尽可能使用法律术语，准确传达原词的词义；在句子方面，应遵守汉语语法规范，适当使用常式句、长句、紧句等句式，使得句子意义的表达更为准确周密；在语篇方面，应保留以条为单位的法条文结构，准确使用相关关联词，注意术语统一，使译文更具条理性和逻辑性。

A Study on the Chinese Translation of ROK's Laws from the Perspective of Negative Rhetoric

Zhang Qingqing

Abstract The goal of negative rhetoric is to make language expression accurate, which is basically consistent with the goal of legal translation. Taking the Chinese translation of ROK's laws of Ministry of Government Legislation of ROK as an example, this paper probes into improving the accuracy of the translated language expression from the perspective of negative rhetoric. The methods to improve the accuracy of translation include using accurate and single words, using dispassionate and natural words and using regular, long and compact sentences as much as possible. In the aspect of discourse, it should keep the text structure as a unit, using the relevant words accurately, and paying attention to the unity of the legal terms.

Keywords Chinese-ROK's Law Translation; Negative Rhetoric; Accuracy

韩国公共文化研究发展述评及启示

——基于 KCI 及 RISS 数据库的文献分析

武 鹏　王佳桐　车 晨

【内容提要】KCI 文献数据库和 RISS 文献数据库是韩国两大知名学术资源平台，对了解韩国学术研究的现状、热点以及未来研究趋势具有重要参考价值。本文基于 KCI 文献数据库和 RISS 文献数据库，运用文献分析法系统梳理了与公共文化研究相关的韩国文献数据，对其特点进行了分类分析。结果显示，公共图书馆信息、公共文化设计和公共文化服务是韩国学者关注度最高的三个研究方向。随着第四次产业革命的到来，未来韩国公共文化研究也将围绕数字化、智能化和国际化等主题展开，特别是有关新技术与公共文化发展之间关系的研究将成为重点领域。这一研究结果不仅可以拓宽我国公共文化研究的视野，对我国政府把握政策导向、加强跨学科领域研究及专业人才培养等方面也具有参考价值。

【关键词】韩国　公共文化　文献分析法　KCI　RISS

【作者简介】武鹏，吉林大学政治学博士后，西南大学马克思主义学院副教授、硕士生导师；王佳桐，通讯作者，韩国国立群山大学创业学博士研究生；车晨，韩国世宗大学酒店观光经营学博士研究生。

一　导言

相对于经营文化而言，公共文化是为满足社会的共同需要而形成的文化形态，强调以社会全体为服务对象的公共行政职能，目标是人人参与文化、人人享受文化、人人创造文化。该定义是指由政府主导、社会参与形成的普及文化知识、传播先进文化、提供精神食粮、满足人民群众文化需求、保障人民群众基本文化权益的各种公益性文化机构和服务的总和。[①] 2006 年，《国家“十一五”时期文化发展规划纲要》首次将“公共文化服务”纳入其中，提出要从现阶段经济社会发展水平出发，以实现和保障公民基本文化权益、满足广大人民群众基本文化需求为目标，坚持公共服务普遍均等原则，兼顾城乡之间、地区之间协调发展，统筹规划，合理安排，形成实用、便捷、高效的公共文化服务网络。具体包括完善博物馆、图书馆、文化馆等公益性文化设施网络建设；创新公共文化服务方式，普及文化知识；建立公共文化发展援助机制；鼓励社会力量兴办公益性文化事业等。[②] 2008 年，《中共中央关于构建社会主义和谐社会若干重大问题的决定》提出“加强公益性文化设施建设，鼓励社会力量捐助和兴办公益性文化事业，加快建立覆盖全社会的公共文化服务体系”。[③] 近年来，随着人民对公共文化需求的不断提升，新的立法和相关措施也相继出台。2017 年 3 月 1 日，《中华人民共和国公共文化服务保障法》正式实施。同年，党的十九大报告指出要完善公共文化服务体系，深入实施文化惠民工程，丰富群众性文化活动，[④] 展现了我国对公共文化建设和治理的重视。但当前，我国对公共文化的研究相对于迅速发展的中国社会仍略显滞后，对国外文献及经验的参考和借鉴亦显不足。

放眼韩国，经过多年努力，逐步形成了政府主导、公民参与、企业与民间组织协同发展的公共文化治理模式。朴正熙政府时期，韩国公共文化政策主要是为配合加强中央集权体制建设而得到推行。20 世纪 60～70 年代是韩国进行大规模文化基础设施建设及制度建设时期，1972 年 8 月制定的《文化艺术振兴法》是韩国公共文化政策的法律基础。据此，1973 年 7 月开始

---

① 荣跃明：《公共文化的概念、形态和特征》，《毛泽东邓小平理论研究》2011 年第 3 期，第 38 页。

② 《国家“十一五”时期文化发展规划纲要》，中华人民共和国中央人民政府网，http：//www. gov. cn/gongbao/content/2006/content_ 431834. htm。

③ 《公共文化服务体系》，中国共产党新闻网，http：//cpc. people. com. cn/GB/134999/135000/8105620. html。

④ 《网友最关心的 10 个问题　十九大报告都给出了答案》，人民网，http：//leaders. people. com. cn/n1/2017/1018/c178291 －29595140. html。

募集韩国文化艺术振兴基金，同年 10 月成立了韩国文化艺术振兴院（现韩国文化艺术委员会)。1982 年修订《文化艺术振兴法》后，韩国更加明确地制定了一系列公共文化政策，为支持公共文化发展奠定了法律依据，并使支持内容更加具体化。卢泰愚政府时期的公共文化政策以“全体国民的文化”为口号，制定并实施了“文化发展十年规划（1990～1999)”。卢泰愚政府以扩大文化享有权和参与权作为基本政策理念，追求文化民主化。随着韩国国民对与文化有关的社团活动的兴趣不断提升，政府开始扩大公共文化设施建设。[①] 1998 年 2 月成立的金大中政府将文化体育部改为文化观光部，这一时期的文化政策基调是“支持而不干涉”，反映了政府强化文化福利的立场。为了实现构建创新性文化福利国家的目标，金大中政府制定了十大课题，其中包括政府扩大国民文化享有权。2003 年以后，卢武铉政府大规模推行文化民主主义政策，提出“自律”“参与”“分权”理念，宣布成立“参与政府”。李明博政府时期的公共文化政策可认为是“文化民主化”政策与“文化民主主义”政策的混合，其重点放在扩大国民文化享有权方面，建立了区域文化中心并扩充相关设施，实行免费参观韩国国立博物馆和美术馆的政策。此外，这一时期还推进文化福利政策，如为弱势群体实施“国民共识”文化艺术项目，对未售出的演出门票实行统一优惠制度。前者以文化民主主义政策为基础，后者更接近于文化民主化政策。朴槿惠政府将“文化繁荣”作为四大国政基础之一，成立了总统直属的文化振兴委员会，推行“所有国民都能享有文化生活”的政策，并举办一系列“文化日”活动。2010 年以后，韩国的文化政策更加强调国民参与性，其政策基调日趋鲜明，法律依据更加具体。

韩国公共文化事业的发展具有坚实的政策法律基础，并且在强调公民参与性的同时，也体现出了公共文化事业的创新性和包容性。为更好地了解韩国公共文化，本文尝试通过韩国代表性研究成果，系统梳理韩国公共文化研究文献，对其研究现状和热点进行述评，探索未来研究新趋向，以期为我国公共文化的发展和研究提供参考。

---

① Oh D. H., Lee J. Soon., and Chung M. M., “A Research on the Efficiency of Feasibility Study Method for Constructing Public Cultural Facility,” *Korean Urban Management Association*, Vol. 19, No. 2, 2006, pp. 75–96.

二　数据来源及研究方法

（一）数据来源

韩国学刊引用检索（Korea Citation Index，KCI）是包含韩国学术期刊信息、论文原文和参考文献的数据库，也可分析论文间引用关系。它可根据相关统计材料和引用频度计算学刊影响力，并衡量特定主题领域发行期刊的质量水准。KCI 文献数据库可提供自 2003 年以来已出版的约 2100 种期刊的引文信息、统计数据和书目信息，还包括每年各期刊的被引用次数、发表文章数量和影响因子（IF）等指标。

学术研究信息服务系统（Research Information Sharing Service，RISS）是韩国教育学术信息院（KERIS）运行的学术研究信息化系统。韩国教育学术信息院是以教育和学术研究信息化为目标建立的教育部下属信息支持机构。自 1998 年开通至 2018 年 4 月，平均每月有 244 万专家学者使用此服务系统。[①] 因此，RISS 被认为是韩国最大的学术研究信息系统。

（二）研究方法

文献分析法是整体把握已有研究成果、了解研究现状、找到问题症结所在的研究方法。本文以“公共文化”为检索关键词，以 2003 年至 2019 年 9 月为检索时间区域，在韩国 KCI 文献数据库中共检索出目标文献 3316 篇；以“公共文化”为检索关键词，以 1992 年至 2019 年 6 月为检索时间区域，在韩国 RISS 文献数据库中共检索出目标文献 8991 篇。为了准确筛选“公共文化”领域文献，笔者通过作者、论文题目、发表时间、发刊机构、期刊名称、关键词及引用次数等维度对检索结果进行整理，并在此基础上排除内容与“公共文化”无关以及研究对象不是韩国的文献，再经过去重和文献阅读分析，筛选出了与“公共文化”主题相关的 KCI 核心期刊论文 127 篇及 RISS 硕博毕业论文 287 篇，作为主要研究对象。

① 〔韩〕尹贤基：《gluesys，对教育公共机构提供 NAS 网关服务》，http：//www. datanet. co. kr/news/articleView. html? idxno = 132840。

三　韩国公共文化研究的特征

（一）时间特征

通过对 RISS 文献数据库 287 篇硕博毕业论文进行数量分布分析（如图 1 所示），1992 ~ 2010 年对“公共文化”的研究总体呈上升趋势，并在 2010 年达到峰值，而后出现大幅回落。除 2013 年和 2015 年回升至一定高位外，截至 2019 年研究数量总体呈下降趋势。通过对 KCI 文献数据库 127 篇论文进行数量分布分析（如图 2 所示），自 2003 年至 2019 年 9 月，以“公共文化”为关键词的期刊论文发表可大致分为两个阶段：自 2003 年至 2009 年呈明显上升趋势；2009 年后略有起伏，但总体保持稳定发展态势。

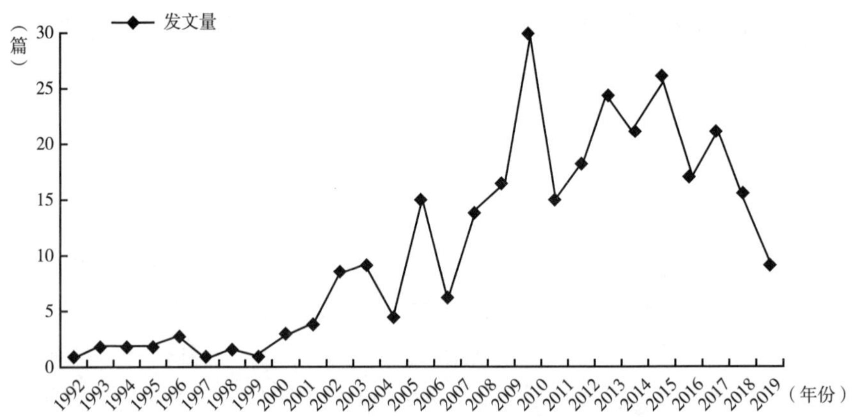

图 1　RISS 数据库公共文化相关文献年发文量统计

资料来源：作者整理。

从表象上看，因硕博毕业论文的产出需以期刊论文作为主要文献基础，因此，KCI 论文数量在 2009 年出现峰值后，RISS 硕博毕业论文紧随学术热点在 2010 年出现峰值，符合传统学术研究逻辑。究其内在原因，政府主导政策对公共文化研究具有重要影响。2010 年前后正处于李明博政府时期，该届政府较以往历届政府而言尤为重视韩国“软实力”建设，于 2009 年 1 月 22 日开创性地成立了韩国国家品牌委员会，并颁布实施了诸多关联性政

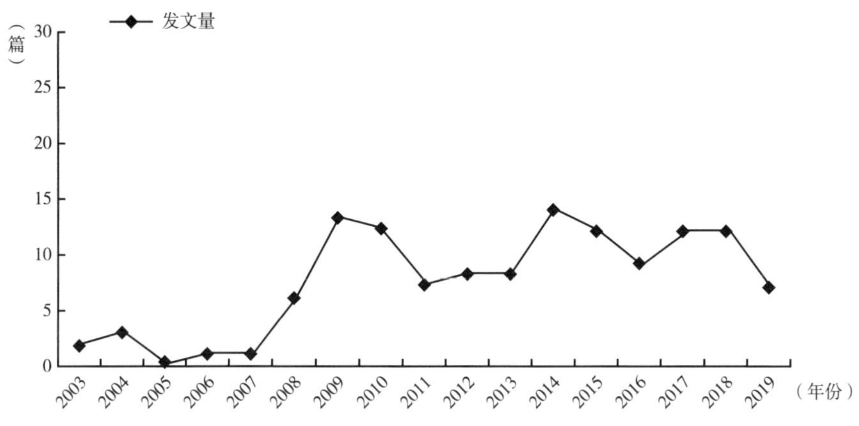

图 2　KCI 数据库公共文化相关文献年发文量统计

资料来源：作者整理。

策措施。在此影响下，公共文化作为影响国家形象的重要维度之一，迅速成为学界聚焦的热点，促进了相关研究成果的产出。

（二）出版平台特征

KCI 是韩国具有代表性的学术文献索引。KCI 数据库中 127 篇期刊论文的主要出版平台共有 6 个（如表 1 所示）：第一，韩国圣经学会主办的《韩国圣经学刊》，主要刊登韩国文献信息和图书馆研究学术论文，立足于韩国文献信息和图书馆发展实践，紧跟国际研究动向，力求学术性、专业性和权威性；第二，韩国文献信息学会主办的《韩国文献信息学刊》，为促进文献信息学（图书馆学）发展而创立；第三，韩国图书馆・信息学会主办的《韩国图书馆・信息学刊》，坚持理论联系实际，紧跟国际研究动向，致力于研究问题，繁荣学术；第四，大韩建筑学会的《大韩建筑学会论文集》，作为韩国唯一的建筑研究综合学刊，旨在与其他相关平台合作，紧跟学术前沿，促进学术交流；第五，韩国行政学会主办的《韩国行政研究》，主要发表行政相关的研究成果；第六，《文化政策论丛》，韩国文化观光研究院所属期刊之一，主要研究政策系统开发。其中《韩国圣经学刊》有关公共文化研究的发文数量最多。

综上所述，韩国公共文化研究出版平台具有以下两个特点。第一，研究平台日趋成熟。发布学术成果、促进学术创新、引领学术风气是学术期刊的三大主要功能[①]。韩国“公共文化”相关期刊多创立于20世纪70年代到20世纪90年代，其中《韩国圣经学刊》创立于1972年，是韩国最早有关公共文化的刊物。现今，各研究平台不断提高学术质量，实现跨越发展，提升国际影响力，在相关人文社科专业的学会组织中也发挥了重要作用。第二，平台研究主题多元化。韩国学者结合学术研究方向与实际社会需求，有意识地推动公共文化研究跨学科、跨领域发展。因此，韩国公共文化研究不只局限于图书馆、公共文化服务等领域，已扩展到设计、艺术、建筑、社会福利、文化振兴、政策法规、旅游观光、康养等众多领域。

表1　韩国公共文化研究主要出版平台

学刊名称	数量(篇)
《韩国圣经学刊》	14
《韩国文献信息学刊》	9
《韩国图书馆·信息学刊》	8
《大韩建筑学会论文集》	4
《韩国行政研究》	4
《文化政策论丛》	3

资料来源：作者整理。

（三）内容特征

RISS文献数据库是韩国为实现高校硕博论文资源传播与共享而建立的信息化服务系统。通过对RISS数据库287篇硕博毕业论文进行分析，如表2所示，弘益大学有关“公共文化”研究的硕博论文数量居于首位。弘益大学是韩国综合性私立大学，以艺术类专业享誉世界，曾在2007年被美国《商务周刊》评为“亚洲及欧洲范围内最优秀设计大学”，2008年获得全球最佳设计院校称号。因此，该校在艺术和建筑设计方面实力雄厚，拥有大量有关公共文化设施、公共建筑文化、公共图书馆文化和公共艺术文化的研究成果。中央大学的相关硕博论文主要集中在教育专业。汉阳大学

① 张献锋：《中国社科类学术期刊评价体系的若干思考》，《重庆大学学报》（社会科学版）2015年第5期，第116~120页。

的相关研究成果主要来自公共政策、建筑和教育专业，分别从公共文化政策、公共文化设施、视觉文化和青少年文化体验活动的角度进行了探讨。梨花女子大学的相关论文主要来自教育和政策科学专业，大多以女性的视角，对公共图书馆文化、移民结婚女性的多文化服务、儿童多文化体验、公共文化艺术机关等课题进行了研究。成均馆大学的相关成果主要出自教育和艺术专业，侧重研究公共图书馆的多文化服务和公共文化艺术。

表 2　RISS 硕博论文来源机构分布

高校名称	数量(篇)
弘益大学	23
中央大学	19
延世大学	18
汉阳大学	16
梨花女子大学	13
成均馆大学	12

资料来源：作者整理。

统而言之，韩国公共文化研究的内容特点体现在如下两个方面。第一，一般对象与特殊群体相结合。数据库中的高校硕博论文主要研究对象不仅包括普通民众，也关注到了特殊弱势群体，如残疾人、移民女性、未成年人等，其目的在于掌握各群体需求，从而更好地推动公共文化的普适性。第二，文化与艺术相融合。文献研究领域从公共图书馆、公共文化服务研究，逐渐扩展到文化艺术、建筑设计等领域。究其原因，政府政策对公共文化研究具有引领作用。1982 年，韩国政府修订的《文化艺术振兴法》中明确了“公共文化”概念，为支持公共文化艺术提供了法律依据；政府还主导建设了综合文化会馆和艺术殿堂。卢武铉政府时期，政府着力支持文化艺术，2004 年 6 月陆续发表“创新韩国”和“新艺术政策”，提出以知识为基础的创新性发展方案。在政策影响下，公共文化艺术研究在韩国高校硕博论文中成为热点。

（四）作者特征

学术论文是科研活动过程中形成的知识形态成果，是科学研究直接的产出形式之一，其价值在于“被应用”。[①] 一方面，被引次数越多说明其影响力越大，另一方面，引用论文级别的高低也能反映文献影响力强弱。[②] 通过对韩国公共文化文献作者进行统计排序（如表 3 所示），釜山大学李向哲教授的文献成果最为突出。李向哲是韩国釜山大学公共政策专业的全职教授，主要研究领域是公共组织和公共企业，2011 年起担任公共企业经营评价委员及公共机构运营委员，2012 年起担任釜山交通公社非执行董事，2014 年起担任韩国地方政府学会会长。另外，金宏烈教授是近几年在公共图书馆研究领域活跃度最高的作者。金宏烈是韩国全州大学社会科学学科文献信息专业的教授，1993～1998 年担任过韩国科学技术信息研究院（KISTI）资深研究员，现任韩国图书馆协会计划政策委员会委员长、韩国信息管理学会副会长等职。根据高频作者所属机构显示，地方大学的学者对公共文化更为关注，主张韩国政府应重视地区文化精英培养和专业人才引进，以此满足地方民众对公共文化的需求，从而促进地区公共文化发展。

表 3　韩国公共文化研究高影响力作者

作者名称	被引次数
李向哲（釜山大学）	87
金宏烈（全州大学）	25
李素妍（韩国妇女发展研究所）	22
李炳良（京畿大学）	20
吴东勋（首尔市立大学）	20

资料来源：作者整理。

四　韩国公共文化研究热点及未来趋势

从 20 世纪末开始，韩国对公共文化的研究已从单一领域逐渐走向与艺术、教育、建筑等学科结合的跨学科领域。从现有文献主题分布来看，KCI 文

① 张静：《引文、引文分析与学术论文评价》，《社会科学管理与评论》2008 年第 1 期，第 33 页。

② 牛玉、汪德根、钱佳：《基于高被引频次的旅游文献影响力分析》，《旅游学刊》2014 年第 4 期，第 115 页。

献包括公共文化与图书馆类 40 篇（33%）、公共文化设施类 30 篇（25%）、公共文化与设计类 15 篇（13%）、公共文化服务类 13 篇（11%）、公共文化与艺术类 10 篇（8%）、地区公共文化类 8 篇（7%）、旅游公共文化类 4 篇（3%）。RISS 文献包括公共文化与图书馆类 49 篇（21%）、公共文化设施类 44 篇（19%）、地区公共文化类 40 篇（18%）、公共文化与艺术类 37 篇（16%）、公共文化与设计类 25 篇（11%）、公共文化服务类 15 篇（11%）、旅游公共文化类 8 篇（4%）。由此可见，韩国公共文化的研究热点主要集中在四个方面：公共图书馆信息、公共文化设计、公共文化设施和公共文化服务。

第一，聚焦公共图书馆信息。公共图书馆是每个国家大众文化教育中最重要的基础设施，是公共文化发展的重要标志。以基层政府财政自主性和公共图书馆建立与运营间关系研究为例，韩国财政自主性低的地方行政区更加注重对公共图书馆的建立和运营，相关措施会更多、更积极，图书馆预算的分配也较多。公共图书馆信息研究在深化韩国公共文化发展中扮演着重要角色。

第二，聚焦公共文化艺术。文化艺术是人类追求精神愉悦和获取幸福的重要渠道。公共文化艺术是指国家和地方机构为提高公民审美而设置、运营和管理的文化艺术集合。[①] 以首尔首都圈的公共文化机构运营与艺术性间关系研究为例，便利性和市场营销对运营绩效影响不明显，而艺术性则是提高运营绩效的重要因素。[②] 韩国是注重文化艺术宣传的国家，并且在音乐、舞蹈、电影和设计等方面取得了一定成就，这对推动韩国公共文化发展具有重要作用，也是其优势之一。

第三，聚焦公共文化设施。公共文化设施是公共文化服务体系建设的基础平台和首要需求，是展示文化建设成果、开展群众文化活动的重要阵地。公共文化设施的建设和管理水平，直接关系到人民群众基本文化权益的实现效力和文化发展成果的共享程度。韩国文化体育观光部《国民休闲活动实态调查》考察了韩国国民休闲活动满意度与公共文化设施、地域情结之间的关联性，其结果显示韩国国民的休闲活动满意度随着公共文化设施的改善

① 《关于公共文化艺术振兴的法规》第二条“定义”，http://www.law.go.kr/lsEfInfoP.do?lsiSeq=185260#。

② Kim Y. S.，“A Study on the Comparison of the Operation of Public Libraries Among Local Governments in Seoul,” *Journal of Korean Library and Information Science Society*, Vol. 42, No. 4, 2011, pp. 311–330.

而提高。[①] 因此，韩国政府不断扩大公共文化设施建设并提供相关服务，从而推动当地区域经济文化发展。

第四，聚焦公共文化服务。公共文化服务是指由政府主导、社会力量参与，以满足公民基本文化需求为主要目的而提供公共文化设施、文化产品、文化活动等相关服务。以韩国国立中央博物馆的访客满意度与服务体验间关系研究为例，老弱病残辅助设施、儿童便利设施及讲解人员服务等因素对访客满意度影响较大。[②] 目前，韩国各类博物馆与旅游机构联合增加了文化体验活动，还通过应用数字化服务以提高访客满意度，通过不断完善老弱病残辅助设施和儿童便利设施以增加民众参与度。

从韩国公共文化研究趋势来看，以下三个方面值得关注。首先，随着 5G 网络的高速发展与逐步推广，公共文化的数字化研究将成为重点。文化的无形属性对于数字化转化较为有利。随着数字图书馆等资源平台不断丰富，未来对于公共文化的数字化转化与利用将成为研究热点。其次，韩国高度重视第四次工业革命发展浪潮，人工智能的研发与应用是其重点关注领域，公共文化的智能性研究亦将成为重点。利用人工智能等手段让不同群体参与并感受公共文化，能丰富公共文化活动内容和公共文化空间设计，推动公共文化政策不断完善。最后，公共文化本身具有开放性，未来如何深化公共文化的国际化交流与合作将成为研究重点。目前，韩国已通过开展国际学术会议等手段，不断增加与其他国家间的交流与合作，以推动公共文化的国际化，服务多元主体的多样化需求。[③]

五　对我国公共文化研究的启示

（一）增强政府政策导向

总的来看，我国公共文化政策经历了四个阶段：1978 ~ 1992 年是起步

① Lee H. S.，"Analysis of Operational Competency of Public Culture & Arts Institution," *Journal of Digital Convergence*, Vol. 12, No. 11, 2014, pp. 23 - 32.

② Lee J.，Seo I. and Jung W.，"Relationship Between Public Cultural Facilities and Local Affection," *Korean Local Administration Review*, Vol. 16, No. 1, 2019, pp. 101 - 122.

③ Oh D. H.，Lee J. S. and Chung M. M.，"A Research on the Efficiency of Feasibility Study Method for Constructing Public Cultural Facility," *Korean Urban Management Association*, Vol. 19, No. 2, 2006, pp. 75 - 96.

阶段，政策基调是管制；1993～2001 年是探索阶段，政策基调是规范；2002～2008 年是拓展阶段，政策基调是鼓励；2009 年至今是转型阶段，政策基调是扶持。[①] 1982 年 12 月 10 日，第五届全国人大五次会议批准了《中华人民共和国国民经济和社会发展第六个五年计划（1981～1985）》，提出充实、提高现有博物馆；加强公共图书馆建设；积极发展少数民族地区特别是边境地区的文化事业，建设和扩充图书馆、文化馆、博物馆、影剧院等文化设施；加强群众性文化设施的建设。2001 年 3 月 15 日，第九届全国人大四次会议表决通过了《中华人民共和国国民经济和社会发展第十个五年计划纲要》，《纲要》将文化建设作为精神文明建设的重要组成部分，开辟专章对“繁荣社会主义文化，提高文化生活质量”进行了全面的规划。2003 年 8 月 1 日实施《公共文化体育设施条例》。2012 年，中共中央办公厅、国务院办公厅共同印发了《国家“十二五”时期文化改革发展规划纲要》，指出要加快构建公共文化服务体系。2016 年 3 月 14 日，文化部审议通过《2016 年文化系统体制改革工作要点》，着力促进基本公共文化服务标准化均等化工作实现新突破。随着公共文化领域重要文件的相继出台和人民物质文化需求的日益增长，我国从强调公共文化设施等“硬件”建设的初期阶段，逐渐转变为重视与提高对公共文化服务等“软件”的发展。但与韩国相比，发展水平上还有一定差距，特别是在法律方面对公共文化发展的保障尚有待加强。

（二）加强跨学科领域研究

公共文化的建设与发展，不仅是一项政治社会议题，也是当前的学术研究热点。通过对韩国 KCI 和 RISS 两大文献数据库的分析可知，公共文化研究已与艺术、教育、建筑等学科逐渐结合，走向跨学科综合性研究。我国学术论文中对“公共文化”的研究主要分为三个阶段：第一阶段为 2007～2010 年，主要聚焦图书馆和农村公共文化服务研究，少量探讨总分管制、均等化；第二阶段为 2011～2014 年，对农村公共文化的关注度进一步提高，随着图书馆等机构的免费开放热度提高，均等化关注度逐步提升，公共文化空间相关研究成为热点；第三阶段为 2015 年至今，相关研究主要关注促进

① 边莉：《我国公共文化政策》，《读书文摘》2016 年第 26 期，第 154 页。

基本公共文化服务的标准化、均等化，关注数字化，并逐渐关注公共文化社会化发展。[①] 另外，我国公共文化服务研究主要聚焦于图书馆公共文化服务、农村公共文化服务和其他机构公共文化服务等方面，[②] 和韩国公共文化研究相比，我国公共文化研究与其他学科间的跨学科合作尚显缺乏，大多还都停留在公共文化发展的某一领域或某一方面，需要继续扩大研究合作领域，拓展研究空间，通过合作研究产生更多新成果，从而促进社会公共文化发展并提高人们的公共文化生活水平，推动人民群众共享公共文化发展成果。

（三）注重专业人才培养

人才队伍是公共文化建设的关键，促进文化人才培养、扩展人才队伍是一项基础性、战略性任务。我国公共文化研究虽然具有一定基础，但由于发展时间较短，专业人才欠缺，尚处于较低发展水平。从韩国公共文化领域研究作者的基本情况来看，其公共文化研究人员已具有较高素质，有利于下一步对专业人才的教育与培养。另外，从公共文化研究机构及高校培养等方面来看，韩国政府和财团十分重视对人才培养的软硬件投入。我国需提高现有的公共文化人才素质并加大对艺术人才的引进和培养；建立文化人才引进选拔和培养机制，形成有利于优秀文化人才成长和发挥作用的良好环境；重视地区人才队伍的建设，加强地区文化人才的发掘和培养；建立文化人才激励制度，吸引高层次文化人才；建立地区公共文化人才队伍资源库；加强高层次文化人才队伍建设，培养造就一批坚持正确方向、深入反映生活、深受人民群众喜爱的公共文化研究人员和工作者。

六　结语

本文通过韩国KCI和RISS两大数据库检索韩国公共文化相关研究，从时间特征、出版平台特征、内容特征和作者特征四个方面进行比较分析，并

---

① 李秀敏：《学术期刊文献中的公共文化服务研究热点（2007～2018）》，《图书馆建设》2019年第5期，第14页。

② 苗美娟、刘兹恒：《近五年我国公共文化服务研究综述》，《图书馆论坛》2016年第2期，第36页。

进一步探索韩国公共文化的研究方向及未来发展趋势，总结出政府政策对韩国公共文化研究起到了重要的引领作用。韩国在公共文化政策制定、跨学科学术研究以及专业人才培养等方面的经验都可为我国所借鉴：第一，政策法规方面，应加大对公共文化的政策倾斜，提高与重视公共文化服务质量，推动其实现标准化、均等化、社会化和数字化，并完善公共文化建设的法律保障；第二，研究领域方面，需扩大合作领域，扩展研究空间，促进公共文化跨领域发展，丰富我国公共文化研究成果；第三，人才培养方面，应重视并加大对地方人才队伍的培养，建立健全监督激励机制。我国公共文化事业具有较大潜力，需要广大学者在借鉴国外先进研究成果和实践经验的基础上，针对我国公共文化事业的各个方面进行更加深入的探索，为推动中国特色公共文化建设提供智力支持。

A Review and Enlightenment on the Development of Public Culture Studies in ROK: Literature Analysis Based on KCI and RISS Databases

Wu Peng, Wang Jiatong and Che Chen

Abstract KCI literature database and RISS literature database are two well-known academic resource platforms in ROK, which have important reference value for understanding the current situation, hot spots and future research trends of academic research in ROK. Based on KCI literature database and RISS literature database, ROK's literature data related to public culture research were systematically sorted out by literature analysis, and their characteristics were classified and analyzed. The results show that public library information, public cultural design and public cultural services are the three aspects that attract the highest attention of ROK's scholars. With the advent of the fourth industrial revolution, public culture research in ROK will also focus on digitalization, intellectualization and internationalization, especially on the relationship between new technology and public culture development. The research results can not only broaden the horizon of China's public culture research, but also have reference value for China's government to grasp policy orientation, strengthen interdisciplinary research and professional personnel training.

Keywords ROK; Public Culture; Literature Analysis; KCI; RISS

经济与社会

中韩自贸协定助推韩国跻身“一带一路”建设*

金健人

【内容提要】 由于“萨德”危机影响，中韩自贸协定签订后未能及时发挥应有作用。两国关系正常化后，韩国参与“一带一路”建设已经由愿望变成了行动。合作建设“一带一路”不仅可以发挥中韩之间的传统优势，拓宽合作空间，而且可以开发各自潜能，创造新的互补机会。当然，碰撞和竞争也不可避免，新的问题将带来新的挑战。

【关键词】 中韩自贸协定　“一带一路”　合作基础　机遇和挑战

【作者简介】 金健人，浙江越秀外国语学院东北亚中心教授，浙江大学韩国研究所教授。

2018 年 9 月的天津夏季达沃斯论坛上，国家信息中心已经把“一带一路”原先的 65 个国家地区扩容为 100 多个，其中不仅包括韩国，而且将其排在了非常重要的位置。韩国国内，从政府到民间，近年来参与中国“一带一路”建设的呼声越来越高。结合中韩 2015 年签订并实施自贸协定以来的状况，如何助推韩国跻身“一带一路”建设，是一个迫切需要解决的重大问题。

* 本文为浙江省规划重大项目“东亚历史海域与浙江社会发展”（项目编号：20XXJC04ZD）的阶段性成果。

一　中韩自贸协定与“一带一路”建设

中韩两国于2015年6月1日正式签署自贸协定，并于同年12月20日正式生效。协定范围涵盖货物贸易、服务贸易、投资和规则等17个领域。协定生效后，双方超过90%的产品在过渡期后进入零关税时代。这是我国已签署的自贸协定中涉及国别贸易额最大的一个协定。

自1992年中韩建交后，经贸合作呈几何级数增长。1992年的中韩贸易额只有50亿美元，发展到2014年，已高达2904.9亿美元，其中出口额1003.4亿美元，进口额1901.5亿美元，韩国顺差898.1亿美元，离3000亿大关仅一步之遥。[①] 而两国贸易总额真正超过3000亿美元，是2018年的事情，中国海关总署统计数据为3134亿美元。

中韩自贸协定的签订，不但对商品市场影响重大，而且对投资领域意义更为深刻。从此以后，中韩企业界、物流界、金融界可以加强合作，一起进军世界市场。“总体来说，中韩自贸协定在生效后前十年对两国经济的效应大于后十年。协议生效后的前十年，对中国GDP的平均效应达到了0.35%，对韩国GDP的平均效应更是达到1.05%；而在协议生效后的十年，对中国GDP的平均效应降为0.15%，对韩国GDP的平均效应降为0.21%。在整个二十年的关税削减过渡期内，中韩自贸协定对中国GDP的平均效应为0.25%、对韩国GDP的平均效应为0.63%。也就是说，因为中韩自贸协定的签订，中国GDP增速将在二十年过渡期内平均每年净增加0.25个百分点，而韩国GDP增速将在二十年过渡期内平均每年净增加0.63个百分点。考虑中韩两国的经济体量，这是一个非常可观的数字”。[②]

按照一般规律，签订了自贸协定后，中韩贸易将迎来新高。然而，从中韩两国的经贸交易实际来看，政治冲突所带来的经贸环境变化比一纸协定更为重要。愈演愈烈的“萨德”危机，致使中韩贸易额逐年下降：在签订自贸协定的2015年，两国贸易总额不但没有突破3000亿美元大关，反下跌到

---

① 参考商务部数据中心，http：//data. mofcom. gov. cn/hwmy/imexCountry. shtml。

② 陈继勇、余自强：《中韩自贸协定对两国GDP经济效应的影响》，《财经科学》2017年第10期，第95～96页。

2759亿美元；接着2016年只有2524.3亿美元。[①] 由此可见，中韩自贸协定与“萨德”危机相比，显然后者的“杀伤力”更大。2015年6月1日中韩自贸协定的正式签署尽管标志着中韩自贸区建设正式完成制度设计而进入实施阶段，但受“萨德”危机影响，几乎没能发挥其应有的作用。2017年12月，韩国总统文在寅率团抵达北京，于13日开始对中国进行为期四天的国事访问，并有韩国史上最大经济使节团随行。这既是对“萨德”危机后受损的中韩关系的修补，也是为呼应中国重启“一带一路”建设的国际合作。

文在寅总统访华促进了中韩关系正常化，中韩自贸协定对商品市场和投资领域意义显现，中韩企业界、物流界、金融界加强合作，参与“一带一路”建设被提上了议事日程。作为世界上跨度最长的经济走廊和最具发展潜力的经济合作带，“一带一路”建设是由中国开始，横贯中亚、东南亚、南亚、西亚以及欧洲的部分区域，东端连接亚太经济圈，西端连接欧洲经济圈，与沿线国家共同建立从太平洋到地中海的大通道，以一种全新的国际关系模式，积极主动地联通沿线国家构建经贸合作伙伴关系，在互利合作的国际大环境中共谋发展和繁荣。

到目前为止，中国对外签署了17个自贸协定，涉及“一带一路”沿线国家的只有6个，它们是：中国—东盟（2002）、中国—巴基斯坦（2006）、中国—新加坡（2008）、中国—格鲁吉亚（2017）、中国—马尔代夫（2017）、中国—毛里求斯（2019）。从总体来看，中国与“一带一路”沿线国家的自贸协定率不高，这主要是因为“一带一路”沿线国家数量多、分布广，情况复杂，各自的地理条件、经济发展、要素禀赋、营商环境、宗教信仰、文化背景等都差异很大。如果急于求成地搞自贸圈，反倒不能达到预期目的，所以更重要的在于寻找到相互适合的合作途径。韩国的自贸协定签约数排名世界第二，作为中国自贸签约国和“一带一路”覆盖国，能起到很好的示范作用。

二　中韩携手“一带一路”建设的合作基础

2016年统计，“一带一路”沿线64个国家的GDP之和预测为12万亿

① 参考商务部数据中心，http://data.mofcom.gov.cn/hwmy/imexCountry.shtml。

美元，占全球 GDP 的 16.0%；人口总数为 32.1 亿人，占全球人口总数的 43.4%；对外贸易总额为 71885.5 亿美元，占全球贸易总额的 21.7%。是以“一带一路”沿线国家人口基数大，生产能力低，但购买力相对较强，发展的潜在空间比较大。

2017 年中国对外直接投资 1582.9 亿美元，同比下降 19.3%，这是自 2003 年中国发布年度对外直接投资统计数据以来，首次出现的负增长。但即使这样，流向“一带一路”沿线国家的投资仍增长了三成，达到 201.7 亿美元，同比增长 31.5%，占同期中国对外直接投资流量的 12.7%。在对外承包工程方面，中国企业在“一带一路”沿线的 61 个国家新签对外承包工程项目合同 7217 份，新签合同额 1443.2 亿美元，占同期中国对外承包工程新签合同额的 54.4%，同比增长 14.5%；完成营业额 855.3 亿美元，占同期总额的 50.7%，同比增长 12.6%。由此可见，“一带一路”建设中，中国与沿线国家的合作空间是很大的，有着广阔的前景。

“一带一路”本身所具有的经济发展空间，吸引了韩国的参与。《“一带一路”大数据报告（2018）》从国际合作视角制定了“一带一路”国别合作度指数，用以评价中国与“一带一路”沿线国家互联互通的合作成效。报告排名前四位的分别是俄罗斯、哈萨克斯坦、巴基斯坦和韩国。能够在一百多个国家中位列前四，这与韩国对中国“一带一路”倡议的热衷是分不开的。

中韩自 1992 年建交以来，除“萨德”危机外，基本保持了良好的全面关系，即使在“萨德”危机期间，两国的经贸合作也没有出现大幅滑坡。就拿处于谷底的 2016 年来说，对华贸易顺差最大国家排行榜上第一名的仍然是韩国，顺差额高达 653.5 亿美元。根据我国海关总署发布的数据显示，2018 年中韩进出口总值达 20669.4 亿人民币（约合 3134 亿美元），同比增长 8.9%，其中中国从韩进口增长 12.3%，出口增长 3.1%。3000 亿美元大关被破，中韩自贸协定在两国关系正常化后开始显露优势。

就中国国内来说，与韩国经贸合作最为密切的省份应该是山东、广东和浙江。山东是韩资企业最多的省份，广东是对外贸易额最大的省份，浙江是世界布料市场和小商品市场的中心地。2017 年，广东、山东、浙江与韩国的进出口贸易总值分别为 708 亿美元、371 亿美元、168 亿美元。就与他国进出口贸易额而言，在广东和山东，韩国都稳居排行榜第二，仅次于美国。

浙江稍有不同，在进口主要国家中，韩国排行第二，但在出口主要国家中，韩国排行第七。2017 年浙江从韩国进口 535 亿多人民币，向韩国出口 503 亿多人民币，韩国获取顺差近 32 亿人民币，折合 5 亿多美元。2018 年，浙江与韩国贸易额达 183 亿美元，同比增长 19.6%。其中，浙江向韩国出口 83.5 亿美元，同比增长 12.6%；从韩国进口 99.5 亿美元，同比增长 26.2%。[①]

在 2016～2018 年全国“一带一路”省市区参与度测评中，平均得分排名前四的有：广东、山东、上海和浙江。在这个榜单中，广东、山东和浙江三个省份占据前列绝非巧合，而是这几个省份与韩国同属外向型经济的有力证明，表明韩国通过自贸协定参与“一带一路”建设，与中国的领先省份早就具备了坚实而良好的合作基础。更何况两国领导人也都在积极推进韩国与中国这几个省份的深度合作。2017 年 12 月，习近平主席与来访的韩国总统文在寅就共同建设中韩产业园达成了重要共识，随后，中国国务院正式对外发布了《国务院关于同意设立中韩产业园的批复》（国函〔2017〕142 号），同意在江苏省盐城市、山东省烟台市、广东省惠州市分别设立中韩产业园。中韩两国携手共谋“一带一路”建设，不仅能丰富中韩自贸协定的合作内容，还可以充分利用中韩之间的良好合作基础，在“一带一路”建设中寻找新的增长点。

三　夯实基础，稳步推进

借用中国海陆通道，变地缘劣势为优势，是韩国参与“一带一路”建设最看得见的直接好处。“一带一路”的关键支撑点在于基础设施建设及其带来的贸易便利。改善区域及国际间的互联互通现状，大力构建并完善六大经济走廊，成为正在实施和将要实施的重大举措。这六大经济走廊建设，必须以陆路和海路的“硬联通”为前提条件，可以总括为一条大陆路和一条大海路。大陆路从江苏的连云港和浙江的义乌出发，途经西安、兰州、乌鲁木齐到哈萨克斯坦、伊朗、土耳其、俄罗斯、德国、芬兰、意大利；大海路

① 陈晓：《2018 浙韩贸易额 183 亿美元！这几大产业最受韩国欢迎》，世界浙商网，http：//www. wzs. org. cn/hg/201903/t20190327_ 299411. shtml。

从福建的泉州和广东的广州出发，到泰国、马来西亚、印度尼西亚、印度、斯里兰卡、肯尼亚、希腊、意大利；水陆两路最后都在意大利会合，形成目前世界上最大的联通之网和合作之区。

第一，借道“一带一路”，韩国直通内陆。朝鲜半岛尽管与中国大陆直接相连，但韩国与中国之间，陆路隔着朝鲜，海路又隔着东海和黄海，如果想与中亚、东欧等内陆国家相通，更是困难。而借用中国的陆海通道，就要方便快捷得多。韩国《中央日报》中文网总编辑郑镛桓受邀发表主旨演讲时曾这样描述自己对“一带一路”的直观感受：“我曾经探访韩国的商品流通渠道，发现他们大多数来自中国大陆，准确地说，来自连云港—阿拉木图班列路线。这是横贯中国大陆的链接韩国和欧洲的距离最短的物流路线。也因此，韩国人的视线越过黄海，被新时代的丝绸之路所吸引。我认为，‘一带一路’就是这样与韩国联系起来。”[①] 对韩国来说，“一带一路”不仅是陆地和海上两条丝绸之路，而是具备了更深远的经济意义，即建立国际经济走廊，进而将自由贸易扩展到欧亚大陆腹地。

第二，两国领导互推，完善顶层设计。2017 年 7 月，中俄两国领导人正式提出“冰上丝绸之路”，同年 11 月 2 日，俄罗斯总理梅德韦杰夫访华，两国领导人再次强调共同打造“冰上丝绸之路”。2017 年 12 月 8 日，中俄共建的亚马尔液化天然气项目开始投产，成为中俄共建“冰上丝绸之路”的首个建设成果。2018 年 1 月 26 日，国务院新闻办公室召开了《中国的北极政策白皮书》发布会，宣告中国即将投入精力建设“冰上丝绸之路”，预计明年投入运行。通过这条经过北冰洋的北极航道连接欧洲，特别是北欧，比传统航线可缩短近三分之一的航程。

不约而同的是，韩国文在寅总统 2017 年 9 月在符拉迪沃斯托克出席第三届东方经济论坛时，提出了“新北方政策”。从韩国釜山出发，穿越北极最终抵达荷兰的鹿特丹，全程 15000 千米，比南部航线 22000 千米更短，航行时间减少十天左右，海运竞争力将增加 30% 左右。韩国的“新北方政策”旨在连接远东地区以打开欧亚大陆的大门，在加强与俄罗斯合作的同时，与中国合作也是另一任务，其中仍然有潜力可挖。所以，文在寅总统提出

① 吴大辉：《“冰上丝绸之路”：“一带一路”的新延伸》，《人民论坛》2018 年第 9 期，第 48 页。

“新北方政策”要与“一带一路”进行对接。

第三，巧用价值链互补，强强联手共赢。韩国参与“一带一路”建设的经济获利点，主要在于其相对中国而言占据价值链的有利位置。目前，中国与“一带一路”沿线国家主要还是以建立密切的GVC联系为主。全球价值链的发展，改变了世界经济的格局，也改变了国家间的贸易、投资和生产联系，中间品贸易在全球贸易中已经占据了绝对主导地位，产品的生产和销售中存在着大量的服务项目，而不再注重这到底最终产品、半成品，还是原材料或服务贸易。因此，服务环节的重要性日益提升，特别是生产性服务业，如交通、通讯、金融、分销和商业服务等，成为提升竞争力以及资本和劳动生产率的关键决定因素。如此一来，以货物—服务—投资的互联体为纽带，以供应链体系构建为载体，推动贸易自由化和便利化，便成为“一带一路”沿线国家的中长期发展战略。沿线国家大部分都可以说是发展中国家，有的甚至非常落后，普遍面临目前全球价值链的进入壁垒。所以，突破两大障碍就异常重要：缓解基础设施严重不足；克服经贸融资严重受限。而中韩的基建实力、材料储备以及亚投行的融资能力等，都可以发挥超强作用。

中韩自贸区将逐步实现货物、人员和资本的自由交往，区内关税和其他贸易限制将被取消，商品等物资流动更加顺畅，区内厂商可以降低生产成本，获得更大的市场和收益。韩国目前在与他国或经济体签订自贸协定数量方面居于全球第二，在与中国签订自贸协定的国家或经济体中，韩国是拥有自贸协定数量最多的国家。因此，在这方面韩国应该拥有许多可供中国学习和借鉴的经验。

第四，优化产业结构，开发品牌优势。从中国的产业层面来看，改革开放以来产业竞争力虽不断加强，但是产业结构不尽合理的问题也非常突出。尽管在高铁、人工智能、电子商务、桥梁建筑等行业，中国近几年有了长足的发展，但必须看到，目前中国仍以劳动密集型和资源密集型的低附加值产业为主，特别是中小企业和民企，高新技术产业的发展与欧美、韩国等发达地区和国家相比仍存在较大差距。如果在短期内全面开放市场，将对部分弱势产业形成较大压力。韩国早就成为发达国家，其创新能力和技术水平等方面领先中国，在世界价值链中居于上游地位，可以在多环节与中国形成互补。韩国的技术密集型产业和IT产业发达，无论在资本还是产业技术方面都存在很大的比较优势，更何况在资金和人力资源方面，韩国都是具有较强能力的合作者。

另外，中国很多中小企业存在没有品牌、没有技术的问题，或许可以借助韩国的品牌和技术走向世界，这方面中韩两国应该有着很大的合作发展空间。这从两国的进出口贸易也可以看出——韩国高技术含量的核心部件或半成品出口到中国，通过中国的加工完成再出口到国际市场。两国建立自贸协定关系后，这种互补合作将更具前景。韩国国际经济政策研究所的一项研究发现，2010 年韩国对中国出口的 75% 为半成品，通过中国的企业再加工或组装后出口到其他国家；而留在中国的最终消费品，仅占韩国对中国出口量的 3%。直到 2016 年，这种基本格局似乎仍没有本质变化，韩国对中国的出口中，半成品仍然占到 78% 左右。

我们不但要看到韩国的先进技术和现代化管理对中国的补益，同时也应看到，中国开创的“一带一路”建设已经到了第五个年头，不仅在“硬联通”方面对韩国有所帮助，在“软联通”方面也可充当韩国进入“一带一路”沿线国家的“向导”。中韩同属东亚国家，而且同属汉字文化圈、儒教文化圈和佛教文化圈等，与中亚、西亚、中东、北非、东欧等地区的国家、民族存在着较大的社会文化差异。在调研和体验其政治、社会、法律、宗教、文化等方面，中国作为先行者，有着宝贵的经验和教训，在了解对方国家制度、文化基础、民情风俗，增强跨文化管理能力，提高政府和企业决策水平等方面，可以帮助韩国少走弯路，降低隐性运作成本。

四　分享自贸协定优良机制，预先回避恶性竞争

根据中韩自由贸易协定降税安排，两国自 2018 年 1 月 1 日起实施第四轮产品降税，部分韩国进口商品和部分出口韩国商品的关税税率将再次降低。自 2015 年底中韩自贸协定实施两年多来，经过前三轮降税，中方共涉及全部税目 92% 的产品，其中 20% 的产品实现零关税；韩方涉及全部税目 93% 的产品，其中 50% 的产品实现零关税。此番降税，与广大消费者日常生活相关的家电产品、日用化工品，以及韩国服装、特色食品等产品都将享受更加优惠的税率。

我们一方面要看到在全球贸易保护主义抬头的不利形势下，中韩自贸协

定在深化中韩双边经贸合作、促进两国经济增长的方面发挥了积极的作用，两国产业界和消费者广泛受益，同时也应预先注意到存在着某些方面的社会危机、行业竞争和利益冲突。

在社会危机管控处理方面，“萨德”事件给中韩两国都留下了有待完成的“作业”。该事件带给两国的政治互信和经济合作方面的损害，值得深入研究和认真总结。尽管两国现在已恢复正常关系，但前几年所暴露的民族主义情绪的破坏力，仍未完全平息。一方面，我们祈望随着朝鲜弃核进程的进展和半岛局势的日趋平和，爆发危机的概率将越来越小。另一方面，成熟而完善的危机管控机制也非常重要。相信在中韩自贸协定日益深化的过程中，和平和稳定的力量会越来越强。

随着中国科技水平的提升，中韩合作面将有所扩展，但也不可避免地出现了更多的行业竞争。中国向“一带一路”沿线国家出口前四位的产品包括电机电气设备、锅炉机器机械、钢铁、塑料及塑料制品，而中国从韩国进口最多的是电机电气产品、光学医疗设备和化工产品。由此看来，韩国参与“一带一路”建设，在机电电气产品和石油矿产资源上，将会与中国产生较大的行业竞争。另外，在建筑、造船、车辆行业，也存在着较大的竞争可能。

随着与“一带一路”沿线国家、地区合作的深化，中国的科技能力和经济优势会得到更大发展，中国的全球价值链分工地位将获得显著提升，有助于实现生产模式升级，从以最终品加工组装为主转变为更高端的中间品生产供应模式，“使中国能够通过主导‘一带一路’区域价值链来重塑当前全球价值分工体系”。[①] 中国对发达经济体的高技术中间投入品依赖程度下降，处在由发展中经济体进行最终品生产组装的角色向区域内中间品生产供应商的角色转变的过程中。而韩国，已经是发达经济体和高技术中间投入品供应商角色。由此，也会发生两国间的角色碰撞和利益之争。

其实，在日益开放的国际市场，相互竞争也是非常正常的现象，关键在于如何正确对待。中韩自贸区与“一带一路”建设相辅相成，贸易自由化与经济区域一体化相得益彰，以中韩自贸协定红利和价值链互补优势抵消行业

① 黄先海、余骁：《“一带一路”建设如何提升中国全球价值链分工地位？——基于 GTAP 模型的实证检验》，《社会科学战线》2018 年第 7 期，第 58 页。

竞争的负面影响，以借道日渐成型的“硬联通”和“软联通”网络拓展“一带一路”沿线创新经济生长点，以中韩政府和企业的合作共赢抵消某些局部的利益冲突，将是中韩携手、共同参与“一带一路”建设的可喜愿景。

China－ROK FTA Promotes ROK to Join “The Belt and Road” Construction

Jin Jianren

Abstract Due to the impact of the Sade crisis, China－ROK FTA Agreement failed to play its due role in time after it was signed. After the normalization of relations between the two countries, ROK's participation in the construction of “The Belt and Road Initiative” has changed from desire to action. The cooperative construction of “The Belt and Road Initiative” can not only give full play to the traditional advantages between China and ROK and broaden the cooperation space, but also develop their respective potentials and create new complementary opportunities. Of course, collision and competition are inevitable, and new problems will bring new challenges.

Keywords China－ROK FTA; “The Belt and Road”; Cooperation Foundation; Opportunities and Challenges

新兴中韩产业园区的角色与前景*

何喜有

【内容提要】在近年来中韩关系冷暖波折的形势下，作为中韩经济合作重要载体的中韩产业园的建设进程备受关注。本文以近年来兴起的近 30 家中韩产业园为研究对象，研究其兴起路径、功能类型、推进形势，判断其性质、角色和前景。研究认为，综合考虑两国经济合作的既有基础以及新兴园区的定位、国别专属特性等因素，可以看出，新兴中韩产业园区是两国为应对“新时代”经济关系战略对接的需要而设立的深度经济合作空间，具有明显的“近邻国际合作型第四代产业园区”性质。鉴于中韩经济关系竞合性上升的趋势，这种特性内在地要求两国参与主体基于已有合作与互信基础或潜力，共同探索有利于发挥双方比较优势和可持续成长的新型合作模式。

【关键词】中韩 FTA　中韩经济合作　中韩产业园　第四代产业园区　国别专属园区

【作者简介】何喜有，首尔大学经营学博士，复旦大学世界经济研究所副教授。

* 本文部分内容曾在 2015 年 12 月 11 日复旦大学世界经济研究所和韩国启明大学国际通商学科于上海共同举办的“中韩 FTA 形势下的贸易投资扩大方案”国际研讨会上发表，并在 2019 年 11 月 4 日同济大学中国战略研究院与韩国东西大学中国研究中心于上海共同举办的第四届上海—釜山合作论坛暨“东北亚新格局与上海—釜山合作”国际研讨会上发表。作者感谢两次会议参会代表的有益讨论。

一 绪论

自 2015 年末中韩 FTA 生效以来，新一轮中韩经济合作如何升级，尤其是怎样推进两国产业合作，成为近年来两国政产学各界颇为关注的课题。[①] 其中，在中韩 FTA 生效前后酝酿和兴起的一批中韩产业园，可谓是新一轮中韩产业合作的重要空间载体。这些产业园曾经被两国政府，尤其是地方政府和产业界寄予厚望，[②] 其推进却深受中韩关系冷暖变化的影响，一度陷入波折。随着 2017 年末文在寅总统访华后两国关系的回暖，中韩产业园这一话题再度受到热议，尤其是山东烟台、江苏盐城和广东惠州三地，正在围绕中韩产业园务实地大举推进诸多规划和项目，而其他各地也都在积极推进中韩产业园的建设和运营。

目前两国对于这类具有双边深度合作性质和潜力的中韩产业园，还缺乏比较系统的研究。现有的研究主要包括针对上述三大园区动向的调研考察、[③] 关于个别园区规划或运营的工作研究[④]以及个别园区间的比较研究等，[⑤] 但对于这类园区总体形势进行把握和定性的研究还不多。虽然两国政府部门在着力推进该项事业，但还没有比较全面系统的研究成果发布，无论是对政府部门、企业界、消费者还是对学术界而言，尚没有渠道可以系统了解这些园区。那么，近年来迅速兴起的这些中韩产业园，总体形势如何？具有怎样的结构性分布特征？其功能类型和前景又如何？这些备受关注的问题有待解答。考虑到这批园区具有“新兴”的时代性特征，又具有“中韩”

① 刘向东、元利兴、李浩东：《关于深化中韩经贸合作重点领域及路径的建议》，《全球化》2019 年第 8 期，第 69 ~ 83 页；조철, 「전환기에 처한 중국경제와 우리 산업의 대응전략」, 『KIET 산업경제』 2019 년 5 월, 산업연구원, pp. 7 – 23; 서동혁 외, 「한 · 중 신산업 정책동향 및 경쟁력 비교와 협력방향」, 『KIET 산업경제』 2019 년 6 월, 산업연구원, pp. 52 – 62。

② 북경사무소, 「중국 지방정부 경쟁적으로 한중 산업단지 설립」, 『중국산업경제브리프』 2015 년 6 월 24 일, 산업연구원, pp. 1 – 10.

③ 김영수 · 박소희, 「한중산업협력단지 추진 현황」, 『중국산업경제브리프』 2018 년 6 월 30 일, 산업연구원, pp. 2 – 10; 유자영, 「한 · 중 FTA 를 통한 한중 산업단지 활성화 방안: 한중(옌청) 산업단지를 중심으로」, 『중소연구』 2018 년 12 권 2 호, pp. 191 – 221.

④ 朱益民：《努力打造中韩（盐城）第四代产业园区》，《唯实》2016 年第 8 期，第 18 ~ 22 页。

⑤ 骆祖春、赵坚：《盐城与烟台中韩合作产业园建设比较研究》，《金陵科技学院学报》（社会科学版）2017 年第 4 期，第 9 ~ 13 页。

深度双边合作的意味，本文试对此做一综合考察，以期为后续研究提供帮助。

二　在华韩资企业集聚区的演进：从“韩国产业园”到“中韩产业园”

1. 传统韩国产业园的演进与成效

传统的韩国产业园或工业园，是指那些在各类经济开发区中以韩资企业为主体的、具有国别专属和产业集聚性质的功能性经济园区。这类主要集中在山东的园区，大致经历了以下两个阶段的演进。[①]

1989~2006年为尝试与探索阶段。产业园建设顺应经济开发区的总目标，旨在吸引韩资加工制造项目，扩大出口创汇，促进地方经济建设和技术进步。各市县镇自行开发，在市县开发区或乡镇圈地建园，冠以韩国工业园名号，并以一系列产业政策和优惠举措吸引韩国企业入驻。园区的国别专属性吸引了韩国企业的初步集聚，但总体上呈现出随意、零散、脆弱等特点。

2006~2012年为调整与壮大阶段。产业园建设以规范、健康、和谐发展为目标，通过发展高新技术产业和高附加值服务业提高外资质量，优化出口结构，促进园区向多功能综合性产业区转变，提升应对国际国内竞争新变化的综合实力。山东在调整原有韩国产业园区的同时，新批复11家省级韩国产业园区，统筹规划和布局，加大产业衔接与配套，启动了“产业链”招商模式。园区的产业合作平台性，吸引了韩资企业大项目的进入，促进和引领了中韩产业衔接与合作，总体上呈现出统筹、集中、稳定、成长等特点。

其他省市该类园区的发展虽不及山东那么普遍，但形式也类似，在空间范围上属于“区中园”。[②]

2. 新兴中韩产业园的酝酿与尝试

产业园区作为功能型经济空间，是中韩经济合作的主要载体，也是韩国

---

① 荀克宁：《韩国产业园区在我国的发展实践与经验》，《山东社会科学》2016年11期，第148~153页。

② 例如，吉林省珲春韩国工业园区、辽宁省沈阳市满融经济区韩国工业园、大连市庄河韩国工业园区、大连市甘井子区营城子镇韩国工业园、河南省许昌市经济技术开发区韩国工业园、安徽省合肥市包河工业区韩国产业园，等等。

在华投资的主要集聚区。有的研究把当前新兴的中韩产业园看作是以韩国企业为投资主体的韩国产业园发展的第三阶段。[①] 本文选择近年来“新兴”且具有深度“中韩合作”色彩的产业园为研究对象，主要是基于以下三点考虑。

第一，名称上，新兴“中韩产业园”的“中韩”字样，直接体现出双方深度合作的内涵，有别于以往的“韩国产业园”。这一名称的正式使用，始于 2011 年 9 月 6 日中国商务部与韩国知识经济部在吉林省长春市签署的《共建中韩产业园谅解备忘录》。在该文件中，两国表达了在重庆两江新区共建中韩产业园的意愿，而该计划的提出则始于 2010 年 12 月中韩第十七次经贸联委会。重庆两江中韩产业园随即于 2011 年 9 月 14 日开园，[②] 被看作是“继与新加坡合作建设苏州工业园、天津中新生态城之后”首个在内陆地区与他国政府推动共建的产业园区。[③]

第二，阶段上，新兴“中韩产业园”与 2012 年中韩 FTA 谈判启动和 2015 年签署密切相关。中国经济从 2012 年起，由以往年均约 10% 的高速增长下降为年均约 7% 的中速增长，进入了一个“新常态”阶段。在中韩经贸关系不断提升的进程中，“中韩 FTA”堪称重要的历史性转折点，而始于 2012 年 5 月的谈判和终于 2015 年 12 月的生效，则是该事件的两大端点。因此，2012 年和 2015 年堪称中韩经济关系“新时代”的准备期和启动期。

第三，动因上，新兴“中韩产业园”具有明显的新时代两国经济发展战略对接和深度产业合作的色彩。2012 年以来，中国提出了“创新、和谐、绿色、共享”发展新理念，以“调结构、转方式”作为经济发展主线，明确了“去产能、去库存、去杠杆、降成本、补短板”的转调重点，并在 2013 年提出共建“一带一路”倡议。在 2014 年 7 月习近平主席访韩时的倡导下，两国达成了共建中韩产业园的共识，2015 年 10 月 31 日，在李克强总理和朴槿惠总统的见证下，中国商务部和韩国产业通商资源部在首尔签署《关于共建中韩产业园的谅解备忘录》，确定在山东省烟台市、江苏省盐城市、广东省和韩国新万金建设中韩产业园。

---

① 荀克宁：《韩国产业园区在我国的发展实践与经验》，第 148 ~ 153 页。

② 曾毅：《重庆两江新区将建中韩产业园》，《光明日报》2011 年 9 月 7 日第 12 版。

③ 杜远：《中韩产业园在重庆奠基开园》，中国新闻网，http：//www.chinanews.com/cj/2011/09 - 15/3327657.shtml。

因此，为积极应对中韩 FTA 生效后两国经济合作高起点的新要求，以及考虑到两国关于中韩产业园的定位，始于 2011 年 9 月的重庆两江中韩产业园，不同于以往的传统韩国工业园，堪称新兴中韩产业园的起点。

3. 新兴中韩产业园的合作机制

新兴中韩产业园的合作机制，主要以 2015 年 6 月签署的《中韩自由贸易协定》为基础，通过两国商务部门——中国商务部和韩国产业通商资源部的“中韩产业园合作机制会议”展开。《中韩自由贸易协定》第 17 章第 26 条为“中韩产业园”，指出中韩双方同意在指定产业园的设立、运营和发展方面加强合作，包括知识分享、信息交换和投资促进。

该机制随后迅速得到充实和实施。2015 年 10 月 31 日中韩签署《关于共建中韩产业园的谅解备忘录》后，11 月 30 日两国商务部门在首尔共同召开中韩产业园合作机制第一次会议，商定共同努力，创新合作模式，布局新兴产业，推动创新和创业型企业入驻，为两国企业搭建创新创业新平台，将中韩产业园打造为“中韩自贸区时代”两国经贸合作的示范区，并拟于 2016 年在中国举行中韩产业园合作机制第二次会议。但由于两国关系因“萨德”事件遇冷而未果。

该机制在中韩关系回暖后得以继续。2017 年 12 月 11 日，中国国务院做出了《关于同意设立中韩产业园的批复》（国函〔2017〕142 号），同意在盐城、烟台、惠州设立三大中韩产业园，意味着中韩产业园建设计划获得认可和支持。2017 年 12 月 13 日至 16 日文在寅总统访华，中韩关系进一步升温。2018 年 6 月 12 日，两国商务部门共同主办的第一届中韩产业园合作交流会、中韩产业园合作协调机制第二次会议在江苏盐城召开，同时为上述三大中韩产业园揭牌，这标志着新兴中韩产业园建设进入实质性阶段，以及中韩产业园合作机制的正常运作。为督导该项合作事业，中国商务部还开设了专门网站，足见该项事业已经纳入政府部门工作的常轨。①

得益于两国领导人的重视，该机制目前运作顺畅。2019 年 6 月 18 日，两国商务部门在首尔举行了中韩产业园合作协调机制第三次会议。双方积极评价共建中韩产业园在深化两国地方间经济合作、促进两国高端产业合作纵深发展以及培育形成两国新技术、新产业、新业态、新合作模式等方面的重

① 参见商务部亚洲司“中韩产业园”，http：//yzs. mofcom. gov. cn/article/zt_ zhcyy。

要示范作用，总结了烟台、盐城、惠州、新万金四处中韩产业园在促进协同发展、新旧动能转换、体制机制创新等方面的进展，并审议了两国研究机构共同编制的《中韩产业园联合研究报告》。双方表示，将进一步完善工作机制，加强政策协调，优化投资环境，加快项目对接，并共同举办经贸促进、联合招商及宣传推介活动，把中韩产业园打造成两国开放合作新高地。①

三　新兴中韩产业园的结构性分布

笔者在 2015 ~ 2019 年间持续跟踪观察，发现该阶段内已有约 28 个城市在推进“中韩产业园”建设。基于对近 30 家园区的综合考察，可以梳理出中韩产业园建设的基本分布格局。以下从时间和空间两大维度来进行分析。

1. 阶段性分布

如前所述，中韩 FTA 谈判的启动、协定的签署和生效，成为两国深化经济合作的重要时间节点。中韩 FTA 谈判从 2012 年 5 月启动，到 2015 年 6 月 1 日签署，共进行 14 轮，每轮谈判都为两国地方政府和企业提升了合作预期。在中韩 FTA 谈判进程中，尤其是 2014 年 7 月达成共建中韩产业园的共识后，两国一些地方政府就在筹划增进“地方经济合作”，兴建“中韩产业园”。从 2011 年的酝酿，到 2012 年 5 月中韩 FTA 谈判启动，再到 2015 年 6 月协定正式签署，其间共兴起了 14 家中韩产业园（见表 1）。

表 1　中韩 FTA 签署前兴起的中韩产业园（2011. 9 ~ 2015. 5）

序号	设立时间	城市	产业园	产业领域	目标
1	2011. 9	重庆	中韩产业园	电子、文化创意、数字娱乐、新能源	打造韩国企业在中西部的文化家园和第二故乡，打造中韩产业合作重要平台
2	2012. 4	西安	三星产业园（三星城）	电子信息	完善西安半导体产业链和 IT 产业基地，推进西安国际化

① 《中韩经贸联委会第 23 次会议、中韩产业园合作协调机制第三次会议举行》，商务部网站，http：//www. mofcom. gov. cn/article/ae/ai/201906/20190602874160. shtml。

续表

序号	设立时间	城市	产业园	产业领域	目标
3	2014.1	西安	中韩低碳环保产业园	节能环保、新能源、新材料	建成提供全方位服务的特色产业园区
4	2014.6	济南	中韩尖端产业合作济南先行示范区	新材料、电子技术,信息技术、高端装备制造	建成国内有特色和影响力的大宗商品贸易中心
5	2014.8	青岛	中韩创新产业园贸易合作区	服务贸易、健康和海洋经济、文化、绿色智慧生活	打造中韩地方合作及产业合作高地、东北亚国际航运枢纽、经贸中心
6	2014.8	郑州	中牟韩国产业园	汽车、文化旅游、电子信息	承接产业转移,推进产业升级
7	2014.12	天津	美丽产业示范区	美容美妆、健身健心、养生养颜、抗病抗老	发展美丽产业,创新中韩经济合作模式
8	2014.12	咸阳	韩国中小企业产业园	电子新材料、电子元器件、半导体照明、软件服务外包、信息通信、环保、医疗美容	建设综合配套的多功能创业园区
9	2015.1	温州	温州韩国产业园	时尚、健康、影视文化、先进装备制造	建设高新技术导向的现代时尚产业园区
10	2015.3	秦皇岛	韩国城(中韩高新技术产业孵化器项目)	医学整形外科、皮肤管理、职业技术教育、服装服饰、化妆品、高新技术	帮助韩国企业和产品进入中国市场
11	2015.3	威海	中韩自贸区示范区	旅游、货物贸易、医疗美容、健康养生、文化创意、影视动漫、时尚创意、跨境电商、产业投资等	打造中韩地方经济合作示范区
12	2015.4	延吉	中韩延边产业园	国际物流、健康科技、生态食品、电子信息	扩大国际经贸合作,促进外向型产业发展
13	2015.4	营口	中韩自贸示范区(韩国商品城)	展示、交易、仓储和配送	建成韩国电子、服装和日用品等产品集散地,辐射东北三省和内蒙古四盟
14	2015.5	大连	大连跨境电商综合实验区暨中韩贸易合作区	智能化仓储物流配送、电子商务、互联网金融、创新创意设计、外贸服务	建成跨境电商综合实验区

资料来源:作者通过网络逐项搜索并制作。

2015年6月中韩FTA签署后，一些地方政府热情高涨，积极推进中韩产业园兴建，直到2016年8月中韩关系因“萨德”事件遇冷为止，此间兴起园区11家（见表2）。

表2　中韩FTA签署到中韩关系遇冷前兴起的中韩产业园（2015.6～2016.8）

序号	设立时间	城市	产业园	产业领域	目标
1	2015.6	烟台	中韩（烟台）产业园	高端装备制造、高端服务、海洋工程及海洋技术、文化创意	建成中韩自贸区产业合作示范区
2	2015.6	盐城	中韩（盐城）产业园	汽车、新能源汽车、光伏光电、智能装备、软件及服务外包、电商物流、大数据、健康美容、临港物流和重型装备	构建中韩产业园地方合作城市
3	2015.7	杭州	中韩文化产业园	网络影视创作与交易、韩国影视培训、韩国流行元素展演、虚拟技术体验	打造高端创业孵化器和创新创业产业园区
4	2015.7	沧州	黄骅韩国产业园	汽车零部件制造、汽车商贸服务	打造具有韩国鲜明特色的西部新城
5	2015.8	无锡	中韩（无锡）科技金融服务合作区	航空装备制造、化妆品、电子信息、高端汽车零部件、生命科技、新能源等	建成两国科技金融服务先行先试区
6	2015.8	苏州	苏州（中国）婚纱城婚庆韩国馆	婚纱礼服、婚庆礼仪、婚宴服务、婚纱摄影、实景道具、彩妆珠宝等	建成中韩结婚文化产业合作集散中心
7	2015.11	成都	中韩创新创业园	创新创业孵化、高端制造	打造一流工业园区和创新创业平台
8	2016.3	惠州	中韩（惠州）产业园	电子信息、石化、健康	建成广东第四个自贸区、华南实施中韩FTA先行区、粤港澳大湾区对外经贸合作平台、广东开放型经济新体制示范区

续表

序号	设立时间	城市	产业园	产业领域	目标
9	2016. 3	上海	中韩创新创业园	生物医药、化妆美容、智能科技、信息科技、健康食品、文化创意等	结合两国创新创业政策，以“市场差异化 + 服务贴心化”为理念，打造技术型综合产业园区
10	2016. 4	衢州	中韩（衢州）产业合作园	化工新材料、化纤、含氟化学品、膜材料、重工装备	建成具有韩国风情、配套齐全的现代产业合作园区
11	2016. 7	长春	中韩国际合作示范区	先进制造业、现代服务业、金融和创新	推进产业、创新、教育、人才等方面的务实合作

资料来源：作者通过网络逐项搜索并制作。

中韩关系因“萨德”事件遇冷后，已经启动的园区规划深受影响，蓄势待发的地区只好观望等待，但个别地区仍在探索。从 2016 年 8 月中韩关系遇冷，直到 2017 年 12 月文在寅总统访华带来两国关系回暖，只有少数内陆地区发布了 5 项中韩产业园计划（见表 3），而已经启动的园区大都抓紧机遇，乘势而上。

表 3　中韩关系遇冷及回暖时期兴起的中韩产业园（2016. 9 ~ 2019. 12）

序号	设立时间	城市	产业园	产业领域	目标
1	2017. 1	湖州	中韩（吴兴）产业合作园	化妆品	以化妆品为核心，打造外资美妆企业集聚地
2	2017. 6	宁乡	中韩美丽产业园	保健品、化妆品	成为当地发展保健品、化妆品产业的重要载体
3	2019. 1	沧州	中韩（沧州）产业园	高端制造、新能源、信息技术、人工智能、现代服务、生态环保等	建设中韩 FTA 和中日韩投资协定战略框架下省级重点国际化产业发展平台
4	2019. 1	岳阳	中韩智能显示产业园	智能制造	打造千亿电子信息产业集群
5	2019. 2	太原	中韩儿童文化产业园	儿童文化	全力推进山西儿童产业文化园建设，助力历史文化的多元国际化表达，打通走向全国和世界的通道

资料来源：作者通过网络逐项搜索并制作。

从单个年度来看，个别年度兴起的中韩产业园数量分别为：2011 年、2012 年各建成 1 家，2017 年 2 家，2019 年 3 家，2016 年 4 家，2014 年 6 家，2015 年 13 家。

2. 区域性分布

从以上各表可见，这些园区主要分布在东部沿海的港口城市，如营口、大连、天津、青岛、烟台、威海、盐城、上海、温州，少数分布在东部沿海省份的经济中心城市，如济南、无锡、苏州、杭州，以及东北部或中西部城市，如延吉、岳阳、宁乡、重庆、成都、西安、咸阳等地。

从动态角度来看，2011 ~ 2012 年这段酝酿期，无论是政府还是企业，在主观上都呈现出由东部沿海向西部内陆推进的倾向。其中，2011 年重庆两江新区中韩产业园，为这类园区建设的起点；2012 年西安高新区三星产业园为西部地区大型园区的代表。但新兴中韩产业园的大规模兴起，则主要是在 2014 ~ 2015 年期间，在区域上仍以东部沿海为主。

四　新兴中韩产业园的角色与类型

1. 新兴中韩产业园的角色

考察新兴中韩产业园的具体区位可知，这些园区与各类传统的经济开发区密不可分，但又与“新区”“自贸试验区”等新型功能区相交织，因而不再仅表现为“区中园”的单一形态，而是呈现出“园区交互”的新形态，这一点在烟台、惠州等地尤为明显。

从这些园区的规划可见，它们被赋予了较为重要的“新成长动力”角色。这一点不仅从国务院关于建设烟台、盐城、惠州三大示范性园区的批复中可以看出，也可以从各园区运营和招商实践中看出。自改革开放以来，中国经济的高速增长，得益于外资企业主导的出口增长，而外资企业主要分布在各类开发区。各类经济功能区在制度创新、产业升级、可持续发展等方面起到了重要的示范和引擎作用，但进入“新常态”以来，其功能性瓶颈日益突出。2017 年国务院发布了《关于促进开发区改革和创新发展的若干意见》，提出要通过顶层设计统筹协调推进开发区改革，随后各地开发区开始了“二次创业”浪潮：从偏重企业集聚到注重产业升级；从粗放式招商引资到着眼高端产业定位的选商引资；从一般加工制造到创新智造；从忽视节能环保到重视绿色生态；从早期偏重基础设施、优惠政策的硬环境，到注重提升体制机制创新、产业配套、园区文化建设、生活服务等软实力。新兴中韩产业园正是各类经济开发区改革的产物，承载了两国地方经济合作与高端产业合作的厚望。

因此，新兴中韩产业园大多具有“第四代产业园区”的属性。“第四代产业园区”是指以低碳循环和绿色可持续发展为基本理念，以通过国际化管理和市场化运作有效整合国际资源为核心，以依靠信息、知识、技术、标准、人才和管理等无形资产的创新创业集成为动力，以“智能+创意+服务”的现代产业集群为主体，以实现产业业态、空间形态、自然生态的融合及产城一体化为目标的经济功能区。韩国产业研究院的研究报告认为，新兴中韩产业园是中韩产业合作方式与内容进入新阶段的象征性和代表性示范事业，这种园区不同于过去那些以提供低廉产业用地和劳动力为主的模式，而是旨在促进入园企业在当地扎根，融入当地产业生态系统与创新体系。①

综合《中韩自由贸易协定》中关于中韩产业园的预期以及近年来各地实践可见，新兴中韩产业园的角色，就是成为深化两国地方间经济合作、促进两国高端产业合作纵深发展、培育形成两国新技术、新产业、新业态、新模式合作的载体。

2. 新兴中韩产业园的类型

上述一批新兴中韩产业园的规划和实践，反映出其定位上的相似性。这些园区主要是地方政府为了推进经济转型和产业结构升级，积极善用韩国要素而设立的，但由于园区所在区域的经济发展水平与开放阶段不同，与韩国开展合作的基础和条件不同，这些园区的规模和潜力也就各有差异。根据这些园区规划的定位或目标，大体上可以将其功能分为示范先导型、商贸试验型、高端服务型、创新创业型、区域联动型共五大类型（见表4）。

表4　新兴中韩产业园的功能类型

功能类型	基本定位	代表性园区
示范先导型	由中央政府批复，打造中韩地方经济合作和高端产业合作的新高地，建成深化供给侧改革、建设创新型国家、全面开放的示范区，成为中韩战略对接、深化合作的先行区	中韩（盐城）产业园、中韩（烟台）产业园、中韩（惠州）产业园

① 김영수 · 박소희,「한중산업협력단지 추진 현황」,『중국산업경제브리프』2018 년 6 월 30 일, 산업연구원, pp. 2 – 10.

续表

功能类型	基本定位	代表性园区
商贸试验型	地方政府规划实施,政府与企业联合推进。以服务贸易为主,拓宽中韩合作领域,实现贸易"便利化",在各方面"先行先试",拓展高新技术产业合作,促进企业孵化和服务创新	大连跨境电商综合实验区暨中韩贸易合作区、青岛中韩创新产业园贸易合作区、威海中韩自贸区示范区
高端服务型	地方政府规划实施,以美容、保健、文化娱乐等服务业为主,融合服务体验、商品展销、文化娱乐等综合功能,满足高端服务需求	天津滨海新区美丽产业示范区、杭州西湖区中韩文化产业园、苏州(中国)婚纱城婚庆韩国馆
创新创业型	地方政府规划,推进创新驱动,培育转型发展新动能;推进产业链深度合作,促进商业资源优势互补,促进创新创业对接与合作	温州韩国产业园、成都高新区中韩创新创业园、上海奉贤区中韩创新创业园
区域联动型	地方政府规划实施,由韩国大企业主导推进,带动产业链环节上的中小企业整体进入,促进中西部地区产业结构调整和转型升级	重庆两江新区中韩产业园、西安高新区三星产业园、咸阳高新区韩国中小企业产业园

资料来源：作者根据各园区规划进行汇总和分类而制作。

五　结论与展望

本文通过对近 30 家新兴中韩产业园兴起路径、地域分布及功能类型的综合考察看出，这些园区是在中国经济进入“新常态”而寻求增长方式转变、提出共建“一带一路”倡议、各地开发区进行“二次创业”式改革这一大背景下兴起的，具有明显的“第四代产业园区”的功能特性和时代特征。这些园区主要是在中韩两国之间展开，具有明显的国别专属性。作为新一轮中韩地方经济合作和高端产业合作的载体，这些园区是中韩 FTA 生效形势下两国寻求产业合作和战略对接的产物。这些精心规划的园区，主要是各地为了推进经济转型和产业结构升级，积极善用韩国要素而设立的，反映出中国各地吸引韩国投资、加强中韩产业合作的强烈愿望。

新兴中韩产业园区的未来成效，主要取决于实际参与主体的合作动力和对有效合作模式的探索。中韩两国之间已经形成了比较坚实的合作基础，但随着中国经济增长和企业的追赶，两国在一些产业领域原本明显的互补性，越来越呈现出竞合性，这给两国企业间的深度合作带来一定的挑战。虽然在“第四次产业革命”中中国呈现出较强的竞争力，但在许多领域，双方基于互补性的合作意愿依旧强烈。

综合考虑中韩两国地理距离的邻近性、文化背景的相似性、经济关系的紧密性、产业关系的竞合性、新时代战略对接的必要性，可以看出，新兴中韩产业园区是两国基于“新时代”中韩经济关系主要特征和战略对接点寻求深度互利合作的经济空间，具有明显的“近邻国际合作型第四代产业园区”的特性。这种特性内在地要求，中韩两国政府和企业需要立足于已有的合作与互信基础，共同探索有利于发挥双方比较优势和有利于各参与主体可持续成长的新型合作模式。

本文认为，中韩两国政府和企业在未来的发展中还需要考虑以下因素。

对于中方而言，政府和企业都面临诸多课题有待解决。一方面，地方政府在建设和运营国际合作型的“第四代产业园”时，需要进一步探索和积累经验，既要解决好这类新型园区与传统开发区等经济功能区之间的复杂关系，又要不断创新，完善第四代产业园区高效运营的模式。另一方面，对于期待借助这类新型国际合作园区平台实现可持续成长的中国企业而言，总体来说，需要通过与韩国企业合作，在具体投资项目及产业链上进行配套性对接，实现全产业链的升级；而针对个别企业而言，则需要审时度势，放眼长远和全局，努力构建新型的中韩企业合作模式。

对于韩方而言，政府和企业也需要深入思考中韩合作的新模式。在当今全球经济格局复杂多变的形势下，中国的营商环境正在经历重大变化，“中国要素”对于外国政府和企业而言，其含义和内容更加厚重。而对于已经与中国形成紧密合作关系的韩国而言，这一点更是不言而喻。韩国政府和企业在寻求与中国进行战略对接和深化合作时，需要审时度势，把握时机，系统应对。其一，两国政府间的密切沟通与协调至为重要，需要切实构建和实施有效的协调机制和制度性保障，以免因敏感问题而导致经济合作的受阻。此外，加强两国地方间的深入交流，也有益于推进园区的内涵建设。其二，这些新兴园区的推进，对于期待进一步拓展中国市场或利用中国要素拓展全球市场的韩国企业而言，是新一轮战略调整的重要机会。对于拥有不同优势与投资动机的韩国企业而言，需要把自身的优势、进入动机与园区的区位优势紧密结合，制定适宜的投资或扩张战略。

中韩产业园区的建设和运营成效及其有效的合作模式，还需要参与各方在实践中及时研究和总结，进而造福于更广泛的利益相关者。

Role and Prospect of the Newly Emerging Sino－ROK Industrial Parks

He Xiyou

Abstract Under the turbulence of Sino－ROK relationship in recent years, as an important carrier for Sino－ROK economic cooperation, the progress of Sino－ROK Industrial Parks（SKIPs）attracted attention from several fields. Based on general investigation over 30 newly emerging SKIPs in China, this article studies the emerging roadmap, functions and promotion trends, and tries to prospect their characteristics and potential. The article argues that these SKIPs are treated as one of solutions for promoting the two countries bilateral economic relationship in new era, which are economics areas for deepening beneficial cooperation as well. These parks possess a remarkable characteristic as the 4th generation industrial park between close international neighbors. With the increasing trend of economic cooperation and competition between the two countries, the characteristic itself requires participants' positive efforts and involvement to develop new patterns for cooperation in order to utilize their comparative advantages and promote sustainable growth.

Keywords Sino－ROK FTA; Sino－ROK Economic Cooperation; Sino－ROK Industrial Park; 4th Generation Industrial Park; Country－specific Industrial Park

韩日贸易争端与东北亚区域合作的新变化*

许 佳 敬海燕

【内容提要】2018年以来，由日本二战期间强征韩国劳工的民间赔偿等历史问题引发的韩日关系出现的各种摩擦和争端，承载着政治因素，致使两国互相降低对方战略定位。美国为了在东亚安全秩序和地区主导权上获得利益，维护其亚太战略，并没有对此进行实质性的调停。此次韩日贸易争端不仅使两国关系全面恶化，东亚的价值链或将因此重塑，而且对未来的东北亚国际关系格局以及东北亚区域合作的发展产生了深远影响。

【关键词】韩日关系 劳工赔偿 东北亚区域合作 全球价值链

【作者简介】许佳，南京大学国际关系学院、中国南海协同创新中心博士研究生，吉林大学东北亚研究院副编审；敬海燕，吉林大学东北亚研究院助理研究员。

2019年7月1日，二十国集团（G20）大阪峰会刚刚落幕，日本随即以韩国对军民两用物项出口管理出现问题为由，对出口韩国的三种半导体原材料进行管制。这三种原材料是生产芯片和智能手机显示器所用的核心材料，韩国对日本的依存度高达90%以上。韩国方面认为，这种不实的指责将影响日本在对外贸易上的可信程度，并敦促日方停止对于韩国经贸系统的歪曲。8月2日，日本进一步宣布将韩国移

* 本文系国家社科基金重点项目（项目编号：18AZD027）、吉林大学基本科研业务费专项项目（项目编号：2020SZQH08）、吉林省金融学会2020年度重点课题（项目编号：2020JJX023）、吉林省教育厅社会科学项目（项目编号：JJKH20190249SK）的阶段性成果。

出贸易“白名单”，取消韩国作为“白色国家”从日本进口产品所获优待。日本对韩国进行出口管制的范围及其影响已经不再局限于少数公司和产业，除食品、木材等商品外，日本许多产品都须获日本经济产业省批准才能向韩国出口，审批期限约为 90 天，其中有些产品可能会被禁止出口。对此，韩国总统文在寅当天发表讲话，称“这是针对去年 10 月韩国最高法院判决日本企业赔偿强征劳工的‘明目张胆’的经济报复”，“违反人类普遍价值和国际法大原则”。[①] 8 月 12 日，韩国政府正式宣布将日本从其出口管理优待对象清单中剔除，并在贸易伙伴分级上对日本做降级处理。9 月 11 日，韩国就日本对韩半导体材料出口管制措施向世界贸易组织（WTO）提出申诉。同日，安倍晋三再度改组内阁，虽然换下了对朝强硬的外相和经济产业相，但对韩的强硬姿态没有任何改变。

韩日贸易争端不断升级，并波及安全、科技、文化交流等其他领域。自 1965 年两国建交以来，韩日关系面临前所未有的危机，这也给东北亚区域合作的未来发展带来了风险和挑战。

一　当前韩日关系恶化的原因

（一）韩日两国的历史纠葛

1910 年 8 月 22 日，日本同大韩帝国签订了不平等条约《日韩合并条约》，《日韩合并条约》使韩国沦为日本的殖民地，长达 36 年。[②] 二战期间，日本大量掠夺朝鲜劳动力，强征“慰安妇”，实行奴性教育，整个朝鲜半岛因日本的侵略战争而陷入灾难。1965 年，韩日两国正式建交，达成协议并

---

① 《文在寅总统在内阁紧急会议上的发言》，首尔联合新闻报道，2019 年 8 月 2 日，https：//jp. yna. co. kr/view/AJP20190802003900882。

② 日本方面认为，《日韩合并条约》签订时符合当时的国际法；朝鲜民主主义人民共和国和大韩民国方面认为，条约是在日本逼迫下签订的，《日韩合并条约》属于无效条约。2010 年 8 月 22 日，即《日韩合并条约》签订 100 周年之际，朝鲜祖国统一民主主义战线中央委员会在声明中对日本殖民时期的野蛮行径表示强烈谴责，认为《日韩合并条约》是完全无效的，并强烈要求日本就对朝鲜所犯下的罪行真心道歉并进行彻底的赔偿。同年 8 月 25 日，日本外相冈田克则表示：“日本政府认为当时合约是合法签订的”。

签署《日韩请求权协定》，即日本通过向韩国提供无偿和有偿的经济合作资金来解决财产请求权问题，对韩国进行战争赔偿。双方最终决定，日本提供3亿美元无偿援助、2亿美元有偿援助以及3亿美元商业贷款，作为交换条件，韩国政府则放弃索赔权，接受“经济合作”。然而事实上，《日韩请求权协定》是两国政府间的协议，韩国民间从未放弃过索赔，“慰安妇”、劳工等受害者不断起诉日本政府和企业，但大多以失败告终。2012年，韩国最高法院做出判决，认为“个人索赔权并未消失”，理由是《日韩请求权协定》中没有涉及精神损失赔偿的问题。2015年12月，韩日双方就“慰安妇”历史问题签订了《韩日“慰安妇”协议》，日本财政出资10亿日元对“慰安妇”及其家人提供赔偿，此后日本政府将不再就“慰安妇”问题道歉。但是，历史遗留问题并未彻底解决，2018年韩国最高法院又连续做出判决，裁定三菱重工等日本企业对被强征的劳工个人进行赔偿，并冻结了这些企业的在韩资产。此举意味着韩国法院认为不能以宏观国家利益来消融受害国民的诉求，受害劳工个人有权向日本“战犯企业”索赔。日本认为，首先，关于此前两国的历史问题，《日韩请求权协定》和《韩日“慰安妇”协议》签署后，韩国政府及所有受害者对日本赔偿的请求已经得到最终、彻底解决；[①] 其次，韩国法院开启了个人受害者向日本企业索赔的先河，而日本无法接受因历史问题被不断地索赔。至此，韩日的历史嫌隙不仅未能抚平，反而逐步加深。因而，不断升级的韩日贸易摩擦被视为由“慰安妇”和劳工问题等历史、政治因素引起，是日本借用经济手段对韩国进行的打压。

（二）当前的政治经济博弈

2017年9月，韩国总统文在寅在出席联合国大会期间与美日首脑另行会晤时曾表示，“美国是韩国的同盟，但日本并不是”。事实上，韩国政府多次在各种场合表明韩日之间的非同盟关系。历史积怨、韩日两国对周边大国的政策分歧、日本对朝鲜半岛不时出现的双轨政策以及韩日两国国内政治的因素，使得两国间不时出现利益冲撞。韩日两国尽管在美国作为盟主的诱压下仍进行合作，但从实质上来讲是一种战术性的合作，而非具有深层

① 加藤康子「軍艦島元島民が語る“徴用工”の真実－総力大特集“徴用工”判決を裁く」、Hanada 2019（1）、72－81頁。

次意义的战略性合作，缺乏实质性同盟关系所必需的战略性和解。[①] 美国事实上也只能以一种基于双边联盟的方式来管理其在亚洲的两个主要盟国。2010 年，美国曾利用朝鲜的“核威胁”，建立排他性的“美日韩三边共助体制”（TCOG），但此种三边管理模式也并没能促使韩日最终走向同盟关系。

在国家力量对比变化的过程中，韩日两国也由日高韩低的“垂直关系”逐步转向彼此对等的“水平关系”。就地缘经济合作而言，以中日两国为例，中国经济和日本经济有很大的互补性，中国因巨大的市场潜力可不必过多担心日本的商品冲击与资本控制。但是，与中日经济合作不同，韩国经济和日本经济结构基本相同，属于同构竞争的关系，且韩国相比较日本而言，处在弱势。因此，韩国对日本的竞争潜力心存忧虑。对日本而言，韩国作为日本在国际制成品市场上的竞争者，其积极的 FTA 战略曾给日本造成直接的竞争压力。例如，韩国在缔结韩国—东盟 FTA 之后，加速与世界大型经济体，如美国、欧盟、中国进行 FTA 谈判，对日本的经济利益产生了较大威胁，迫使日本不得不调整区域合作战略。日本对外经济政策变化的动力往往被视为外部压力和内部压力共同作用的结果。[②] 持续恶化的韩日关系在未来短期内恐难改变。

（三）相互认知的变化

1. 韩国对日本的认知

据《韩国时报》2019 年 7 月 12 日报道，韩国盖洛普民意调查显示，日本对韩国的出口限制使韩国民众对日本的好感大幅降低，甚至出现历史新低。调查显示，只有 12% 的韩国民众表示对日本有好感，77% 的人表示没有好感，另有 11% 的人拒绝回答。在过去 30 年里，对日本持正面看法的韩国人的比例大多保持在 20% 至 40% 之间，此番是自 1991 年进行这一调查以来的最低水平。

2014 ~2016 年，韩国视日本为“拥有共同价值观的重要邻国和东北亚地区及世界和平繁荣的伙伴”，而 2018 年版韩国《国防白皮书》作为文在

① 刘雪莲、范为：《中美在东北亚的战略博弈：间接路线与类型混合》，《东北亚论坛》2018 年第 6 期，第 34 页。

② Hidetaka Yoshimatsu, “Japanese Foreogn Ecoomic Policy Formation: Explaining the Reactive State,” *World Politics*, Vol. 40, No. 4 (1988), pp. 517 -541.

寅政府成立以来首部全面介绍韩国国防政策的文件，删除了以往“韩日两国共有自由民主主义和市场经济基本价值”的表述，只提及“韩日两国是地理上、文化上相近的邻国，应成为为世界和平与繁荣而共同合作的伙伴”。在和美国以外的周边国家军事交流的排名中，过去《国防白皮书》中的顺序为韩日、韩中、韩俄等，但这次改成了韩中、韩日、韩俄。韩日两国的外交白皮书也如实地反映出韩日两国互不信任的关系。2020 年 4 月，韩国将进行议会选举，在此之前韩国也不会对日示弱。

2. 日本对韩国的认知

2019 年 1 月 23 日，韩国海外文化宣传院针对包括韩国在内的 16 个国家的 8000 多人进行了有关“韩国国家印象”的网络问卷调查，结果显示，日本人对韩国持好感者的比例最低，仅为 20%。[①] 在韩日关系恶化的过程中，日本官方对韩国的评价也越发消极。日本曾在外务省网站和《外交蓝皮书》中视韩国为“共同享有战略利益的重要邻国”，但是 2018 年版删除了这一提法，改为“面向未来的日韩关系”。此外，在 2010～2013 年日本《防卫白皮书》日本安全伙伴的排名中，韩国曾仅次于美国，排在第二位。然而，在 2018 年版《防卫白皮书》及防卫计划大纲中，日本则将韩国的位次放在美国、澳大利亚、印度、东南亚国家之后，排在第五位。同时，日方还在官方文件中删除了“韩国作为美国的同盟国，与日本拥有相同的基本价值及安全利益”的表述。2019 年版《外交蓝皮书》认为日韩关系“处于非常严峻的状况”；在争议岛屿“竹岛”（韩国称“独岛”）问题上，增加“韩国非法占据”的表述，强烈抗议韩国在其周边进行军事训练；首次以专题形式记述被征韩国劳工问题，并就“慰安妇”问题做了特别说明。

（四）美国因素

美日同盟、美韩同盟都是在二战结束后特殊的冷战背景下形成的，日本和韩国均非美国的自然盟友。在美国的亚太战略布局中，二者发挥着不同作用。20 世纪 50 年代开始，美国为了构建以韩日为基地的东亚冷战格局，一直在韩日之间斡旋，希望两国关系正常化，但是并没能取得很大进展。韩日

① 《韩机构民调：对韩国好感度，日本最低》，环球网，2019 年 1 月 24 日，https://world.huanqiu.com/article/9CaKrnKhmaM。

因历史问题而激发贸易纷争，并呈现愈演愈烈之势，必然会影响到美日韩三边关系的互动和协调，三边“同盟”难逃貌合神离的命运。2019 年 8 月 22 日，韩国政府宣布，决定不再与日本续签韩日《军事情报保护协定》（GSOMIA），而这一协定被美国认为是美日韩三方安全合作的基础。[①] 美国罕见地公开指责盟友韩国，表示对韩方举动的不满。美国国务卿蓬佩奥说：“我们对韩国就情报共享协议做出的决定感到遗憾。”[②] 韩日都是美国安保机制的重要环节，这两个环节经过 13 年的努力才搭建而成，现在则面临崩塌的可能。[③]

当前，美国全球战略的重点是遏制中国崛起，中美两国的关系正在从“战略伙伴”变为“竞争对手”，力量对比的变化使两国的竞争性迅速加剧，美国开始对中国展开全面的遏制与围堵。韩日关系的恶化无疑对中日韩地缘经济网络，甚至对东亚经济网络的构建造成重大打击，而这一结果也会对中国经济的高速发展产生较强的负面影响，成为破坏东亚价值链的最直接的方式。

2019 年 6 月 27 日，中日两国领导人在日本大阪举行会晤，并达成“大阪十点共识”。8 月 10 日，日本外务省发布消息称：中国外交部副部长乐玉成和日本外务事务次官秋叶刚男在日本长野共同主持新一轮中日战略对话，双方就中日关系及共同关心的国际问题坦诚深入地交换了意见。中方表示，中日双方要“相互照亮，共同发光发热”。中日战略对话时隔七年后重启。[④] 近年来，因历史问题和领土问题而陷入低谷的中日两国关系，在美国对中国进行全面遏制的时候高调升温。就中韩关系而言，两国本已签订中韩 FTA，经济合作密切。2019 年是中日韩合作 20 周年，恰在此时，中日韩领导人会议在中国召开，作为主席国，中国号召探讨东亚经济共同体建设的路径。中、日、韩作为重要经济体，对地区发展起到关键作用，三国若抱团团结起

---

① 《日韩也开贸易战了？韩国抵制日货，超市商场餐厅都要下架》，凤凰网，2019 年 7 月 17 日，https：//v. ifeng. com/c/7oKT4vxMmYN。

② 《韩废“军情协定”动摇美日韩同盟　外媒：美“领导地位”遭削弱》，参考消息网，http：//www. cankaoxiaoxi. com/world/20190824/2389169. shtml。

③ 徐立凡：《日韩贸易战为何走向失控》，新京报，http：//www. bjnews. com. cn/opinion/2019/07/12/602455. html。

④ 乐玉成：《中日不要相互较量，要相互照亮》，外交部网站，2019 年 8 月 9 日，https：//www. fmprc. gov. cn/web/wjbxw_ 673019/t1687711. shtml。

来，甚至联合东亚其他国家，通过签署自由贸易协定等方式，快速走向一体化进程，将弱化美国在东亚地区的领导力。这是美国并不愿意看到的情形，不符合美国的国家利益和全球战略。

基于此，韩日之间不断升级的贸易摩擦对美国来说是把双刃剑，尽管美国在东亚地区构建的安全网络（比如信息共享网络）会受到较大影响，但对中国的负面冲击以及对东亚经济合作的阻碍符合美国的全球战略。因此，美国迟迟未对韩日之间的对抗予以实质性的调停。美国新任亚太事务助理国务卿史迪威（David Stilwell）于 2019 年 7 月 16 日访问韩国，韩国本来寄希望于可以通过此次访问，对日本施加压力，缓和日本对韩国的贸易制裁，然而，在访问前夕史迪威明确表示解决日韩争端不在议程之列，美国不打算介入两国间的争端。[①] 历史上，美国作为影响巨大的第三方，其释放的压力曾诱使韩、日两国在某些问题上采取合作态度。但是，基于对国家利益和全球战略等复杂因素的考量，美国并未采取实质性的调停行为。

二　对东北亚区域合作的影响

韩日之间一直因历史问题存在着不安定因素。在过去，因为有《日韩请求权协定》，两国关系能够基本保持稳定。但本次由历史恩怨引发的韩日之间的对峙，已不再是单纯的贸易争端，韩国因此损失惨重，日本也将面临长期调整过程，其产生的影响不仅会使韩日关系进一步疏远，半导体的全球供应链也因此有所调整。此次韩日关系的交恶或将导致东北亚地缘政治格局的改变，阻滞东北亚区域合作的向前发展。

（一）韩日两国政策目标差异较大

与其他经济体之间的贸易摩擦不同，本次韩日贸易摩擦不是逆全球化浪潮推动的结果，两国的政策目标存在较大差异。

关于日本政府对韩国加强半导体材料出口的管制，韩日两国于 2019 年 7 月在日本经济产业省内召开了工作级别会议。这是两国首次就该措施进行

① 《韩国向美求助解决日韩贸易争端　美助理国务卿：无意介入》，环球网，http://world.huanqiu.com/article/2019-07/15133878.html? agt=15438。

商讨。日本内阁官房长官菅义伟当日在记者会上强调："只是为了确认事实，并非与韩方（带有谈判性质的）磋商。"[①] 此次会议，双方并没有达成谅解性共识。随后，日本经济产业省表明有意定期与韩国举行局长级的会谈，但条件是韩方需要修改7月的"日韩协商会议的说明"。围绕韩国大法院对强征劳工案的判决结果，双方依然存在较大分歧。韩国呼吁日方同意韩方提议的"1+1方案"，即由韩日两国企业共同筹措赔偿资金，同时敦促日方撤销对韩方出口管制。日方认为其违反了《日韩请求权协定》，也不符合国际法的准则，同时，日方要求韩方重新考虑终止《军事情报保护协定》。韩国对日本的制裁一直持强烈的批评态度，认为加强管制是日本政府对韩国历史问题寸步不让的"报复措施"，违反世界贸易组织规定。韩国国内普遍认为不应该通过经济手段对政治问题进行报复，指出"商业是商业，历史是历史，应该分开来看"，但是从日本来看并非如此。日本以安全保障为由，称其是对"国内政策的调整"，韩国不属于磋商对象，因此拒绝取消管制。[②] 日本的出口管制实施细则已经生效，随着事件的发酵，以往往来密切的韩日两国贸易受到严重冲击，韩国网络也出现了拒绝购买日货的"NO JAPAN"呼吁。韩日贸易摩擦进一步激化了韩日之间的矛盾，两国国民的情感出现了遇冷的情况。据韩国大型电子商务企业Wemakeprice发布数据显示，2019年9月7~15日的小长假与2018年同期相比，赴日旅游机票预定数量大幅下降，整体预约减少64%。[③] 9月6日，韩国首尔市、釜山市市议会分别通过条例案，将日本的特定企业定义为"战犯企业"，宣布今后将不再购买这些企业的产品。这是韩国首次出现具有代表性的两大城市宣布抵制特定的日货。对此，安倍内阁官房长官菅义伟谴责此举"不妥……极其遗憾"。[④] 在韩日本知名品牌优衣库的实体店已无顾客。韩国超市协会建立以来，也首次对特定国家产品采取措施，协会旗下成员在一周内实现对日本商

---

① 《韩日就贸易争端首次磋商　美国表态愿意调解》，参考消息网，http：//www.cankaoxiaoxi.com/world/20190713/2385339.shtml。

② 《韩日就贸易争端首次磋商　美国表态愿意调解》，参考消息网，http：//www.cankaoxiaoxi.com/world/20190713/2385339.shtml。

③ 《韩抵制日货运动下中秋日本机票预定骤减六成》，《韩国中央日报》2019年9月5日，http：//jciadmin.joins.com/gb/article.do？method=detail&art_id=192393。

④ 「菅官房長官、「戦犯企業」不買条例を批判＝汚染水処理めぐり韓国に抗議」、時事通信社网站、https：//headlines.yahoo.co.jp/hl？a=20190906-00000134-jij-pol。

品的撤货。

韩日都以贸易立国，对于这次制裁所引发的贸易危机，两国都蒙受了损失。从短期来看，对韩国造成的损失较大。仅在日方宣布制裁以后，摩根士丹利即将韩国2019年的国内生产总值（GDP）增速预期值从2.2%降调至1.8%。受到严重冲击的半导体行业是韩国的支柱产业之一，韩国银行数据显示，2019年第一季度韩国GDP环比下降0.4%，是2008年金融危机以来最大跌幅；5月，韩国出口额重挫9.4%，其中占有韩国制造业出口“半壁江山”的半导体的出口额同比跌幅更是接近20%（参见图1）。

从长期来看，韩国是日本第三大贸易伙伴，产业链条相连，日本对韩国管制势必伤及自身。首先，韩国受到此次打击，今后将努力摆脱在高技术领域所需材料方面对日本的依赖，在研发新的科技产品时，将考虑日本断供带来的风险，做好自己的安全网，重新构建新的价值体系，对价值链进行重塑。韩国总统文在寅2019年7月8日主持召开青瓦台幕僚会议时也表示：“希望企业通过技术开发和扩大投资，摆脱严重依赖进口的产业结构。”另据《韩国中央日报》报道，作为韩国最大跨国企业集团的三星集团和SK海力士等韩国企业仅用两个月时间就成功实现了对三种半导体核心材料的“去日本化”，打开了其他材料供应渠道。[①] 同时，三星集团拟在2020年进行全球首批量产5G集成芯片。[②] 其次，尽管日本现在提出三种材料制裁，但是，由于韩日相互依存度较高，日本也将面临长期调整的过程，这一过程充满不确定性，而日本的企业也将承受由此带来的风险。长期以来，日本试图以日本—韩国EPA为契机，构筑以日本为核心的“东亚经济圈”，以此保障日本在亚太地区的经济和政治影响力。《日本经济消息》专栏作家塚本加藤表示：日韩两国间存在着一定的依存性和相似性，若两国发生经济战，对日本经济也很不利，且会导致国外投资者增加对日本经济的不信任程度。[③]

① 《三星SK年内将解决日本限制出口的核心材料货源》，《韩国中央日报》2019年9月3日，https：//chinese. joins. com/gb/article. aspx? art_ id = 192406&category = 001003。

② 《三星拟年内全球首批量产5G集成芯片》，《韩国中央日报》2019年9月3日，https：//chinese. joins. com/gb/article. aspx? art_ id = 192477&category = 001003。

③ 《日资加速撤离、韩国抵制日货，韩日互怼离全面升级有多远?》，中华网·财经，https：//finance. china. com/news/11173316/20190712/36593130_ 5. html。

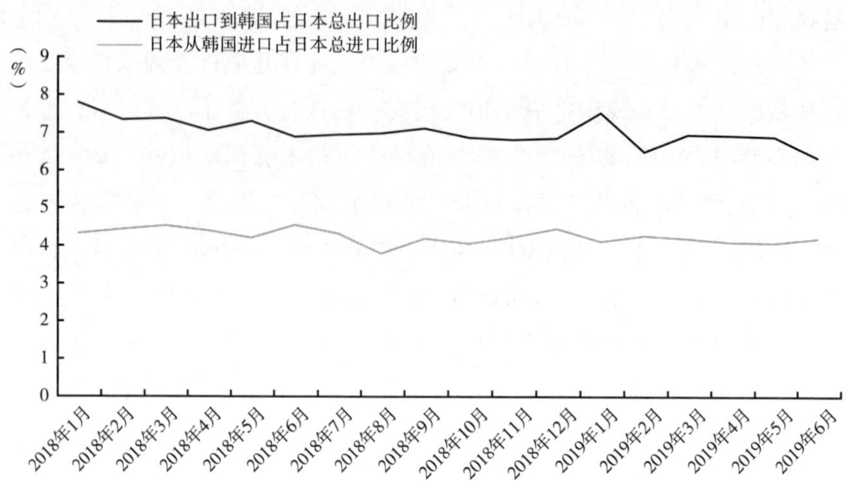

图1　韩国占日本进出口贸易的比例

资料来源：wind金融数据库。

（二）中日韩FTA的搁置

2012年，中日韩三国经贸部长举行会晤，宣布正式启动中日韩自贸区谈判；至2019年底，三国已进行了16轮谈判。三国相互之间的协商经历了长期的磨练和考验。2018年谈判出现转机，三方同意加速进程，力争达成“全面、高水平、互惠且具有自身价值的自由贸易协定”。2018年上半年，中国宣布多项重大开放政策，包括开放本国投资市场，尤其是日本关心的服务贸易市场。是以中日之间签署高水平自贸协定的障碍已经基本消除。2019年6月G20大阪峰会期间，中日领导人达成十点共识，其中包括“携手应对全球性挑战，维护多边主义和自由贸易体制”。① 韩国最初将日本视为签订FTA的对象国，但相比较日本而言，韩国本就处在弱势，加之东北亚政治互信问题，韩日FTA的谈判进展异常缓慢。中韩两国则可以加快现有FTA的开放进程，把原来的20年过渡期缩短为10年，在服务贸易和投资领域加大谈判力度。2019年8月，第九次中日韩外长会议在北京举行，三国外长积极评价

① 《不畏浮云遮望眼——国务委员兼外交部长王毅谈习近平主席出席二十国集团领导人大阪峰会》，外交部网站，2019年6月29日，https：//www.fmprc.gov.cn/web/wjbzhd/t1676893.shtml。

中日韩合作20年来取得的成果，同意积极推进三国合作，加快RCEP和中日韩自贸区谈判，共同维护多边主义和自由贸易。[①] 而不断升级的韩日贸易摩擦，致使韩日两国关系恶化，难以在短时间内恢复正常，进而殃及中日韩自贸区谈判，导致实现签署中日韩三国自贸协定的目标延宕。[②]

（三）国际环境变化下东亚产业链或将重塑

如果仅从韩日两国对外贸易的视角分析，并不足以解释此次韩日关系恶化对东北亚区域合作产生的重要影响，还需要结合2018年以来东亚大变局的背景加以分析。

2018年以来，国际关系与秩序发生深刻变化，全球化与逆全球化发生正面碰撞。原本世界经济经过危机重新调整，出现复苏势头，但形势出现逆转，全球化出现新的趋势，主要表现在经济增速放缓，产业链结构发生变化——许多传统产业链被割断、缩短，国际格局充满不确定性。贸易保护主义、单边主义以及民粹主义加大了全球经济复苏的风险。美国推行单边主义，中美贸易摩擦逐步升级，改变了东北亚价值链的外部环境。正如英国《经济学家》刊文指出："美中两国已经进入战略竞争的新纪元，这种竞争将全方位笼罩两国关系的所有方面，进而对整个亚洲的供应链产生显著影响。"[③] 在全球化受限的情况下，经济区域化趋势加强。近年来，几个大的区域性自贸协定签署生效，如美加墨协定、CPTPP、欧盟与南方共同市场自贸协定、非洲自贸区等，可能会推动自贸投资向区内转移，重构区内产业链。考虑到多边改革困难很大，区域化发展将可能得到政治上的支持。

崛起中的东亚地区不断进行合作尝试，积极融入全球价值链。2008年国际金融危机后，东亚地区已经发展成巨大经济圈，成为名副其实的世界制造中心。首先，东亚的区域内贸易量现已突破万亿，2020年东亚地区经济增长率将达到5%，其规模超过北美自贸体（NAFTA），成为仅次于欧盟（EU）的全球第二大经济圈。以世界500强为代表的跨国公司纷纷把东亚视

① 《第九次中日韩外长会在京举行》，外交部网站，2019年8月21日，https://www.fmprc.gov.cn/web/wjbzhd/t1690529.shtml。

② 周永生：《加快推进"中日韩自由贸易协定"谈判的机遇与挑战》，《东北亚论坛》2019年第6期，第90页。

③ Leaders, "Can Pandas Fly?" *The Economist*, February 23, 2019.

为生产加工中心，并将其作为全球战略布局的重要构成。此举不仅拉动了东亚的对外和对内贸易，同时更使之成为全球价值链的重要一环。不同于欧盟和北美自贸区经济圈建设的政府协调性特征，东亚经济圈具有典型的生产分工型特征。由于产业发展水平不同，且在全球价值链上具有互补性特征，东亚形成了典型的生产网络体系：中国通过开放型政策吸引大量外资，日本和韩国则扮演“供应商”与“投资商”的双重角色，利用其身处全球价值链上游以及 FDI 方式，与中国和东盟形成了紧密的产业关联关系。①

东亚生产网络原本效率很高，但是在国际秩序转型的背景下，不断升级的韩日贸易摩擦或将推动东亚产业链的重塑。韩日贸易争端有悖于 WTO 消除贸易壁垒、倡导多边贸易体系的宗旨，不利于经济全球化的发展，而经济全球化是形成全球价值链的基础。在最近的 50 年里，生产方式的变革与科技进步成为全球价值链形成的重要推动力，其中，此次韩日贸易争端中日本对韩国进行限制的半导体产业是国际分工的重要体现。就中日韩产业分工举例，三国之间存在着一个基于比较优势的产业链分工：日本处于产业链上游，将半导体材料出口至韩国，韩国出口半导体产品至中国，中国再加工成手机、电视等成品销往全球。韩国产业通商资源部公布的数据显示，2018 年，韩国半导体出口额为 1281.5 亿美元，其中对华出口额达 857.8 亿美元。《日本经济新闻》也表示，如果韩国企业的零部件供给出现问题，或将拖累中国华为等智能手机厂商的生产。② 日本对韩国实行出口管制，对产业链的正常运转会产生负面影响。产业链是国际分工、经济一体化以及新兴国家加入链条实现快速发展的重要方式，如今部分产业链的缩短将会引起国际分工的重新调整。

三　当下东北亚区域合作发展的关键要素

（一）继续加强区域经济一体化建设

东北亚地区是当今以及今后世界经济的重要增长极。冷战后，中日韩经

① 张玉来：《全球价值链重塑与东亚——中日合作的空间与潜力》，《东北亚论坛》2019 年第 3 期，第 45 ~ 47 页。

② 《日韩贸易战对中国有多大影响?》，《环球时报》2019 年 7 月 16 日，https：//mp. weixin. qq. com/s/opUEPFm_ 6Lg5keQ_ Y1C8zw。

济链逐渐形成，俄罗斯、蒙古国经济合作向东北亚地区倾斜。次区域合作以边境合作区、环海经济圈等多种形式得到发展。特别需要提出的是，如今中日韩经济总量与美国相当，中国也已成为东北亚国家最大的市场，但是东北亚的区域经济合作较欧盟或者其他区域的贸易协定相比，仍然比较松散，东北亚合作的制度化建设较欧盟或者北美等地区仍然落后。东亚地区生产网络主要依靠最终产品的区域外贸易。[①] 区域经济一体化的建设需要不断加强，这其中的含义正如巴拉萨（Balassa）提出的：东亚区域经济一体化包括旨在消除各国经济单位之间差别对待的种种措施，表现为各国间各种形式差别待遇的消失，它既是一个过程，也是一种状态。[②] 东北亚国家的市场一体化进程早于制度一体化进程。[③] 首先，基于大市场理论，区域经济一体化会出现大市场，大市场有助于规模生产和降低生产成本，最终形成消费和投资增加的良性循环。其次，区域经济一体化有助于国内改革，减少区域内国家之间的互不信任，强化地区安全，[④] 而且多边贸易体制通常在一些领域的自由化方面面临难题，因此很多国家在面对多边贸易谈判僵局时，更多会选择区域贸易谈判。有研究宣称开放的区域主义是解决多边贸易体系发展困境的重要路径。[⑤]

中日韩三国是东北亚区域合作最重要的动力。三国于 2008 年建立峰会等多渠道合作机制，2010 年开始进行 FTA 谈判，2011 年建立中日韩合作秘书处。但由于受到双边关系的制约，对话合作机制多次停滞，三国为改善关系做出的努力成效并不理想。中国作为东北亚区域的重要力量，应积极规划和推动东北亚互联互通议程，并与“一带一路”倡议对接，构建东北亚新一代通讯、大数据、电子市场网络，形成区域内经济增长的新动力。

---

① Mona Haddad, “Trade Integration in East Asia: The Role of China and Production Network,” *World Bank Policy Research Working Paper*, March 4, 2007.

② Bela Balassa, *The Theory of Economic Integration*, New York: Greenwood Publishing Group, 1982.

③ 沈铭辉：《跨太平洋伙伴关系协定：基于 FTA 战略视角的研究》，经济管理出版社，2015，第 172 页。

④ Maurice Schiff and Alan Winters, “Regional Integration as Diplomacy,” *World Bank Economic Review*, Vol. 12, No. 2 (1998), pp. 1162 - 1182.

⑤ C. Fred Bergsten, “Fifty Years of Trade Policy: The Policy Lessons,” *The World Economy*, Vol. 24, No. 1 (2001), pp. 1 - 13.

（二）推动构建中日韩三国新型经济合作关系

1. 建立互信是构建中日韩三国新型经济关系的关键要素

当前，国际秩序正处于变革时期，各种矛盾交织在一起，不稳定性和不确定性凸显，东北亚地区的发展面临新的挑战。在这样一个转型时期，最重要的即把握大局。东北亚国家需要明确，维护和平、安全与发展对东北亚地区至关重要，应增加共创未来的共识，推动区域的进一步深层次合作。因此，建立互信是构建中日韩三国新型经济合作关系的关键要素。

作为东北亚地区最重要的三方，中日韩三国首先要避免直接冲突，通过文化交流和经济合作增进相互理解和信任，不能在错误的信号上，判断对方的战略用意，从而给双边关系带来损害。对三国而言，不同的历史观、不同的历史价值认识、不同的民族经历，决定着三方不可能在这些问题上握手言和或者重归于好。这在某种程度上意味着东北亚区域三个重要国家的某种分裂。而修复这一分裂，是东北亚三国的重要课题。2019年，中日关系回暖，战略对话大门关闭七年后重新打开，无论对双边还是区域都是有利的；中韩关系在经历“萨德”风波之后，也走向平稳。遗憾的是，韩日因历史问题导致的贸易摩擦仍持续升级。双方应从大局出发，尽早化解分歧，制止双边关系持续恶化，回到正常的合作轨道。中日韩合作处在关键的十字路口，可以通过建立多边合作框架等有效途径，在框架内协商不断凸出的历史、领土、能源、环境、气候变化等问题，在新形势下合力构建新型合作网络，创建新增长动力机制。

2. 中日韩签署FTA与RCEP是三方构建新型合作关系的迫切需要

东北亚的区域链连通的重点在中日韩三方，原来的东亚—北美大循环结构出现断裂，重构东亚经济区的必要性逐步提高。推动区域经济一体化的过程中，应该重点考虑生产供应网络的开发和完善，通过FTA以及RCEP加强区域外生产联系，以便更好地推动经济发展。因此，签订中日韩三方FTA以及完成RCEP谈判的重要性日益凸显。

经过十余年的可行性研究，各方对于中日韩FTA所能带来的经济收益已达成共识。据韩国方面测算，中日韩FTA保守估计会拉动中国GDP增长0.89%，拉动日本GDP增长1.05%，拉动韩国GDP增长3.27%。严格约束了初始条件后，重新计算得出，中日韩FTA可以分别推动中国、日本、韩国经济增长 0.2%、0.4% 和 1%。[①] 三国间的扩大开放和密切合作将促进新一轮消费结构和产业结构的升级。中日韩三国应加速 FTA 谈判进程，推进东北亚经济区建设，在 RCEP 不能改变游戏规则的情况下，签署中日韩 FTA 就更显重要。但是也不能忽视中日韩三国之间的矛盾短期内难以解决，且美国并不能有效地协调亚洲经济体的谈判立场，因此，可考虑继中韩 FTA 签署之后，中日优先于中日韩三方签署高水平的自由贸易协定。日本也曾表示中韩两国签署的自贸协定开放水平过低，可同中国达成高水平的自贸协定。在特朗普政府的保护主义下，中日韩审视 FTA 的视角开始由产业的竞争关系转向互补关系，更加关注协定能够产生的效益与可合作领域。

RCEP 迎合了各参与方的利益诉求，东亚地区各国普遍能够从中获得显著的经济效益。未来，RCEP 将会成为亚洲区域经济合作的重要支柱。澳大利亚、新西兰与印度乐于以东亚经济体的身份加入 RCEP，而 RCEP 也可以使中日双方摆脱在东亚合作当中因相互竞争而造成的被动局面，因此符合中日两国的国家利益，韩国也乐见其成。

尽管中日和韩日之间的历史问题一度使东北亚地区陷入紧张局面，且日本国内的经济改革也形成了阻碍中日韩 FTA 和 RCEP 的短期障碍，但不少学者仍然乐观地认为，中日韩 FTA 与 RCEP 在可见的将来仍有缔结成功的希望。

（三）处理好同域外国家的关系

特别需要指出的是，历史上东北亚区域合作有两次发展高潮，且都是由外因引发的。第一次是 1997～1998 年亚洲金融危机时期，亚洲经济体纷纷加强区域经济合作以自救，并形成了以东亚合作为基本框架的格局。当时美国以及国际组织 IMF 并未能给予陷入金融危机的东亚经济体足够的支持。第二次是 2015 年，美国宣布“重返亚洲”，以 TPP 为载体整合亚太经济区域合作组织，全面介入东亚区域一体化进程。面对经济全球化中的一些负面影响，东盟推出 RCEP 巩固自身在东亚合作中的地位，中日韩等经济体表示支持。RCEP 使东北亚区域合作再次在外力的作用下有所突破。进一步来看，

---

① Peter A., Michael G. and Fan Zhai, “The Trans - Patnership and Asia - Pacific Integration: A Quantitative Assessment,” *East - West Center Working Papers*, *Economics Series*, No. 119, October 24, 2011, p. 39.

亚洲区域经济合作发展的两次高潮都受到了美国这一域外因素的直接影响。

事实上，美国从未离开亚洲。美国并不希望在东亚出现类似欧盟的强大区域集团，降低其对该区域国家的吸引力，因此防范任何将美国排斥在外的东亚区域组织。有研究认为，东亚区域合作无法取得较大进展的原因，除了东亚各国自身政治制度不同、经济发展水平不平衡、历史遗留问题等，美国也是一个关键因素——东亚国家对美国出口和美元体制等方面的非对称依赖性较强，从而不利于东亚经济一体化的建设。当下，特朗普政府计划在美墨加自由贸易协定签署之后，在此后所有的经贸协定当中，加入“毒丸条款”，即禁止与美国签订经贸协议的国家与非市场经济国家签署自由贸易协定。这种政策不仅有损于中国，也将对日本与韩国造成损害。[①] 从特朗普政府在2019年国情咨文中肯定贸易保护主义政策取得的成效、进一步提出《美国互惠贸易法案》（Reciprocal Trade Act）来看，美国的保护主义政策显示出常态性特征。在中日韩与美国的产业竞争格局日渐凸显的趋势下，美国再工业化进程与制造业国家的贸易纠纷必然更加激烈。东亚经济一体化的进程不利于美国巩固其在该区域的经济利益。在此背景下，区域内的经济一体化无疑是各方稳定需求和提高生产力的关键源泉，开拓区域内的消费市场，实现资源的更有效配置，将有利于中日韩三国抵御出口风险。[②]

四　结语

2018年以来东北亚国际关系发生了一系列重大变化。中日韩三国合作机制得以恢复，三国领导人发表《中日韩领导人关于2018朝韩领导人会晤的联合声明》，提出确保领导人定期会晤机制，深化与拓展合作。此外，中国与韩国、朝鲜的关系同时得到改善并加强，中日关系也重回正常发展的轨道。然而，韩日关系反复出现摩擦，并持续恶化。在此次韩日贸易争端中，贸易成为有效的威慑手段，直接涉及国家行为体的核心利益。美国基于国家利益并没有对韩日争端进行有效的调停。

---

① 李冬新、秦杨杨：《自贸区背景下中韩贸易面临的问题及对策》，《韩国研究论丛》2018年第2期，社会科学文献出版社，2019，第190页。

② 金香丹、廉晓梅：《特朗普政府贸易保护主义政策冲击：中日韩FTA谈判的机遇与挑战》，《东北亚论坛》2019年第5期，第96～98页。

韩日两国由于历史问题而互设出口限制门槛，无疑会对中日韩自贸区的建立造成冲击，使自贸区建设放缓；原本效率较高的东亚生产网络也将面临价值链重塑的转折。同时，东北亚经济链的外部环境也发生了改变，中日韩经济竞争性加强。此前，日本政府在同中、韩关系恶化时曾主张采取所谓“政经分离”政策，而此次韩日贸易争端中，政治因素成为区域贸易安排的前提条件。这种新变化已成为当前判断中日韩合作前景不可忽视的重要因素。在这样的国际秩序转型期，中日韩三国的沟通机制不能再停下来，而是需要通过贸易、投资、跨境服务以及人员方面更多的相互往来，以此促进三国三边的相互理解，从而使矛盾得以缓和。只有中日韩三国的合作尽快回到正常轨道，规避在转型期的风险，才能够推进包括中日韩在内的东北亚区域合作大步前进。

ROK –Japan Trade Disputes and New Changes in Northeast Asia Regional Cooperation

Xu Jia, Jing Haiyan

Abstract Various frictions and disputes between ROK and Japan have arisen since 2018. The political factors of the historical issues, such as the compensation of forced Korean labor by Japanese companies during World War II have caused the two countries to reduce each other's strategic positioning. In order to gain benefits in East Asian security order and to maintain its Asia – Pacific strategy, the United States has not conducted substantial mediation. The impact of the ROK – Japan trade disputes is not only the overall deterioration of the relations between the two countries, but also the reshaping of the value chain in East Asia. It will also have a profound impact on the future of Northeast Asia international relations and the development of Northeast Asia regional cooperation.

Keywords ROK-Japan Relations; the Compensation of Forced Labor; Northeast Asia Regional Cooperation; Global Value Chain

特朗普政府修订《美韩自由贸易协定》的动因及影响解析*

金香丹

【内容提要】特朗普政府修订《美韩自由贸易协定》是其重塑美韩在协定中的利益分配，获取“单方支付”的新区域主义行为。特朗普政府此举不仅意在获取一般经济收益，更是服务于重振制造业、维护霸权国的经济规模优势、树立双边自由贸易协定样板的整体战略诉求。短期而言，美国修订《美韩自由贸易协定》取得了一定成效，但长远来看，修订协议无法从根本上改善两国贸易逆差结构，而特朗普政府强势修订协定对其国际信用与领导地位的负面影响势必长期存在，这将导致东亚区域经济一体化格局面临更加复杂的局面。

【关键词】《美韩自由贸易协定》　特朗普政府　收益诉求　影响评估

【作者简介】金香丹，吉林大学东北亚研究院助理研究员。

2018年9月，美韩完成双边自由贸易协定（FTA）修订谈判。特朗普政府强势主导协定修订进程，源于其认为协定导致美国对韩贸易逆差大幅增加，美方的收益较为有限，两国收益分配未能实现对等。且特朗普政府认为导致这一结果的主要原因在于韩国的“不公平贸易”行为。[①] 然而，通过对《美

* 本文系教育部人文社会科学重点研究基地重大项目（项目编号：2017JJDGJW005）、教育部人文社会科学研究青年基金项目（项目编号：20YJCGJW003）、中国博士后科学基金资助项目（项目编号：2019M651222）的阶段性成果。

① “2018 Trade Policy Agenda and 2017 Annual Report,” USTR, 2018, p. 53.

韩自由贸易协定》收益情况进行系统分析，可以发现美国已在协定中获得了一系列经济、非经济收益，促使协定修订的主要原因在于美国的收益诉求偏好发生变化，且对具体收益领域提出了新的要求。韩国作为美国的盟国和经济体量上的中等国家，在协定修订进程中处于明显的被动地位，只能选择对美妥协，从而使《美韩自由贸易协定》成为特朗普政府在东亚区域推动其贸易政策的“突破口”。特朗普政府对《美韩自由贸易协定》的修订体现了美国推动双边自由贸易协定的主要利益诉求及对东亚制造业国家贸易关系的调整方向。

一 奥巴马政府推进《美韩自由贸易协定》的“非传统收益”偏好及其成效

获取收益是决定国家签署、修订或终止贸易协定的决定性要素。这种收益可分为“传统收益”和“非传统收益”，前者指的是通过降低关税壁垒、市场开放及要素自由流动所带来的经济效应；后者指的是通过缔结协定塑造或影响国际经济规则发展方向、实施区域与全球战略、输出民主观念等战略收益。[①] 一般而言，中小国家市场规模有限，抵御外部冲击的能力和谈判交易能力相对偏弱，其与大国缔结自由贸易协定的动力主要来自获取市场准入机会等传统经济收益。而对大国而言，小国市场开放所能创造的经济效益有限，因此更加注重借助协定的战略效应提高自身与其他大国竞争的筹码，扩大对全球经贸规则的影响力。[②] 尤其对美国而言，通过与中小国家缔结贸易协定攫取非传统收益，对其实现全球贸易战略具有重要的意义，甚至会在某些阶段出现为获取非传统收益而牺牲传统收益的倾向。

（一）奥巴马政府对非传统收益的侧重

美国推进自由贸易网络历来具有战略目的。其伙伴国选取标准除了经济水平、贸易能力、对美贸易政策的支持力度外，还会考虑伙伴国的政治立场及对美国全球战略推进的助益程度。2008 年金融危机后，国际政治经济格

① 李向阳：《新区域主义与大国战略》，《国际经济评论》2003 年第 4 期，第 6 页。

② Perroni C. , Whalley J. , “The New Regionalism: Trade liberalization or Insurance?” *Canadian Journal of Economics*, Vol. 33, No. 1 (2000), pp. 1 -24.

局发生显著变化，以中国为代表的新兴经济体的影响力持续扩大。面对这一局面，奥巴马政府开始着力构建亚太经济一体化制度框架，旨在主导新时期全球经贸规则发展方向。《美韩自由贸易协定》作为美国在亚太区域贸易网络的组成部分，其战略意义较为显著。协定对美国实现“非传统收益”的重要性被奥巴马政府所重视，对协定的最终缔结产生了重要影响。

首先，奥巴马政府意在通过缔结协议，降低韩国对华经济依赖。在缔结自由贸易协定的过程中，小国的国内政治经济体制、法规、政策会向大国靠拢，这对于大国强化对小国的影响力具有重要意义。[①] 自 2003 年中国超越美国成为韩国最大贸易伙伴后，韩国在经济领域对华依赖持续加强，加剧了美方对韩国向中国过度倾斜的担忧。在此情况下，《美韩自由贸易协定》不仅可以提高韩国对美国市场的经济依赖，还可以达到倒逼韩国在知识产权、环境保护、政策透明度、劳工标准等制度层面与美国对接的效果，防止对华经济依赖导致韩国脱离美国的全球贸易网络。

其次，夯实美国在东亚区域的自由贸易网络基础，制衡中国的区域影响力。美国对《美韩自由贸易协定》的积极态度一定程度上推动了韩国调整以东亚为核心的自由贸易协定政策路线，将美国置于谈判最优先地位。[②] 而韩国此举进一步提高了东亚其他经济体与美国缔结贸易协定的积极性与紧迫感，为美国参与东亚区域的自贸区建设进程奠定了基础，强化了美国参与东亚区域经济一体化及相关事务的介入能力，防范并牵制了中国地区影响力的提高。[③]

最后，奥巴马政府旨在借助《美韩自由贸易协定》为美国主导亚太区域贸易规则创造条件。将自身拟定的双边、区域贸易协定规则延伸至多边贸易体系是大国构筑全球自由贸易网络的常用策略。韩国在东亚乃至亚太区域具有一定的经济影响力，借助双边谈判，美国得以将劳工、环境、知识产权、投资等体现本国利益的非贸易议题写入协定文本中，有利于“美国议题”“美国标准”对亚太区域规则的塑造，助推美国抢占新时期全球贸易规则主导权，并为塑造美国属意的高标准贸易协定树立“样板”。

---

① 李向阳：《区域经济合作中的小国战略》，《当代亚太》2008 年第 3 期，第 42 页。

② 文燉：《韩国自由贸易协定政策与东亚区域主义的未来》，《当代韩国》2010 年第 4 期，第 40 页。

③ 赵放：《美韩自由贸易协定的起步、拖延及影响——以东亚区域合作为视角的分析》，《东北亚论坛》2010 年第 5 期，第 60 页。

（二）《美韩自由贸易协定》为美国创造的收益

奥巴马政府对非传统收益的重视并不意味着美国忽视了传统经济收益，而是为了获得战略性收益在一些经济条款上做出了让步。在对韩汽车贸易逆差高达 82.8 亿美元的情况下，奥巴马政府依然决定在五年缓冲期后推动协定生效的主要动力正在于服务“再平衡”战略的推进。在美国重塑地缘政治经济格局、抢占新时期全球贸易规则主导权的目标下，《美韩自由贸易协定》的非传统收益对美国显然具有重要意义，由市场开放带来的部分产业冲击被奥巴马政府视为必须承担的成本，并认为可以通过其他产业进入韩国市场带来的收益加以弥补。①

从协定生效后的实际效果来看，美国实际上在实现经济收益与非经济收益（战略收益）方面均取得了一定成效。经济收益方面，美国成功打开了韩国农产品、制药和医疗设备、服务业等市场，在高附加值产品、服务出口、吸引外资方面收益显著。首先，美国服务贸易对韩出口年均增长 5.7%，增速高于对外出口增速约两个百分点，对韩顺差规模进一步扩大。② 2017 年，美国对韩服务贸易出口额达到 241.6 亿美元，较协定生效前（2011）增加 63.5 亿美元（参见图 1），专利权使用费与特许费服务、旅游服务等获益显著。③ 其次，《美韩自由贸易协定》投资效应推动韩国对美投资有所增加。2012～2016 年期间，韩国对外直接投资规模整体下滑，但对美直接投资保持稳定增长，美国在韩国对外直接投资市场中的份额由 18.9%扩大至 24.2%（参见图 2）。协定生效的五年当中，韩国对美直接投资年均约 74.5 亿美元，较协定生效前（2007～2011 年）增加 28.3 亿美元，其中自由贸易协定生效所形成的投资效应约为 9.9 亿美元，对投资增长的贡献率达到 35%。④ 最后，协定在部分领域促进了美国对韩货物贸易出口。2012 年以来，韩国进口总额年均减少 1.5%，同期美国对韩出口年均增长 1.4%，美国在韩国进口市场中的份额也较协定生效前增加 2.2%。在出口

① Jeffrey J. Schott, “Why the Korea – United States Free Trade Agreement Is a Big Deal,” *SERI Quarterly*, Vol. 4, No. 3 (2011), p. 7.

② 作者根据 U. S. Bureau of Economic Analysis 数据测算。

③ 作者根据 U. S. Bureau of Economic Analysis、UN Comtrade Database 数据库数据测算。

④ 「한·미自由贸易协定이행상황평가보고서」, 한국산업통상자원부, 2018, p. 293.

增加的产品中，农产品、汽车、医药品等关税递减效应较为显著，出口分别增长14.8%、37.3%、12.9%。[①]

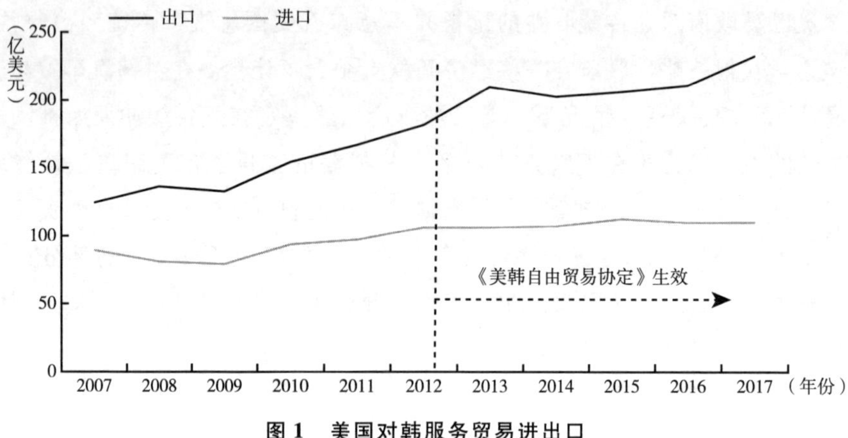

图1　美国对韩服务贸易进出口

资料来源：U. S. Bureau of Economic Analysis，https：//www. bea. gov/data/intl－trade－investment/direct－investment－country－and－industry。

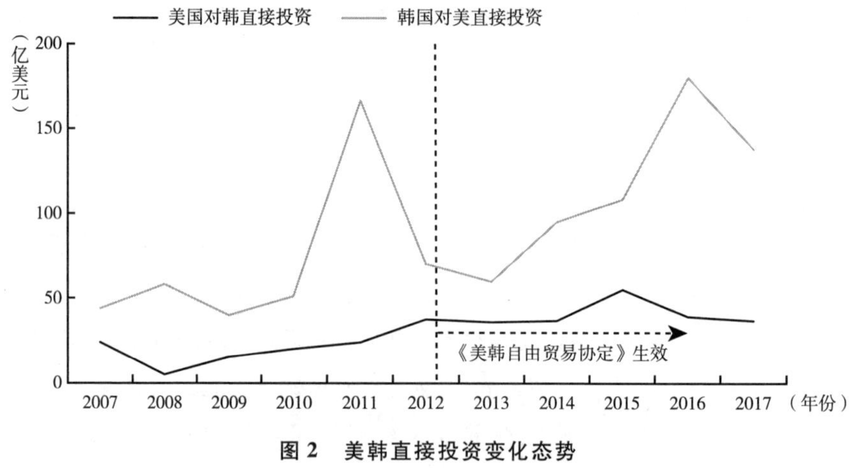

图2　美韩直接投资变化态势

资料来源：韩国产业通商资源部网站，http：//www. motie. go. kr/motie/py/sa/investstatse/investstats. jsp；韩国进出口银行网站，https：//stats. koreaexim. go. kr/main. do。

《美韩自由贸易协定》为美国创造的“非传统收益”也显而易见。就美国而言，“这个协定就像嵌入东亚一体化进程中的钉子，重新树立了美国在

① 作者根据UN Comtrade Database数据测算。

该地区的引导作用，既巩固了韩美联盟，又牵制了中国，还对日本施加了压力”。[①]《美韩自由贸易协定》生效前的2011年，日韩在美国市场的出口相似度指数（ESI）达到72.04[②]，协定带来的贸易、投资转移风险对日本造成了一定压力，最终促使其积极参与美国所主导的跨太平洋伙伴关系协定（TPP）。与此同时，协定还对美韩同盟的进一步深化发挥了积极作用，就如韩国所称，韩美同盟在军事同盟的基础上新增了经济同盟关系。[③] 在协定生效的几年内，美国也成功地强化了在韩国的军事部署，推进了美日韩三边合作的整合，促进了其战略性利益的获得。

（三）特朗普政府对《美韩自由贸易协定》的质疑

综合审视，美国在与韩国的贸易协定中收获了传统收益与非传统收益，但受到宏观经济环境、市场规模、产业结构、比较优势差异的影响，美韩受惠领域与受惠程度有所不同。对韩国而言，协定的经济收益集中体现在货物贸易领域。协定生效以来，韩国对美出口年均增长4.6%，2017年达到716.2亿美元，增幅不仅明显高于其面向全球市场的年均增长率0.5%，也高于美国对韩出口增长水平，导致韩国对美货物贸易顺差较协定生效前有所增加。[④] 这一问题由此成为特朗普政府修订《美韩自由贸易协定》的外在诱因。在注重贸易逆差问题的特朗普政府看来，协定在经济效应方面更有利于韩国，而美国的收益显得“微不足道”。

特朗普政府对协定的不满主要集中在两方面：一是贸易逆差扩大，二是所谓“不公平贸易”问题。[⑤]《美韩自由贸易协定》生效后，美国对韩货物贸易逆差增长81.9%，规模达到225.6亿美元，特朗普政府认为在双方致力于市场开放的情况下，美国对韩贸易逆差增加的主要原因在于韩国的不公

---

① 穆阳：《美韩FTA对东亚一体化的影响研究》，《科技信息》2008年第4期，第41～42页。

② $ESI = Si(ab,c) = \sum Minimum[Xi(ac), Xi(bc)] \times 100$，$(0 < Si(ab,c) < 100)$，作者测算。

③ 《朴槿惠与奥巴马会谈　韩美同盟提升为全球伙伴关系》，中国日报网，http://www.chinadaily.com.cn/hqzx/2013-05/08/content_16484433.htm。

④ 作者根据UN Comtrade Database数据测算。

⑤ “USTR Letter to the Republic of Korea,” USTR, July 12, 2017, https://ustr.gov/sites/default/files/files/Press/Releases/USTR%20KORUS.pdf.

平贸易。[1] 因此，特朗普总统公开指责《美韩自由贸易协定》是一个“糟糕的交易”（horrible deal），其政府团队则利用两国高层会晤机制反复强调协定修改的必要性，并以终结协议相威胁。为促使韩国同意美国修订协定的要求，特朗普政府在洗衣机、太阳能电池保障措施调查及钢铁、铝 232 调查中将韩国作为重点调查对象，向其征收高额关税，并在防卫费用分担等问题上持续向韩国施压，最终迫使韩国同意启动修订谈判。

二 特朗普政府对“传统收益”的回归与诉求调整

特朗普政府维护美国霸权优势的政策取向与奥巴马政府呈现出明显差异。奥巴马政府强调“规则”“领导”“自由贸易”概念，具有鲜明的侧重非传统收益的特征，特朗普政府则突出“实力”“民族国家”“公平贸易”理念，政策包含更多的保护主义与单边主义内容，着眼传统收益的特点十分鲜明。相较于奥巴马政府赋予《美韩自由贸易协定》以重要的战略意图，特朗普政府则侧重于利用协定及谈判进程产生的压力完成对美韩贸易利益的重新分配，以此实现美国对双边贸易的重塑和主导。

（一）重振国内制造业的要求

2008 年金融危机后，美国实体与虚拟经济发展失衡对经济稳定增长的负面影响凸显。产业空心化导致贸易逆差扩大、制造业就业岗位流失、工人收入下降等一系列问题，最终加剧了美国国内贫富差距与中产阶级的萎缩。特朗普执政主要得益于传统制造业地区选民的支持，扭转实体经济萎缩趋势、推动关键制造业回归、防止就业岗位流失成为其核心经济政策。在特朗普政府着力推行贸易保护主义政策、推动制造业复苏的背景下，《美韩自由贸易协定》成为美国调整产业结构进程的外在“不确定因素”，导致韩国成为特朗普政府调整其与主要经济体贸易关系的突破口。

实际上，早在奥巴马政府时期美国就出台了一系列宏观政策推动再工业

① “2018 Trade Policy Agenda and 2017 Annual Report,” USTR, 2018, p. 53.

化，但收效甚微，钢铁（HS72）、机械（HS84）、机电（HS85）、汽车（HS87）等制造业贸易竞争力持续下滑。[①] 同期，韩国等竞争对手在同一领域维持较强竞争力，对美贸易顺差规模不断扩大。以汽车产业为例，《美韩自由贸易协定》运行期间，即使在进口关税并未递减的情况下，韩国对美贸易顺差依旧增加了74亿美元。在特朗普政府看来，韩国对美出口不仅会影响美国国内汽车、钢铁等传统产业稳定，亦会随着经济规模增长对相关产业造成更大冲击。因此，修订谈判核心议题在于解决美国对制造业的担忧，特别是汽车、钢铁等存在大量逆差的制造业领域。[②] 由此，限制韩国对美传统制造业部门的冲击，使协定适应于美国国内制造业复苏目标，成为特朗普政府执意修订《美韩自由贸易协定》的重要原因。

（二）维护经济规模优势的需要

特朗普政府“美国优先”政策的核心在于本国利益最大化，其最终目标是强化霸权国的绝对优势，尤其是在经济领域的绝对优势。为此，特朗普政府不仅退出跨太平洋伙伴关系协定（TPP）等多边贸易协定，降低全球公共产品供给成本，同时以“一对一”式谈判提高其议价能力，在双边谈判中获取实质性收益。在上述政策调整下，不仅韩国对特朗普政府而言是军事、安全领域的“搭便车者”，《美韩自由贸易协定》甚至成为导致美国经济规模优势流失的“创口”。在美国承担与韩国日益增长的贸易逆差的意愿显著下降的背景下，修订协定即成为特朗普政府重新平衡双边安全与经贸关系、调整贸易逆差的工作方向。在特朗普政府“美国优先”政策理念的影响下，美韩以往借助自由贸易加强双方共同利益联系，进而强化两国同盟关系的“安保—贸易互动”的路径已不再畅通，特朗普政府甚至将韩国对美韩同盟的依赖视为迫使其妥协的筹码。[③] 因此，特朗普政府试图借助修订谈判令韩国主动削减贸易逆差，参与维护美国全球经济规模优势的进程。

---

① 钢铁（HS72）TC指数由2008年-0.17降至2017年的-0.28；机械（HS84）产品TC指数由-0.09降至-0.27；机电（HS85）产品TC指数由-0.25降至-0.34；汽车（HS87）产品TC指数由-0.28降至-0.39。作者根据UN Comtrade Database数据测算。

② DIPLOMAT, “South Korea Is Trump's One Bright Spot on Trade,” https://thediplomat.com/2018/02/south-korea-is-trumps-one-bright-spot-on-trade/.

③ 서정건·최민진, 「트럼프 시대 한미 FTA 변화와 미국 의회」, 『한국정당학회보』, 2017, p. 182.

实际上，从逆差结构来看，美国对韩贸易逆差扩大主要源自汽车产业（见图 3），但美国对韩国汽车的进口关税（2.5%）一直维持到 2016 年，进口增加与关税递减并无直接联系（见图 4）。从 2010 年以来美国进口韩国汽

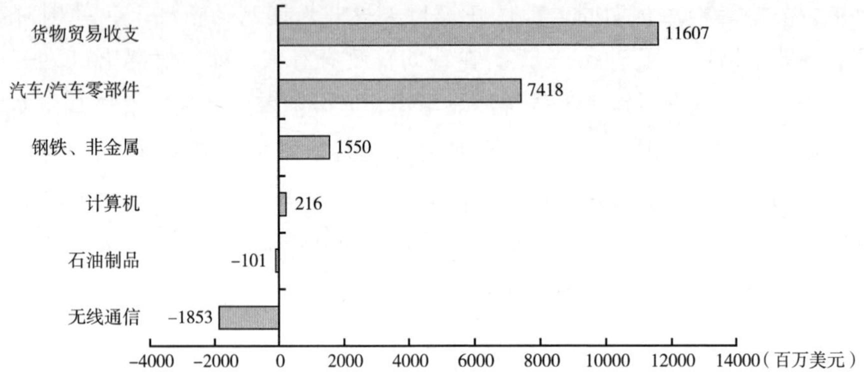

图 3　2016 年韩国对美贸易顺差增减结构[①]

资料来源：联合国商品贸易数据库，https：//comtrade. un. org/。

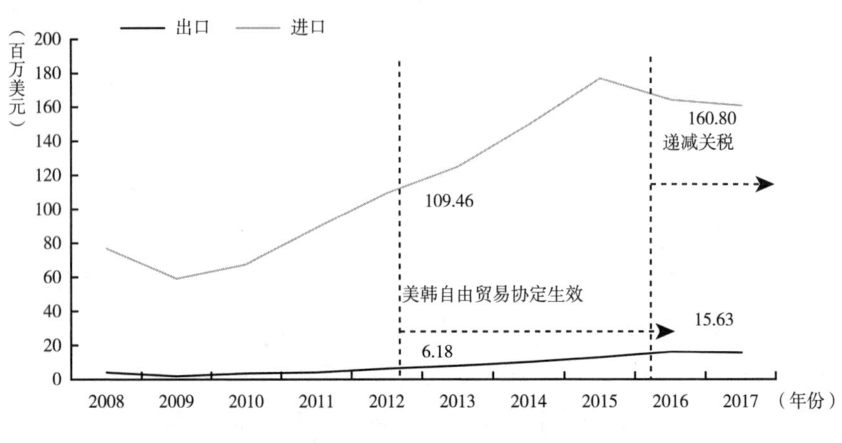

图 4　美国对韩汽车贸易

资料来源：联合国商品贸易数据库，https：//comtrade. un. org/。

车持续增加的趋势来看，2012 年以后美国汽车贸易逆差的扩大主要由《美韩自由贸易协定》生效后消费者对韩国产品的偏好、美国汽车产业国际竞

① 由图 3 可看出 2016 年韩国主要产品顺差规模相较于 2011 年的变化额。

争力弱化、美国经济复苏带动的消费需求增加等因素相互作用导致。[①] 尽管如此，特朗普政府执意主张修订《美韩自由贸易协定》，意在通过政治手段迫使伙伴国减少对美贸易顺差。人为提高出口竞争力业已成为服务美国在全球层次经济规模优势地位的有效措施。

（三）树立双边自由贸易协定样板的企图

特朗普政府对《美韩自由贸易协定》利益诉求的调整是在奥巴马政府完成对协定缔结、生效所产生的非传统收益的基础上进行的。从这一意义上审视，特朗普政府不仅是出于国内经济需要重新塑造美、韩在自由贸易协定中的获利分配，同时也试图通过修订谈判获取新的非传统收益，使之服务于构建以双边贸易协定为中心的美国亚太自由贸易框架。

一方面，美国需要通过修订《美韩自由贸易协定》形成双边贸易谈判的示范效应。《美韩自由贸易协定》修订谈判历经 3 轮即迅速达成共识，美国对韩国的“要价”相对温和，并未涉及乘用车、原产地规则、汇率、农产品等敏感领域问题，同时美国也保证限制 ISDS 条款滥用，一定程度上满足了韩国的诉求，表明美国不希望《美韩自由贸易协定》修订谈判拖延。究其实质，在北美自由贸易协定修订谈判以及中美、美日贸易协议等高难度谈判压力下，特朗普政府希望美韩协议修订能够发挥贸易政策“示范效应”。促使韩国尽早妥协可以在其诸多谈判中形成多米诺骨牌效应，影响各国尽早让步，获取关税豁免权。

另一方面，美国需要通过修订《美韩自由贸易协定》树立注重经济收益并可持续调整的双边贸易协定样板。特朗普政府通过抨击美韩在货物贸易领域的收益失衡，单方面要求韩国控制贸易顺差，释放如果韩国对美贸易顺差持续增加，协定未来仍可能面临终止或修订的信号，以此显示未来美国所缔结的贸易协定必须随时适应美国对协定的收益偏好进行调整。在具体协定中，美国关注“公平、对等、互惠”，不仅要求各国提供与其相同的竞争环境，还强调获利的对等，否则美国就会持续修订协定，控制伙伴国对美国经

① 2016 年美国汽车产业国际竞争力指数（TSI）由 2011 年 -0.2 进一步恶化到 -0.4，美国国内汽车消费市场对进口车辆的偏好加强，美国汽车进口需求年均增长 6.8%，为韩国汽车厂商抢占美国市场提供了机遇。

济构成的“不确定性”。这对于分析美国后续与中国、日本等伙伴国的贸易谈判具有重要的启示意义。

三　特朗普政府对《美韩自由贸易协定》的修订及其影响

在特朗普政府的强势推动下，《美韩自由贸易协定》迅速完成修订谈判。从修订内容看，协定达到了重塑双方贸易收益格局的目标，但特朗普政府能否最终达成其所期望的长期效果依然有待观察。修订后的协定尽管压缩了韩国的获利空间，但两国在制造业领域竞争加剧与美国推动“再工业化”进程的背景下，未来两国贸易摩擦仍难避免，不能排除美国政府再次调整《美韩自由贸易协定》获取更多“单方支付”的可能性。《美韩自由贸易协定》的修订也给东亚区域经济合作注入了更多不确定性，不可避免地对中日韩自由贸易协定、区域全面经济伙伴关系等区域贸易协定产生影响。

（一）《美韩自由贸易协定》修订的主要内容

从谈判结果来看，美国的利益体现在汽车、医药、钢铁等制造业部门。第一，美国将原计划对六类进口卡车削减关税（税率为 25%）的议程推迟 20 年，将保护期限延伸至 2041 年，进而限制韩国开拓美国皮卡汽车市场。第二，韩国提高符合美国安全标准的汽车进口配额，单个制造商每年进口量由 2.5 万辆增加至 5 万辆，为美国汽车创造更有利的出口环境。第三，韩国制定2021 ~ 2025年燃油费、温室气体排放标准时借鉴美国标准，并对年销量 4500 辆以下的制造商适用宽松标准。第四，韩国在调整创新药物定价制度时加强与美国的磋商，消除对美国创新药的歧视，保障美国药品在韩国市场中的获利空间。[①] 第五，韩国豁免于美国基于 232 条款对钢、铝征收的追加关税，但另设免税配额减少贸易赤字，配额规模约为 2015 ~ 2017 年平均出口额的 70% 。[②]

---

① 韩国创新药物定价制度规定，满足“创新药品计划”的新药在定价过程中有资格获得 10% 的提价，但这种新药必须优先在韩国上市。由于美国制药公司通常会在国际上推出新药，不能享受溢价政策，美方认为这一制度对美国的新药形成歧视。

② 「대한민국과 미합중국 간의 자유무역협정 개정협상 결과문서」，산업통상자원부，2018，p. 9.

迫于美方压力，韩国在上述领域做出让步，以此为交换，其在非关税壁垒方面的一些要求得到满足，一定程度上缓解了原协定存在的潜在不利因素。主要包括：(1) 澄清并限制了投资者——国家争端解决（ISDS）条款的应用范围，进而保障政府行使正当政策权限；(2) 提高了贸易救济措施程序的透明度，明确调查机构应在其计划进行核实的日期之前通知生产者，并向所有相关方提供报告，以便其有足够的时间维护自身在诉讼程序中的利益；(3) 放宽了纺织品原产地原则限制，美国不仅同意加速纱、布、成衣等纺织品的商业可用性审查程序，同时对欠缺商业可用性的情况，明确双方可按照“原料短缺供应请求”调整原产地规则，即当缔约国无法提供短缺供应清单上所列原料时可向他国购买，且即使该产品未在美国或韩国境内生产，仍可享有《美韩自由贸易协定》的关税待遇，进而在一定程度上保障了韩国在纺织品领域的相关利益。

(二)《美韩自由贸易协定》修订的效果预估

通过修订《美韩自由贸易协定》，特朗普政府加强了对弱势产业的保护，并进一步消除产品出口面临的壁垒，扩大了自身在自由贸易协定中的获益空间，而韩国却迫于压力继2011年追加谈判后再次向美国提供“单方支付”。就短期来看，特朗普政府修订《美韩自由贸易协定》所期望的扩大传统经济收益的目标取得了一定成效。

首先，《美韩自由贸易协定》对美国制造业的冲击得到节制。例如两国商定延长皮卡汽车关税期限，限制了潜在的市场冲击。早在2015年现代汽车就着力研发皮卡概念车“santa cruz”，旨在实现对美出口量产，开拓美国皮卡汽车市场，而在特朗普政府延长对皮卡汽车的关税保护后，现代汽车不得不考虑将生产转移至美国本土，一定程度上提高了韩国对美出口的难度，限制了逆差规模的持续扩大。其次，协定修订令美国对韩贸易逆差短期有所减少。自美国主张修订《美韩自由贸易协定》以来，韩国扩大了对美矿物燃料、机械、机电、农产品进口，加上美国对韩国钢、铝产品设置配额限制，2017年韩国对美贸易逆差减少48.5亿美元，较上一年下降17.7%。[①] 在美国主要的贸易逆差来源国中，韩国的降幅最为显著。最后，修订《美

① 作者根据韩国关税厅数据测算。

韩自由贸易协定》为特朗普政府修订《北美自由贸易协定》，加速与日本的贸易谈判形成助力。特朗普政府采取逐一击破策略应对贸易伙伴，韩国的妥协对其他与美国进行贸易谈判的国家形成了压力，即使是日本安倍政府也不得不考虑与美国签署双边贸易协定的可能性。

然而，特朗普政府修订《美韩自由贸易协定》仍难以从根本上改善两国贸易逆差结构，也无益于美国产业竞争力的提升。首先，美国贸易赤字并不是美国与伙伴国的关税壁垒差异导致的，而是由国际分工、美国预算赤字、美元的外汇价值所决定，美国单方面延长特定产品关税保护，从双边解决贸易失衡问题，无异于缘木求鱼。其次，美韩汽车贸易失衡的主要原因在于竞争力差距及消费者偏好，而这一问题绝非依靠政治压力便可解决。最后，就《美韩自由贸易协定》修订内容来看，对皮卡汽车的关税保护或扩大符合美国安全标准汽车的进口配额对两国汽车贸易的影响并不显著。美国对韩的贸易逆差主要在于乘用车，而特朗普政府对皮卡汽车延长关税保护，更多的是对未来贸易逆差持续扩大的防范措施。截至《美韩自由贸易协定》修定谈判的2018年9月，韩国并未向美国出口皮卡汽车。此外，在扩大符合美国安全标准的汽车进口配额方面，2017年福特、通用、克莱斯勒对韩出口量分别为8107辆、6762辆、4843辆，远未达到修订前25000辆的规模，更高的上限对美国汽车出口的促进作用有限。①

不仅如此，特朗普政府从扩大本国利益视角出发单方面调整两国贸易关系，对美国国际信用与领导地位构成的负面影响也将长期存在。一方面，韩国朝野两党、民众对特朗普政府的不满情绪加强。缔结《美韩自由贸易协定》本应成为双方控制贸易摩擦的制度性保障，但特朗普政府却将协定视为美国获取短期利益的政策措施，不顾同盟关系，根据自身收益动辄修订贸易合作框架，削弱韩国与其合作的积极性，加大了美韩离心力。美国在韩国上层乃至民众意向中的贸易可信任程度有所降低。另一方面，美国以《美韩自由贸易协定》为开端，向中国、欧盟、日本等主要经济体发起贸易攻势，也对其国际信用与领导地位造成相当程度的负面影响。美国忽视各国发展阶段与产业结构差异性，迫使伙伴国在短期内做出有利于美方的调整，表

① Korea Joongang Daily, "Seoul Clinches New Trade Deal with Trump," March 27, 2018, http://koreajoongangdaily.joins.com/news/article/article.aspx?aid=3046099.

明特朗普政府强调的“公平、对等”已不再是推动贸易投资自由化的助推器，转而成为实施贸易保护主义的工具。[①] 无论是主导推动美韩贸易协定修订进程还是对其他经济体的贸易攻势，特朗普政府的贸易措施不仅破坏了多边贸易规则，也对全球价值链体系形成巨大冲击，对其国际领导地位与国际信用造成实质性损害。

（三）《美韩自由贸易协定》修订的影响与启示

从美韩贸易协定修订进程审视，特朗普政府的贸易谈判不仅强调对本国产业的保护，也在制衡贸易伙伴的获益空间，提高缔约国在美国所主导贸易体系中的获益难度，进而维护美国的霸权国优势。在这一趋势下，美国接受贸易逆差的意愿显著下滑，而随着特朗普政府修订《美韩自由贸易协定》《北美自由贸易协定》进程告一段落，美国很可能进一步强化对中国的施压，敦促日本尽早回应美日自由贸易谈判的要求，东亚区域经济一体化进程势必更加复杂。

必须注意到特朗普政府借助修订《美韩自由贸易协定》等贸易框架不断提高贸易、投资规则标准，导致中国等发展中国家在全球经贸规则重塑过程中面临被边缘化的风险。从特朗普政府与韩国、欧盟、墨西哥、加拿大等经济体进行贸易磋商的结果来看，“零关税、零壁垒、零补贴”、数字贸易、国有企业、汇率等已成为美国重塑全球贸易规则的重要议题，对中国等发展中国家形成了较大挑战。此外，不论是《美韩自由贸易协定》还是未来美国希望签署的《美日贸易协定》，均为充分体现发达国家利益的高标准贸易协定，这导致在东亚区域构建各方认同的区域经济框架的难度有所提升。受制于各国发展阶段的差异，区域全面经济伙伴关系协定（RCEP）在开放度、议题的广泛性方面能够达到的水平有限，难以满足日本、韩国等国的利益诉求，中日韩自由贸易协定也将面临日、韩对中国提出更高要价的局面。

在《美韩自由贸易协定》修订谈判中，韩国通过汽车产业的让步保障核心利益的做法具有一定借鉴意义，这在一定程度上降低了谈判持续拖延对

① 孙杰：《对等贸易：特朗普挑战世界规则体系》，中国社会科学院世界经济与政治研究所，http：//www.iwep.org.cn/xscg/xscg_ sp/201804/t20180418_ 4153975.shtml。

韩国市场形成的不确定性，避免了特朗普政府对农产品、技术研发等关乎韩国核心利益部门的进一步打击。结合《美韩自由贸易协定》的修订进程及美国在协议签署、修订进程中收益侧重的转变，中国必须做好与美国长期周旋的准备。特朗普政府很可能利用与中国或日本任何一方达成贸易协议的机会促使另一方尽早选择妥协，迅速实现协定的非传统收益，并在随后抛出新的贸易议题促使妥协方做出更多让步。考虑到中国具有成为美国战略竞争对手的经济规模，以及特朗普政府内部对华政策分歧凸显的现实情况，不能排除美国在与中国达成妥协后政策反复的可能性。

对中国而言，庞大而富有潜力的国内消费市场是与美国周旋的重要筹码，而这一点是韩国、日本所不具备的条件。培育国内市场弥补在美国市场可能的损失应是中国今后经济稳定发展的关键。此外，中国可利用特朗普政府对全球主要经济体普遍采取贸易攻势，导致各国亟待寻求应对之策的有利时机，尽早完成以区域全面经济伙伴关系、中日韩自由贸易协定为核心的东亚经济合作制度化框架，通过“现代、全面、高质量、互惠”的区域密集型整合提高对美国的议价能力。

An Analysis of the Reasons for Trump Administration Renegotiating the KORUS FTA and Its Influence

Jin Xiangdan

Abstract Trump Administration revising KORUS FTA aims to readjust the profit distribution between the US and ROK. The unilateral adjustment of US that according to the needs of the domestic economy, is the new regionalism which acquires the “unilateral payment” from ROK again. The Trump Administration focused on traditional gains (economic gains) to revise the KORUS FTA and also put the new non-traditional significance to the agreement. Reinvigorating manufacturing, maintaining the economic advantages of hegemonic countries, establishing a bilateral FTA model are the main demands of the Trump Administration to renegotiate the KORUS FTA. In the short term, the traditional benefits that the Trump Administration aims to achieve are expected to be obtained. But in the long term, the revision of the agreement cannot fundamentally solve the trade deficit problem between two countries. However, revision of FTA based on its own earnings will have a long-term negative impact on US international credit and leadership. It will also lead to a more complicated situation in East Asian regional economic integration.

Keywords KORUS FTA; Trump Administration; Benefits Demands; Influence Evaluation

中国电视剧的在韩传播探究

孙鹤云　朱荧坷

【内容提要】中国电视剧在近五年大量地传播到韩国，其特点主要表现为：传播主体上官方和民间相结合，传播内容更为多样，但“爆款”作品不多，传播途径上电视台和视频网站相结合，传播受众以对中国文化感兴趣的群体为主、普通观众有所增加，传播效果上媒体和网友的反馈以积极和中立居多、负面较少。目前中国电视剧在韩国传播的最大问题在于数量与影响不成正比。为提高传播效果，中方应加强主动传播，细分市场，以点带面，重视传播途径的特点，建构个体化的译介模式，同时，提高中国电视剧的输出质量，制定更为合理、有效的传播策略。

【关键词】中国电视剧　韩国　传播策略

【作者简介】孙鹤云，博士，中国传媒大学外国语言文化学院副教授；朱荧坷，中国传媒大学电视学院硕士研究生。

随着大众传媒的发展，影视艺术因传播速度快、形象建构力强、娱乐功能突出等特点，已成为大众接受文化传播的重要途径，同时也是各民族文化和文明交流的重要载体。党的十九大报告指出，在推动构建人类命运共同体过程中，要尊重世界文明多样性，以文明交流超越文明隔阂、文明互鉴超越文明冲突、文明共存超越文明优越。[①] 因此，加强影视艺术的传播力具有重要的时代意义和现实意义。

① 《权威发布：十九大报告全文》，人民网，http：//sh. people. com. cn/n2/2018/0313/c134768 -31338145. html。

电视剧是影像艺术中一种故事性强、表达直接、易于接受的艺术形态，很多国家都将电视剧作为塑造国家形象以及传播国家文化、文明和理念的重要载体，美剧和韩剧在世界范围内的成功传播便是典型范例。

在中国，韩剧具有很高的人气，形成了“韩流”现象。同时，中国电视剧也在韩国受到了一定的关注，尤其近五年中国电视剧出口到韩国的数量基本呈稳步上升趋势，逐渐成为韩国观众了解中国、特别是近现代中国社会和文化的重要途径。但是中国电视剧在韩国尚未形成普及性的传播，在韩国观众中的影响力还有很大的提升空间。

美国政治学家哈罗德·拉斯韦尔（Harold Lasswell）于 1948 年提出了拉斯韦尔传播模式，即“5W”模式。他提出，传播过程均包含五大基本构成要素，即谁（who）、说什么（says what）、对谁说（to whom）、通过什么渠道（in which channel）、取得什么效果（with what effect），也就是传播主体、传播内容、传播途径、传播受众、传播效果。这一模式的优点在于更为条理化、逻辑化地阐释了传播链中的各相关环节，为人们系统地理解传播过程提供了具体的出发点和路径。这种由点到面的模式对于全面审视传播活动、实现有效传播，以及探索合理有效的传播策略，具有借鉴意义。

本文以近五年传播到韩国的中国电视剧为研究对象，以拉斯韦尔提出的“5W”传播模式为理论框架，采用定性和定量分析相结合的方法，探讨中国电视剧在韩国的传播现状，并据此分析中国电视剧在韩国传播的问题与对策。

一　中国电视剧在韩国的传播现状

1. 传播主体

中国电视剧在韩国的传播主体主要可分为宏观和微观两个层面，即制定相关政策的两国政府和具体传播的直接发起方。

一方面，宏观层面上，中韩两国政府在 1992 年建交后陆续签订了多个文化交流协定，尤其是 2015 年 12 月 20 日《中韩自由贸易协定》正式生效，其中包括中韩人文交流的内容，为中国电视剧在韩国的传播提供了政策支持。①

① 고유,「중국영상콘텐츠의 초국적 전파: TV 드라마의 한국 전파를 중심으로」, 한국외국어대학교 박사논, 2017, p. 53.

中韩两国政府在政策上的扶持是中国电视剧能够在韩国传播的坚实基础和有力保障。

另一方面，从微观层面来看，中国电视台和韩国电视台及视频网站是中国电视剧在韩传播的直接发起方。目前，韩国电视台购买中国电视剧版权的方式主要有三种，即通过参加大型博览会购买、通过从事中国电视剧贸易的中间商购买以及直接从制作公司购买。随着通信技术的发展，视频网站逐渐成为传播影视作品的主力军。视频网站购买版权的方式与电视台基本相似，同时视频网站也向电视台购买版权。

影视公司和相关协会也是重要的直接发起方。其中，具有官方性质的是中国国际电视总公司，主要代理中央电视台的节目。而民营影视公司和协会主要传播中央电视台以外的作品，例如华策影视、中国电视剧制作产业协会等，它们都通过与韩国娱乐公司签订战略协议和参加展会等方式推进中国电视剧在韩国的传播。由此可见，微观层面的直接发起方是传播的具体实践主体，也是实现有效传播的必经之路和根基。

2. 传播内容

本文整理了近五年（2014～2019）传播到韩国的中国电视剧，共搜索到 250 部，其中 72 部剧集提供的数据较为完整。本文以这 72 部电视剧为主要分析对象，将近五年中国电视剧在韩国传播内容方面的特点总结为以下三点。[①]

第一，古代剧不再占绝对主流，且中篇剧较多。

从年代类型上看，电视剧可分为古代剧、现代剧和特殊年代剧。[②] 从图 1 可以看出，古代剧（古装剧）仍然是传播最多的类型。但与以往中国古代剧在韩国占据绝对主导内容的情况不同，近五年现代剧的传播数量增长迅速，已与古代剧相差无几，古代剧和现代剧基本处于均衡传播的状态。

从电视剧的篇幅来看，可分为短篇剧（小于 30 集）、中篇剧（30～60 集）、长篇剧（大于 60 集）。[③] 从图 2 可以看出，在传播到韩国的中国电视

① 本文数据统计时间截至 2019 年 5 月。由于未纳入 2019 年全年的数据，为使数据能更加丰富，本文将前述至 2014 年的作品也纳入统计。

② 此处特殊年代剧指的是以某个特定时间段为背景，并且事件的发生与发展与这个时间段有很强关联性的电视剧作品。

③ 本文数据统计时间截至 2019 年 5 月，在重点分析的 72 部电视剧中，有 8 部仍在放映中，故本文在集数分类这部分将除去这 8 部剧。

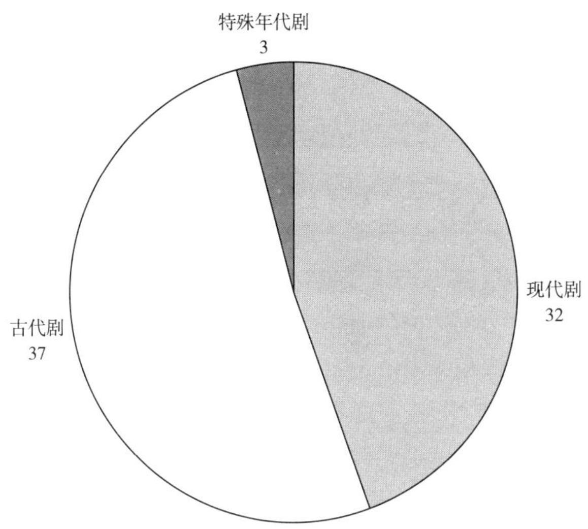

图 1　2014～2019 年传播到韩国的中国电视剧年代分类

资料来源：作者整理。

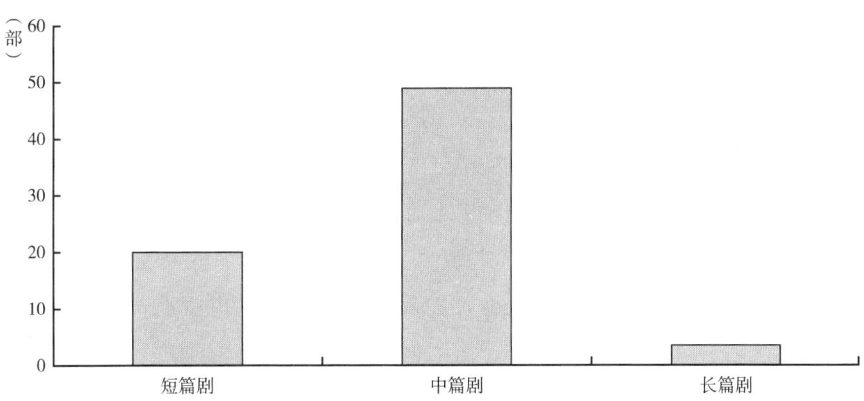

图 2　2014～2019 年传播到韩国的中国电视剧篇幅分类

资料来源：作者整理。

剧中，中篇剧数量最多，其次是短篇剧，最后是长篇剧。这主要与中国电视剧的生产特点有关。与韩国电视剧以短篇剧居多的情况不同，中国电视剧制作以 30～60 集的中篇剧为多，因此，传播到韩国的中国电视剧在篇幅上与其本身的生产特点一致。且韩国观众并未在篇幅上显示出特别的选择偏好。

第二，传播范围广、影响力较大的电视剧数量较少、类型较为单一。

点赞数是反映观众观看活跃度和喜爱度的重要指标之一，从韩国 NAVER SERIES 网站的点赞数来看，排名前十的中国电视剧如表 1 所示。

表 1　韩国 NAVER SERIES 网站点赞数排名前十的中国电视剧传播情况

序号	剧名	点赞数	评论数	题材	豆瓣评分
1	《延禧攻略》	304	97	古装宫斗	7.2
2	《芸汐传》	228	191	古装玄幻	6.5
3	《天乩之白蛇传说》	140	144	古装玄幻	6.1
4	《香蜜沉沉烬如霜》	131	30	古装玄幻	7.7
5	《媚者无疆》	73	6	古装玄幻	7.2
6	《择天记》	67	5	古装玄幻	4.1
7	《将夜》	43	0	古装玄幻	7.4
8	《一千零一夜》	38	3	现代科幻	5.1
9	《下一站幸福》	28	4	现代言情	8.1
10	《如朕亲临》	26	2	现代言情	7.7

资料来源：作者整理。

从点赞数前十的电视剧情况可知，其一，在韩传播的中国电视剧出现了“爆款”作品，但数量不多。点赞数超过 300 的电视剧只有 1 部，点赞数在 300 ~ 100 的有 3 部，其余点赞数都在 100 以下；而评论数超过 100 的电视剧只有 2 部。[①] 与传播到中国的韩国电视剧相比，中国电视剧的“爆款”作品数量较少。其二，从题材上看，古装剧占多数，且大部分是玄幻剧。这说明，古装剧仍然是最受韩国观众青睐的具有中国特色的电视剧类型。而玄幻类作品由于内容通俗易懂、新鲜感强、易满足观众猎奇心理等特点，颇受韩国观众的欢迎。这与中国网络小说在世界范围内的走红具有异曲同工之处，即这类作品既有中国传统文化元素，又与世界流行题材（如穿越、重生等）相契合，易激发人们的情感共鸣，让观众感到“很过瘾”。

第三，中国电视剧在韩国的人气与在中国不尽一致。

从表 1 可知，参考豆瓣评分，有些在韩国观众中反响热烈的电视剧在中国并不是很受欢迎的作品，其中差距较大的包括《择天记》《天乩之白蛇传

① 截至 2019 年 5 月，美剧和日剧的较高点赞数也均在 300 左右。

说》《一千零一夜》。关于《择天记》，中国观众认为电视剧跟原著相差太远，对剧中的形象表示很难接受，而韩国观众则认为男主角很漂亮，男女主人公的故事很幸福、很浪漫；关于《天乩之白蛇传说》，中国观众认为白娘子的人设跟传统故事中的形象不同，而韩国观众则认为看到了中国武侠剧的风采；关于《一千零一夜》，中国观众认为情节离奇，结局不够理想，而韩国观众则有很多是该剧主演的粉丝，认为剧情有很多幽默的地方。这反映出中国传统文化元素在国内观众与韩国观众中具有不同的接受情况，以及阅读过原著、熟悉电视剧背景知识的本国观众与外国观众在理解视角上存在差异。同时也说明，中国观众和韩国观众观看中国电视剧的目的和预期不尽相同。

3. 传播途径

中国电视剧在韩国的传播途径主要是电视台和视频网站，这与当今电视剧传播的普遍途径一致。

（1）韩国电视台

韩国电视台可大体分为无线电视台和有线电视台。无线电视台主要是韩国的 KBS、MBC、SBS 三大主流电视台。但韩国《放送法施行令》第 57 条规定“无线电视频道国内电视节目的播出时间所占当季电视节目播放总时间比率应为 60% 以上，80% 以下”，[①] 因此，外国电视剧在韩国无线电视台所占比例十分有限。至于中国电视剧，近五年只有 MBC 电视台于 2015 年播放了《何以笙箫默》和《美丽的谎言》。[②]

在这种背景下，有线电视台成为韩国播出中国电视剧的主要途径，甚至还出现了主要播放中文节目的韩国电视台，主要有中华 TV、Channel china、Asia N、Channel ching。

中华 TV 是韩国极具代表性的中文有线电视台，节目种类涵盖电视剧、娱乐综艺、动画片等。Channel china 主要播出与中国文化相关的节目，在中国电视剧的播出上体现出古装剧和历史剧为主的倾向。Asia N 是专门播放中国电视剧的频道，除凌晨以外全天播出中国电视剧。Channel ching 也是专门播放中国电视剧的频道，主要播出新近电视作品，并且以中国大陆历史剧为

---

① 《放送法施行令》，韩国国家法令情报中心网站，http://www.law.go.kr/lsInfoP.do?lsiSeq=208335&efYd=20190710#0000。

② 高瑜：《中国电视剧在韩国的传播》，《西部广播电视》2019 年第 21 期，第 123 页。

主要播放内容。上述四个电视台基本都是全天播放，平均每天播放 3～5 部中国电视剧，每部电视剧 2～3 集。有线电视台已成为韩国观众了解中国电视剧的重要途径。

（2）韩国视频网站

随着互联网和通信技术的发展以及人们生活节奏的加快，视频网站的观看便利性日渐明显，越来越多的观众选择在网上观看电视剧。上文提到的韩国电视台也都有自己的视频网站，观众可以付费观看。除此之外，还有专门播放中国电视剧的视频网站，具有代表性的是 Wavve（Pooq）和 Naver series。

Wavve 是 2019 年 9 月 18 日刚成立的视频网站，是在整合既有两大视频网站基础上建立的综合在线视频服务平台，其特点在于将内容与 5G、人工智能和虚拟现实等新科技相结合。此网站新技术的应用为中国电视剧细分市场进行精准传播提供了帮助。

Naver series 是韩国最大的搜索引擎网站——Naver 旗下的文化资源综合网站，提供各类节目的资源下载服务。在电视剧领域，提供韩国、中国、欧美和日本等国家和地区的电视剧资源。

近年来韩国视频网站后来居上，成为越来越多观众，尤其是年轻观众的选择。他们更喜欢通过视频网站观看电视剧，享受互联网带来的便利。

4. 传播受众

据统计，从性别上看，观看中国电视剧的女性观众多于男性观众，且女性对中国电视剧的满意度高于男性；从年龄上看，20～40 岁的人群对中国电视剧满意度较高，其中 30 岁人群的满意度最高；从学历上看，大专学历的观众满意度最高，大学本科学历的观众位于其次。[①] 这说明，中国电视剧受欢迎的群体偏重于具有一定学历的中青年女性，并且韩国观众关注演员和剧情，通过电视剧加深对中国的了解的意愿较为强烈。

也有学者认为，中国电视剧的主要受众是少数的爱好者，并没有形成广泛的观众群，这些“少数爱好者”大部分是对中国文化感兴趣或在学习中文的韩国人。[②] 尽管目前中国电视剧的观众群仍然以“少数爱好者”为主，

---

① 数据参考남연매，「한국인의 중국 TV 드라마 시청동기가」，중앙대학교 석사학위논문，2017，p. 71。

② 김병현·장병희，「사전지식과 태도 및 시청동기가 한국시청자의 중국드라마 시청에 미치는 영향」，『사회과학연구』23（4），2016，p. 35.

但随着不同类型的优秀电视剧不断出现，观众也在不断增加。例如，一些韩国观众经朋友推荐，观看了中国电视剧，并通过看电视剧成为了该剧主演的粉丝。

因此，近五年随着传播到韩国的中国电视剧类型日益丰富，质量不断提高，其观众群也变得更加广泛。

5. 传播效果

传播学认为，受众是影响传播效果的重要因素。本文拟从媒体报道和网友评论两方面，分析中国电视剧在韩国的传播效果。

（1）媒体报道

整体上，关于在韩播出的中国电视剧的新闻较少。根据相关度，笔者筛选出了 48 条新闻，并整理了这些报道的总体立场倾向和关注点，总结如下。

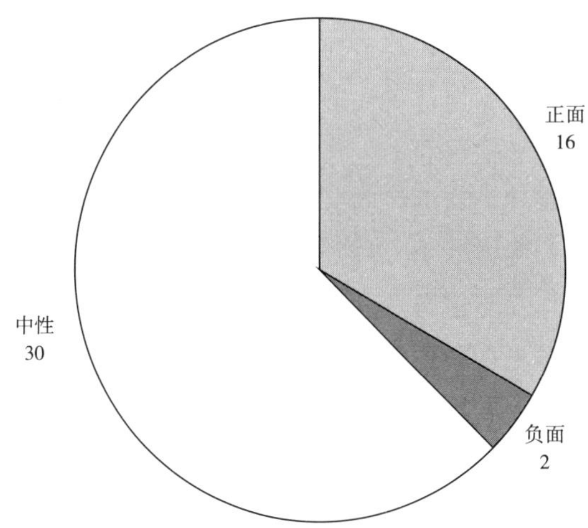

图 3　韩国媒体关于中国电视剧报道的立场倾向

资料来源：作者整理。

从图 3 可知，在韩国媒体关于中国电视剧的报道中，立场为中性的占比最多，其次为正面，负面的最少。这从另一个侧面反映出，报道内容主要集中在对电视剧的介绍上，并没有过多的评论。正面的报道中，明星效应起到了主要作用。负面报道则集中在关于政府限制古装剧播出的问题上。

从图 4 可以看出，韩国媒体的关注点集中于演员、在本土的播出效果以及在本土取得的经济效益等内容上。其中，出演电视剧的演员仍是韩国观众

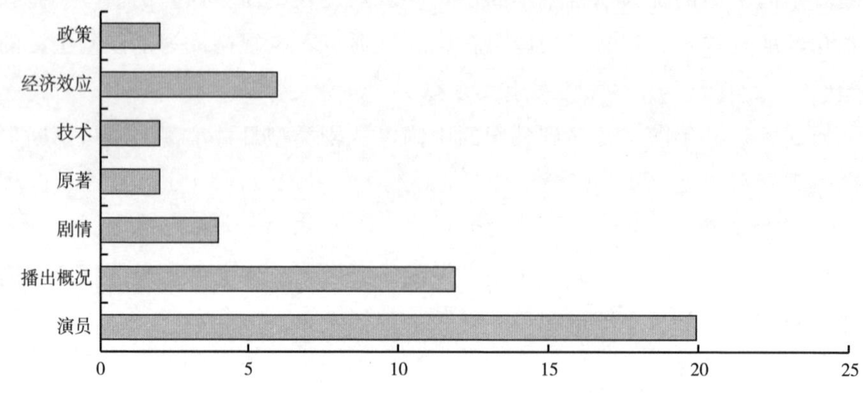

图 4　韩国媒体关于中国电视剧报道的关注点

资料来源：作者整理。

最关心的焦点，因此媒体会在报道的时候，以详细介绍演员为主要宣传或评价的着手点。其次，韩国媒体关注电视剧的播出情况和效果，主要是介绍电视剧在中国国内的成功播出和高人气，部分涉及在东南亚等其他地区的传播情况。再次，韩国媒体关注电视剧的经济效应，主要指电视剧在中国已获得的收益以及其内容作为游戏 IP 等的附加经济价值。最后，韩国媒体还关注剧情、政策和原著作品等情况。

韩国媒体对中国电视剧的报道特点体现为，内容上以演员、人气、经济效益等外部信息为主，剧情、结构、意义等内部信息为辅；目的上以介绍和宣传为主，分析和探讨为辅；立场上以积极和中立为主，负面较少。

（2）网友评论

在网友评论方面，根据收集到的数据，本文选定了 4 部在韩国受到欢迎并且评论数较多的电视剧为主要分析对象，分别为《芸汐传》、《延禧攻略》、《那年花开月正圆》和《三生三世十里桃花》。

关于《芸汐传》的正面评价居多，主要包括对电视剧的肯定、认可该剧获得的较高人气，还有相当一部分是在催促尽快更新。《延禧攻略》的评价大部分也较为正面，且更为具体，有部分网友将这部电视剧与《甄嬛传》进行比较，认为后者不如前者；还有对视频网站表示不满，包括价格过高、只能租赁观看等。对于《那年花开月正圆》，部分网友表达了对电视剧的赞赏，以及对女主角的喜爱，同时也对反派角色进行了批评甚至谩骂。关于《三生三世十里桃花》，仍然呈现出正面评价居多的情况，甚至被网友称作是自己的“人生电视剧”，也有个别网友提出了对女主角演技的批评。

从网友评价可以看出，在韩国受到欢迎的电视剧多能引起观众的共鸣。在部分电视剧的评价中，网友几乎对每一集的剧情都进行了详细讨论和预测，并且根据剧情的发展，表达出不同的情绪，这说明他们观看时的投入程度较高。韩国观众对中国电视剧的关注点偏重于演员和剧情，但网友的评价也反映出韩国观众在接受上出现的问题，主要体现在认为演员的演技不够自然和观看途径不够便利上。

二　中国电视剧在韩国传播的对策

近五年中国电视剧在韩国实现了较大规模的传播，但仍然存在一些问题，主要表现为传播数量与影响不成正比。具体问题包括，传播主体过于单一，传播内容精品不足，传播受众不够广泛，以及传播效果方面，媒体和网友评论数量匮乏、正面报道涉及内容单一。对此，本文提出以下五点建议和对策。

第一，加强主动传播，建构多位一体的传播模式。

近年来，国家广播电视总局推动实施了“中非影视合作工程”“丝绸之路影视桥工程”“当代作品翻译工程”等重点项目，2018 年又推出了“影像中国”放映活动，先后在葡萄牙、菲律宾、巴拿马举办。[①] 虽然以上项目部分涉及韩国，但将韩国作为重点对象国的项目基本没有，即专门针对韩国的项目较少。

受国际环境影响，最近中韩关系出现了不稳定的情况，中韩影视剧的交流也受到了一定程度的影响。以影视剧为代表的文化交流是消除误解、增进互信、促进合作的有效途径，适时推进两国之间的文化交流有助于在潜移默化中逐步加深两国人民之间的相互认知基础，可作为一项提高国家软实力的长期性策略来实施。因此，结合目前的传播现状，中国应该加强主动传播，

① 《中国影视剧“走出去”成海外传播一大亮点　这些国家的人都爱看!》，北晚新视觉网，https：//baijiahao. baidu. com/s？ id = 1620648522374003120&wfr = spider&for = pc。

建构政府、相关机构和民营公司互为补充、有机结合的多位一体的传播模式。

第二，细分市场，以点带面，主推符合韩国观众审美需求的电视剧，建构中国电视剧的正面形象，逐渐增加传播数量。

中华 TV 认为，选择引进中剧主要可以从明星效应和古装剧两方面入手，这与本文分析的结果一致。古装剧仍是中国电视剧区别于其他国家的最有特点的剧目类型，也是最受韩国观众喜爱的类型，可作为主要推介的剧型。但是鉴于古装剧，特别是武侠剧在韩国观众中已经形成了较为稳定的接受群体，适当推出优秀的现代剧更应是当前的重点。一方面，可借助网络剧、玄幻剧以及青春浪漫爱情剧的热潮，选择优秀的同类电视剧积极推进。另一方面，演员是很多韩国观众选择观看中国电视剧的重要动机，选择在韩国人气较高的演员出演的作品，并对其进行重点推荐，也是提高中国电视剧在韩接受度的重要途径。

此外，不同背景的观众在观看电视剧时会有不同的爱好和倾向，对受众市场进行细分，也是提高传播效果的方法之一。

第三，重视传播途径的特点，提高传播效率。

中国电视剧在韩国主要通过电视台和视频网站传播，深入分析这两大途径的传播方式和特点，有利于提高传播的效率。一方面，可以与主流电视台沟通寻求机会，与有线电视台和视频网站重点交流，同时为这些平台播放中国电视剧提供力所能及的便利，如在内容上积极推荐、在价格上给予合适的空间、提供丰富的剧目资料以便宣传等。另一方面，积极与韩国媒体沟通，充分利用媒体的力量加强宣传，同时也应加强在综合性视频网站上的宣传，吸引更多观众观看中国电视剧，提高中国电视剧在韩国的传播效率。

第四，建构个体化的译制模式。电视剧传播到韩国必须通过翻译来实现，尽管影视传播比文字传播更为直接和形象，但如果翻译不到位，传播效果就会大打折扣。

目前，中国电视剧的翻译主要通过翻译公司、个人翻译家和中文爱好者实现。由于版权问题，通过正规渠道播放的电视剧基本都是通过与翻译公司和个人翻译家签订合同来翻译的。此外，还存在中文爱好者根据观众的需求，通过相关的贴吧和社区等将翻译文本单独上传的情况，这主要针对一些在网站上传播量较小的只有视频没有翻译的电视剧。

目前大部分中国电视剧翻译在韩国是以字幕的形式呈现的，基本上能够传达内容，但大部分翻译距离再现原剧艺术效果的标准还有一定距离，甚至也有不少翻译错误的情况。“译制活动属于艺术创作……如果不以追求艺术效果为目标，那就不能算是艺术工作者，因而也就不能算是名副其实的影视剧翻译。”① 因此，还应进一步提高中国电视剧的韩译水平，追求译制的艺术效果。在这一点上，外国译者有时不能准确把握原剧的艺术表达，建立外国译者和中国译者之间的联系和合作将是更为理想的译制模式。

第五，提高中国电视剧本身的质量，更多地创作出更加优秀的、适于传播的中国电视剧。

电视剧自身的质量是获得观众认可的最关键因素，也是经受国内外市场考验的基础。近年来，中国电视剧的质量有了很大提高，尤其是一些古装剧、玄幻剧和爱情剧，在韩国、东南亚和非洲等国家和地区颇受欢迎。但从整体上看，中国电视剧仍存在制作不够精良、剧情吸引力不足、内容创新度有限、作品良莠不齐等问题。质量不高的电视剧不论在国内还是国外都很难获得观众的认可。

文化产品要在保留传统特色的基础上吸收国际社会的最新成果，实现民族性与世界性的有机统一，同时要根据对象国的实际需求来量身定做，真正做到目标明确、扣人心弦。② 因此，传播到国外的电视剧还需以对象国熟悉的、能接受的题材为主，例如，传播到韩国的电视剧应基本符合传统的儒家理念。韩国是东方国家，深受儒家思想的影响。因此，反映现实但与儒家理念严重背离的剧情，韩国观众是很难接受的。具有普世价值或者体现儒家理念的作品，应是能够在韩国获得欢迎的作品。

三　结语

文化交流自古以来就是推动人类社会发展的重要动力。作为历史悠久的

---

① 麻争旗、解峥：《理念更迭与全球探望：新时期我国译制艺术发展论》，《现代传播》2018年第10期，第107页。

② 邢丽菊：《人类交流与人类命运共同体建设》，《国际问题研究》2019年第6期，第23页。

大国，中国文化底蕴深厚，有着重视文化交流的传统。电视剧作为人类重要的文化产品，在提高中国文化国际影响力方面有着重要作用。

韩国自古与中国文化交流频繁，正如习近平总书记所说，是搬不走的近邻，也是天然合作伙伴。[①] 中国电视剧在韩国的传播是“中国文化走出去”的重要组成部分。近五年，中国电视剧在韩国的传播规模有所扩大，在量和质上有所提高，作品的类型化和多样性更加突出，韩国观众群也在逐渐增多。尽管还存在一些问题，但当下仍是中国电视剧传播到韩国的良好时机。因此，在调查和分析的基础上，从传播主体、传播内容、传播途径、传播受众、传播效果等方面针对现存问题有的放矢地做出调整，制定更加合理的传播策略，提高中国电视剧在韩国的传播效果和效率，将是今后应该持续进行的工作，具有重要的现实意义。

A Probe into the Communication of Chinese TV Dramas in ROK

Sun Heyun, Zhu Yingke

Abstract Chinese TV dramas have been spread to ROK in a relatively large amount in the past five years, which has the following characteristics. This process was jointly promoted by the governments and the societies. The content of communication was more diverse, but there were not many "hot" works. The dramas were played on both TV stations and video websites. The audiences were mainly groups interested in Chinese culture, and other kinds of audiences increased. As for the effect of communication, the medias and netizen had more positive and neutral feedback and less negative feedback. The biggest problem with Chinese TV dramas spreading in ROK is that the number is not proportional to the impact. In order to improve the effect of communication, we should strengthen the initiative of communication, drive the overall development with the popularity of

① 《习近平会见文在寅：双方要尊重彼此核心利益和重大关切》，腾讯新闻网，https：//news. qq. com/a/20171111/024324. htm。

individual works, carry out market segmentation, focus on the characteristics of communication channels, construct individualized translation and introduction models, improve the quality of Chinese TV dramas, and propose more reasonable and effective communication strategy.

Keywords Chinese TV Dramas; ROK; Communication Strategy

复旦大学《韩国研究论丛》征稿启事

《韩国研究论丛》为复旦大学韩国研究中心主办的学术集刊，创刊于1995年，一直秉承“前沿、首创、权威”的宗旨，致力于朝鲜半岛问题研究，发表文章涉及朝鲜半岛问题研究的各个领域。

2005年，《韩国研究论丛》入选CSSCI首届来源集刊，2014年再次入选CSSCI来源集刊，并进入全国邮政发行系统。

《韩国研究论丛》用稿涵盖朝鲜半岛问题各研究领域，设置三个专题栏目：（一）政治、外交与安全；（二）历史、哲学与文化；（三）社会、经济与管理。

投稿时请注意学术规范。

（一）原创性论文。本刊论文出版前均经学术不端检测，有条件者请自行检测后投稿。同时，在本刊发表之前，不得在其他出版物上（含内刊）刊出。

（二）文章格式严格遵循学术规范要求，如中英文标题、摘要（200字以内）和关键词及作者简介（姓名、籍贯、工作单位、职务及职称、研究领域）；基金项目论文，请注明下达单位、项目名称及项目编号等。

（三）论文一般不超过10000字。

（四）稿件均为Microsoft office word文档（不接受其他格式文档），注释采用脚注形式，每页重新编号，注释序号放在标点符号之后。因需要分发审阅，不再接受纸质版论文。所引文献需有完整出处，如作者、题名、出版单位及出版年份、卷期、页码等。网络文献请注明完整网址。

（五）《韩国研究论丛》编辑部根据编辑工作的需要，可能对来稿文字做一定删改，不同意删改者请在投稿时注明。

（六）编辑部信箱：cks@ fudan. edu. cn，电话：021 – 65643484。

本刊将继承和发扬创刊以来形成的风格，注重学术性、前沿性、创新性、时代性，依托复旦大学，面向世界，努力反映当前最新研究成果。欢迎国内外同行不吝赐稿。

《韩国研究论丛》编辑部

复旦大学韩国研究中心

图书在版编目(CIP)数据

韩国研究论丛. 总第三十九辑，2020 年. 第一辑 / 复旦大学韩国研究中心编. -- 北京：社会科学文献出版社，2020.10

（复旦大学韩国研究丛书）

ISBN 978 - 7 - 5201 - 7228 - 8

Ⅰ.①韩… Ⅱ.①复… Ⅲ.①韩国 - 研究 - 文集 Ⅳ.①K312.607 - 53

中国版本图书馆 CIP 数据核字（2020）第 164157 号

·复旦大学韩国研究丛书·

韩国研究论丛 总第三十九辑（2020 年第一辑）

编　　者 / 复旦大学韩国研究中心

出 版 人 / 谢寿光
组稿编辑 / 高明秀
责任编辑 / 许玉燕
文稿编辑 / 郑彦宁

出　　版 / 社会科学文献出版社 · 国别区域分社（010）59367078
地址：北京市北三环中路甲 29 号院华龙大厦　邮编：100029
网址：www.ssap.com.cn
发　　行 / 市场营销中心（010）59367081　59367083
印　　装 / 三河市尚艺印装有限公司

规　　格 / 开 本：787mm × 1092mm　1/16
印 张：17.25　字 数：291 千字
版　　次 / 2020 年 10 月第 1 版　2020 年 10 月第 1 次印刷
书　　号 / ISBN 978 - 7 - 5201 - 7228 - 8
定　　价 / 89.00 元